中国社会科学院　学者文选

许涤新集

中国社会科学院科研局组织编选

中国社会科学出版社

图书在版编目(CIP)数据

许涤新集/中国社会科学院科研局组织编选. —北京：中国社会
科学出版社，2000.10（2018.8 重印）

（中国社会科学院学者文选）

ISBN 978 - 7 - 5004 - 2873 - 2

Ⅰ.①许… Ⅱ.①中… Ⅲ.①许涤新一文集 Ⅳ.①C53

中国版本图书馆 CIP 数据核字（2000）第 52163 号

出 版 人 赵剑英
责任编辑 冯 斌
责任校对 郭 娟
责任印制 戴 宽

出 版 中国社会科学出版社
社 址 北京鼓楼西大街甲 158 号
邮 编 100720
网 址 http：//www.csspw.cn
发 行 部 010 - 84083685
门 市 部 010 - 84029450
经 销 新华书店及其他书店

印刷装订 北京市十月印刷有限公司
版 次 2000 年 10 月第 1 版
印 次 2018 年 8 月第 2 次印刷

开 本 880×1230 1/32
印 张 11.125
字 数 261 千字
定 价 59.00 元

出 版 说 明

一、《中国社会科学院学者文选》是根据李铁映院长的倡议和院务会议的决定，由科研局组织编选的大型学术性丛书。它的出版，旨在积累本院学者的重要学术成果，展示他们具有代表性的学术成就。

二、《文选》的作者都是中国社会科学院具有正高级专业技术职称的资深专家、学者。他们在长期的学术生涯中，对于人文社会科学的发展作出了贡献。

三、《文选》中所收学术论文，以作者在社科院工作期间的作品为主，同时也兼顾了作者在院外工作期间的代表作；对少数在建国前成名的学者，文章选收的时间范围更宽。

中国社会科学院
科研局
1999 年 11 月 14 日

目　录

编者的话 ……………………………………………………… （1）

论《资本论》的生命力 …………………………………… （1）
再论《资本论》的生命力
　　——《资本论》过时了吗？ ………………………… （9）
马克思对待资产阶级经济思想的科学态度 ……………… （27）
学习周恩来同志的《新民主主义的经济建设》 ………… （41）
上海解放初期经济战线上的斗争
　　——纪念上海解放 35 周年 ………………………… （51）
《中国资本主义发展史》总序 …………………………… （65）
社会主义现代化建设的伟大方针
　　——学习《邓小平文选》中的经济思想 …………… （94）
马克思主义经济理论在中国的发展
　　——学习党的十二届三中全会关于经济体制改革
　　　决定的体会 ………………………………………（108）
有关运用价值规律的几个问题 …………………………（122）
《广义政治经济学》序言 …………………………………（135）

经济学

　　——《中国大百科全书·经济学卷》卷首 ⋯⋯⋯⋯ （140）

有关农业经济的几个问题 ⋯⋯⋯⋯⋯⋯⋯⋯⋯⋯ （195）

关于畜牧业的几个问题 ⋯⋯⋯⋯⋯⋯⋯⋯⋯⋯⋯ （211）

论社队企业和农工商联合企业的作用及其关系 ⋯⋯⋯ （223）

手工业集体经济的几个理论问题 ⋯⋯⋯⋯⋯⋯⋯⋯ （233）

个体经济问题 ⋯⋯⋯⋯⋯⋯⋯⋯⋯⋯⋯⋯⋯⋯ （246）

实现四化与生态经济学 ⋯⋯⋯⋯⋯⋯⋯⋯⋯⋯⋯ （252）

生态经济学要为社会主义建设服务 ⋯⋯⋯⋯⋯⋯⋯ （261）

社会生产与人类生活中的生态环境问题 ⋯⋯⋯⋯⋯ （274）

森林在国民经济中的作用和地位 ⋯⋯⋯⋯⋯⋯⋯⋯ （289）

对人口科学几个问题的看法 ⋯⋯⋯⋯⋯⋯⋯⋯⋯⋯ （305）

我国国民经济的发展与计划生育 ⋯⋯⋯⋯⋯⋯⋯⋯ （320）

关于进一步对外开放的几个问题 ⋯⋯⋯⋯⋯⋯⋯⋯ （328）

积极稳步地办好经济特区 ⋯⋯⋯⋯⋯⋯⋯⋯⋯⋯⋯ （334）

作者重要著作目录 ⋯⋯⋯⋯⋯⋯⋯⋯⋯⋯⋯⋯⋯ （343）

作者年表 ⋯⋯⋯⋯⋯⋯⋯⋯⋯⋯⋯⋯⋯⋯⋯⋯ （344）

编 者 的 话

许涤新是中国忠诚的无产阶级革命家和著名的马克思主义经济学家。他的一生，在为中国革命建立了卓越功绩的同时，也为马克思主义经济学在中国的传播和发展做出了重要贡献。

早在20世纪30年代，他就开始在《东方杂志》和《新中华》等重要刊物上发表有关中国问题和国际问题的论文，从事革命宣传。抗日战争开始后，在党刊《群众周刊》和党报《新华日报》工作，撰写经济方面的社论与专论。

在1946年前后，正当中国两种历史命运决战的时刻，他先后出版了《中国经济的道路》和《现代中国经济教程》两部著作。用丰富的资料论证了新民主主义经济的历史必然性及其实现的历史前提，论证了通过新民主主义经济走向中国经济现代化的光明前途。这两部著作，出版在中国历史发展的重要转折关头，产生了显著的启蒙作用。

在我国社会主义改造事业基本完成之后，他开始对社会主义政治经济学进行探索。在50年代，他参与了改造私营工商业的领导工作，经历了私营工商业社会主义改造的全过程。实践促进理论研究。1957年，他出版了《中国过渡时期国民经济的分析》一书，1964 年又出版了《论我国的社会主义经济》一书。这两部著作都力图从马克思理论和中国社会主义实践的结合上，来探索中国社会主义的形成和发展过程，并着重从理论上阐述了社会主义生产过程、流通过程和再生产过程的特点，以及这些过程中发生作用的经济范畴和经济规律及其彼此间的相互关系。这是当时对我国社会主义经济全面进行理论探索的重要著作。1982 年，他出版《中国国民经济的变革》一书，对这两部著作做了进一步的归纳。

在十年浩劫中，他虽然遭受了残酷折磨，仍然精心研读了《资本论》，并撰写了 40 多万字的读书笔记。1979 年出版、1983 年再版的《论社会主义的生产、流通和分配——读〈资本论〉笔记》一书，就是根据这些读书笔记整理而成的。在这部著作中，他以《资本论》中在资本主义生产方式废除之后，有关经济范畴和经济规律的揭示为线索，考察了中国社会主义建设的实践，并进一步构筑了具有自己特征的理论体系。这部著作也是他在十年浩劫的严峻时刻，仍对共产主义事业抱有炽热信念的一个见证。

1975 年恢复工作之后，他已过古稀之年，依然抖擞精神，从事经济理论研究。"老树春来又著花"，结出累累的果实。

早在 1960 年，他随同周恩来总理在广东从化学习政治经济学时，接受了周总理交托的编写一部中国资本主义发展史的任务。该书的编写工作被"文化大革命"中断。1978 年，他重新组织中国社会科学院经济研究所、上海社会科学院经济研究所和南开大学经济研究所的近 20 位研究人员协作，由他和吴承明担任主编。他拟定了指导思想，编写了提纲，撰写了总序，并审定了第一卷（该书第二、第三两卷在他逝世后完成）书稿。1993 年，这部 200 余万字的经济史巨著，分三卷（《中国资本主义的萌芽》、《旧民主主义革命时期的中国资本主义》、《新民主主义革命时期的中国资本主义》)全部出版。这是我国第一部全面考察和论述资本主义发展的权威性著作，也是国内外引用率最高的经济史著作。英国麦克米兰公司(Theacmillan press ltd)已签约出版英文本。

1877年，恩格斯提出建立广义政治经济学。这个历史任务自然地落在马克思主义经济学者的肩上。30年代末，在毛泽东主席"使马克思主义在中国具体化"思想的启示下，他力图写出一部具有中国特点的广义政治经济学。经过几年努力，《广义政治经济学》的第一、第二两卷于1949年出版，第三卷于1954年问世。30年来，世界经济和中国经济都发生了巨大变化，经济学和经济史的研究也有很大发展，从1982年起，他将这部著作重新改写，于1984—1988年先后出版。在这部著作中，他以中外对比的方法，全面系统地考察了原始社会、奴隶社会和封建社会的生产关系及其运动规律，考察了当代资本主义和社会主义的发展，考察了中国的半封建半殖民地经济，以及帝国主义殖民体系的解体和第三世界的兴起。长期以来，政治经济学的研究中，奴隶制总是以希腊、罗马为典型，封建制和资本主义制度总是以西欧为典型。该书则着重考察了中国这一典型，尤令人耳目一新。关于中国社会主义经济的论述，则是全书的重点。随着社会实践的前进，他的认识不断深化。他集中整理了40年代以来丰富的研究成果，写入了这部著作之中。这就使他对中国经济从资本主义到社会主义发展的系统研究，成为他社会主义经济理论的重要特色。

他对广义政治经济学的研究，开拓了一个新的领域，建立了一个比较完整的政治经济学体系，开辟了一条方法论的道路，在"使马克思主义在中国具体化"上作出了优异贡献。他是中国当之无愧的研究广义政治经济学的先驱。

在80年代，他积极倡导建立生态经济学和人口经济学等新的学科。早在1980年，他在一次学术讨论会上就指出了研究生态经济学的重要性。此后，他主持召开了多次学术讨论会，以组织推动一批著名的自然科学家和经济学家，一批理论工作者和实际工作者协作，来开展生态经济学的研究。为逐步建立生态经济学理论体系做准备，他在1985年出版了《生态经济学探索》一书，对这门学科的研究对象、性质、任务、基本原理和实际应用等许多问题，都作了论述。稍后，又主持编写了一部有较高学术水平的《生态经济学》，于1987年出版。在他的倡导下，一些高等院校开设了生态经济学课程。1987年，他受国务院环境保护委员会的委托，担任《中国自然保护纲要》主编，主持编写了我国第一部保护自然资源和自然环境的具有宏观指导作用的纲领性文件。他还发表了许多关于人口科学的论文，主编了《当代中国》大型丛书中的《当代中国人口》。他在晚年以经济学者的历史责任感和科学敏感，抓住了这些关系到国民经济建设全局的重大问题，给以有力地推动，开拓了我国人口科学、特别是生态经济学的研究。这是他理论开拓精神的集中体现。他是新中国生态经济学的重要奠基人。

70年代后期，我国进入以经济建设为中心的新的历史时期，为了适应广大群众学习经济学的需要，受中国社会科学院和教育部的委托，他主持编写了中国第一部《政治经济学辞典》。从1977年开始，共组织全国60多个高等院校、研究机构和财经部门的数百名专家、学者和实际工作者，参加编写和审定工作。全书三卷，共收辞条2060余条，118万字。1981年出齐，受到广泛的欢迎。

1978年，国务院决定编辑出版《中国大百科全书》，他担任了《中国大百科全书》总编辑委员会委员，并担任《中国大百科全书·经济学卷》主编。组织全国高等院校和研究机构的专家、学者百余人参与编写；经济学部分3卷，共400余万字，收辞条2000余条，于1988年出版。70年代以来，中国正在继续探索一条从中国国情出发，具有中国特色的社会主义道路。中国的经济学界也正在遵循这条道路，研究新情况、新问题，并力求汲取当代文明中的有益成果来丰富和发展马克思主义经济学。这部著作，正是建国以来，特别是十一届三中全会以来，我国政治经济学理论研究成果的一次阶段性的历史总结，推动了我国经济学的发展。

40多年来，他还撰写了大量经济学论文，涉及资本主义经济、社会主义经济的许多重大理论问题。这也是他经济学研究成果的一个重要方面。

中国社会主义经济的发展，还处在初级阶段。社会主义经济理论还在探索之中。他的经济学论著，必将为社会主义政治经济学的建立，提供宝贵的思想资料。

这部文集主要选辑了他后期的论文二十余篇，作为他经济论文的代表作介绍给读者。有些论文不免带有一些计划经济体制下传统理论的烙印。这种历史局限，读者应是可以理解的。对这些论文都保持原貌，除了有个别文字改动之外，没有作任何删节与修改，以有助于读者更全面地了解他的思想及其发展。个别引文按新版本做了校订。

方　行

论《资本论》的生命力

今年 3 月 14 日，是世界无产阶级和劳动人民的伟大导师、科学社会主义的奠基者马克思逝世 100 周年。我把这篇《论〈资本论〉的生命力》，献给这位第一个给社会主义，因而也给整个共产主义运动提供了科学基础的世界巨人，以作缅怀和纪念。

一

《资本论》问世以来，经过历史和现实的考验，显示出强大的生命力。

《资本论》是马克思花费了毕生精力写成的划时代的著作。恩格斯说："这部著作叙述了他的经济学观点和社会主义观点的基础，以及他对现存社会、资本主义生产方式及其后果进行的批判的基础。"①《资本论》教育工人阶级认识了自己的历史地位和历史使命，用科学代替了幻想，找到了自己的解放之路。一百年来，整个世界和整个中国所发生的翻天覆地的大变化，都是同《资本

① 《马克思恩格斯选集》第 3 卷，人民出版社 1972 年版，第 38 页。

论》和马克思其他著作所阐述的科学理论、同马克思所预见的方向密切联系着的。

当然，马克思生活在自由资本主义时期，他对资本主义社会本质及其运动规律的揭示，是以资本主义自由竞争阶段为考察对象的。到了马克思的晚年，自由竞争占统治地位的资本主义正在向垄断资本主义过渡。在《资本论》中，马克思指出了资本集中的趋势。但是，他没有看到垄断资本主义的最终形成。因此，我们不可要求《资本论》分析资本集中发展到垄断的问题，分析银行资本和工业资本融合为一、形成金融资本的问题，分析资本输出代替商品输出以及国际垄断资本形成的问题，分析最大的资本主义列强完成世界领土的瓜分和重新分割世界的斗争的问题。回答这些问题的任务，是由列宁的《帝国主义是资本主义的最高阶段》和其他有关著作来承担的。

第二次世界大战以后，世界资本主义在矛盾中的发展又出现许多新的情况，如国家垄断资本主义的发展、资本有机构成的进一步提高、垄断资本发展成为跨国公司、旧殖民体系的瓦解和新殖民主义的形成，以及三个世界的划分等等。所有这些，不仅是马克思没有见到，而且也是列宁没有见到的。这就要求我们根据《资本论》的原理，对这些新的现象加以分析和说明。我们不能用教条主义的态度去对待《资本论》，必须跟着客观情况的变化，加以补充和创新。

垄断资本主义时期的政治经济的矛盾，较诸自由竞争时代的资本主义，复杂得多，深刻得多。但是，马克思在《资本论》中对于资本主义生产方式的矛盾的分析，还是继续在发生作用。垄断资本主义的矛盾，是蕴含在自由竞争时期资本主义的矛盾的发展。《资本论》对于蕴含在自由资本主义时期的矛盾的科学分析，正是我们认识垄断资本的基础理论。经济危机的周期地出现，就是证明。从 1825 年起，每隔十年八年，就要出现一次周期性的经济危机。第二次世界大战以后，经济危机的周期越来越短。以美国来说，从 50 年代起，这个国家出现了七次危机。现在这一次危机，已经拖了三年多。去年 12 月的失业人数达到 1200 多万人（占在业人数的 10.8%）。西欧各国的失业人数也超过 1100 多万人。两个数字加起来，可能超过 2300 多万人。西方经济危机现在还没有好转的征兆。这种情况证明：资本主义生产方式的内在矛盾的客观存在；证明《资本论》具有强大的生命力！

二

《资本论》的强大的生命力，不仅表现在它至今仍是我们分析资本主义制度内在矛盾的理论基础，而且表现在它还是指导我们进行社会主义现代化建设的理论基础。

大家知道，《资本论》研究的是资本主义生产方式以及和它相适应的生产关系和交换关系。但是，马克思并没有局限在资本主义生产方式的内部考察，而是在揭露和批判资本主义生产方式的同时，对于人类社会发展的一般规律以及资本主义生产方式废除以后的若干经济范畴和经济规律，进行了分析和阐述。

第一，马克思明确地指出，无产阶级在取得国家政权之后，由于否定了资产阶级的私有制，由于否定了生产资料的资本属性，使这种原来被资产阶级所垄断的生产资料，变成为以无产阶级国家为代表的、为全国人民所共有的全民所有制。不朽的《共产党宣言》就是这样说的："无产阶级将利用自己的政治统治，一步一步地夺取资产阶级的全部资本，把一切生产工具集中在国家即组织成为统治阶级的无产阶级手里，并且尽可能快地增加生产力的总量。"① 我国宪法规定"国营经济是社会主义全民所有制经济，是国民经济中的主导力量"，就是以马克思的科学理论作为根据的。

对于劳动人民的生产资料私有制和资本家的私有制，马克思和恩格斯采取了区别对待的方针。恩格斯在《法德农民问题》中说道："当我们掌握了国家权力的时候，我们绝不会用暴力去剥夺小农（不论有无报偿，都是一样），像我们将不得不如此对待大土地占有者那样。我们对于小农的任务，首先是把他们的私人生产和私人占有变为合作社的生产和占有，但不是采用暴力，而是通过示范和为此提供社会帮助。"② 我国的农业合作化，就是以马克思和恩格斯的这一理论作为根据的。

第二，《资本论》明确地指出，否定资本对雇佣劳动者的剩余价值的剥削，是无产阶级社会主义革命的伟大历史任务。但是，马克思并不否定在资本主义制度被推翻之后，劳动群众在社会主义生产过程中为社会、为国家提供剩余劳动。马克思在《资本论》中说道："一般剩余劳动，作为超过一定的需要量的劳动，必须始终存在。"③ 马克思在《哥达纲领批判》中批判拉萨尔的"不折不扣的劳动所得"的时候，系统地指出在社会主义制度里劳动群众为国家、为社会所提供的剩余劳动产品的用途，以及这种剩余劳动产品的必要性和合理性。实践证明，在社会主义社会里，如果没有这种形成真正的社会基金的剩余劳动产品，则扩大社会主义再生产的规模，以满足人民群众日益增长的物质文化需要，就无从说起，更不要说向共产主义过渡了。

第三，马克思认为，在社会主义制度里，劳动者为本人及其

---

① 《马克思恩格斯选集》第 1 卷，人民出版社 1972 年版，第 272 页。
② 同上书，第 4 卷，第 310 页。
③ 《马克思恩格斯全集》第 25 卷，人民出版社 1974 年版，第 925 页。

家属的生活所必需的必要劳动产品，是在劳动者中间按各人所投入的劳动量去分配的。他在《资本论》中谈到"自由人联合体"的时候说道：劳动时间会同时作为一种尺度，以计量各生产者个人在总劳动中加入的部分，因此，也计量各生产者个人在共同产品中可得而用在个人消费上的部分。① 这就是马克思对社会主义的按劳分配原则的最扼要的说明。后来，在《哥达纲领批判》中，马克思更明确地指出："至于消费资料在各个生产者中间的分配，那么这里通行的是商品等价物的交换中也通行的同一原则，即一种形式的一定量的劳动可以和另一种形式的同量劳动相交换。""生产者的权力是和他们提供的劳动成比例的；平等就在于以同一的尺度——劳动——来计量。"② 因此，社会主义社会劳动者的工资同资本主义社会劳动者的工资，在本质上是根本不同的。在资本主义社会里，雇佣工人的工资，是他们卖给资本家的劳动力的价格，而在社会主义社会里，工人的工资则是以他们在总劳动中所加入的部分，作为分配的根据的。所谓"一种形式的一定量的劳动可以和另一种形式的同量劳动相交换"，并不是以劳动者出卖劳动力作为前提的。诚然，马克思讲过按劳分配体现的是资产阶级权利，但这只不过具有一种借用的意义而已。任何人都没有根据把在借用意义上使用的资产阶级权利，看成是以资本家所有制为前提的资产阶级权利。

第四，马克思指出，无论哪一种社会生产，在各种不同的生产领域之间，在劳动时间和生产资料的分配上，客观地还是存在着一种比例关系的。在社会主义社会里，由于生产资料实现了公有化，由于全民所有制的国营经济的建立和壮大，国家就有条件对关键生产部门的生产实现计划化。马克思在《资本论》中说道：

---

① 《马克思恩格斯全集》第23卷，人民出版社1974年版，第95页。
② 《马克思恩格斯选集》第3卷，人民出版社1972年版，第11页。

"只有在生产受到社会实际的预定的控制的地方，社会才会在用来生产某种物品的社会劳动时间的数量，和要由这种物品来满足的社会需要的规模之间，建立起联系"。① 所谓"在生产受到社会实际的预定的控制的地方"，指的正是实行计划生产的社会主义社会。我国社会主义制度的经济基础是生产资料公有制，国家在社会主义公有制基础上实行计划经济，国家通过经济计划的综合平衡和市场调节的辅助作用，保证国民经济按比例地协调发展。这是马克思关于社会主义生产计划化在我国的具体表现。

马克思在《资本论》和其他著作中，直接间接地对社会主义经济的运行所提出的基本原理，决不仅仅只限于上述几个方面。我在这里举出的几个例子，只是为了证明：《资本论》不仅是解剖现代资本主义的理论基础，而且也是我们进行社会主义现代化建设的理论基础。

三

《资本论》的强大的生命力，还体现在它所蕴含的辩证方法，对于我们认识和揭示社会主义经济的本质和规律性，用以指导社会主义现代化建设的实践，具有十分宽广的科学意义。

恩格斯曾经说过："马克思的整个世界观不是教义，而是方法。它提供的不是现成的教条，而是进一步研究的出发点和供这种研究使用的方法。"② 在马克思和恩格斯的时候，社会主义还只是一种有科学根据的预想。现在，社会主义早已不是一个国家的实践，而且已经有了 60 多年的历史。社会主义的实践超出了马克思、恩格斯当时的预言和设想，积累了极其丰富的经验和教训，

---

① 《马克思恩格斯全集》第 25 卷，人民出版社 1974 年版，第 209 页。
② 同上书，第 39 卷，第 406 页。

同时也提出了一系列新问题，特别是在经济比较落后的条件下如何进行社会主义现代化建设的问题，需要从《资本论》的方法出发，在总结新经验和研究新情况的基础上，作出新的理论概括。

如上所述，马克思在《资本论》和其他著作中，直接间接地对社会主义提出了许多的科学预见和天才设想，如生产资料实行公有，个人消费品实行按劳分配，国民经济有计划地进行，等等。所有这些原则，无疑是十分正确的。但是，由于各国的具体情况不同，经济发展水平不同，因而实现这些原则的具体形式必然有所区别。如果不顾国情实际，照抄照搬别国经验、别国模式，那就不能得到成功。在这方面，我们有过不少教训。《关于建国以来党的若干历史问题的决议》指出："社会主义生产关系的发展并不存在一套固定的模式，我们的任务是要根据我国生产力发展的要求，在每一阶段上创造出与之相适应和便于继续前进的生产关系的具体形式。"这是党中央总结建国以来的历史经验得出的正确结论，也是我们进行经济体制改革必须遵循的正确原则。

近年来，我们党认真补救农业合作化后期以来农村工作上的失误，对农村集体经济进行了大胆的改革。其中，很重要的一条，就是普遍推行了联产承包责任制，克服了长期以来存在的平均主义、"吃大锅饭"的弊端，把农民的积极性充分调动起来，使我们的农村发生了深刻的变化。这一事实告诉我们，社会主义公有制建立起来以后，还必须建立与其具体情况相适应的经营方式和分配方式。否则，社会主义公有制的优越性就得不到充分发挥。

现在，我们的改革正在从农村到城市深入扩展，这就要求我们以《资本论》的方法论为指导，寻求不同领域、不同行业、不同部门特点的具体形式，把国家利益、集体利益和个人利益恰当地结合起来。"交够国家的，留够集体的，余下都是自己的"，农民群众创造的这种行之有效的农业大包干的办法，使集体优越性和个人积极性同时得到发挥，迸发出巨大的活力。但是，把这种办法简单地套用到城市中来，简单地套用到工商业或者其他行业中来行不行呢？这是值得认真考虑的。城市里的行业基本上是全民所有制，国家80％到90％的财政收入来自全民所有制。因此，城市的改革，必须考虑到对整个国计民生的影响，经过试点，逐步推开。对于农村推行的大包干办法，我们不能停留在表面的观察，而必须从经济关系上去分析。要透过承包的现象，找出把国家利益、集体利益、个人利益结合起来的恰当规律。只要我们从实际出发，充分地占有材料，经过反复的研究和探讨，就能使我们的改革健康地向前发展。

列宁说过，马克思的理论"只是给一种科学奠定了基础，社会主义者如果不愿落后于实际生活，就应当在各方面把这门科学向前推进"。① 我们从事政治经济学，特别是从事《资本论》研究的同志，有责任要运用手中的理论武器，为改革我国的经济体制、为建设有中国特色的社会主义作出应有的贡献！这是对马克思最好的纪念。

（载《光明日报》1983年3月13日）

---

① 《列宁选集》第1卷，人民出版社1972年版，第203页。

再论《资本论》的生命力

——《资本论》过时了吗？

一

在第二次世界大战以后，发了战争财的美国经济有了使人夺目的发展；而战败国的日本和西德，也在 60 年代初期，在经济上出现了使人惊异的起飞。面对这种情况，有些人便怀疑马克思在《资本论》中所提出的原理；有些人认为马克思对资本主义的理论分析已经成为历史陈迹；有的人甚至说"《资本论》已经过时了"。

《资本论》已经过时了吗？要回答这个问题，不仅要看看资本主义国家和资本主义世界的客观存在的基本情况，而且还要看看马克思对于社会主义经济的预见，在我国的实践中，是否已经不发生作用。

二

我认为马克思在《资本论》中，对于资本主义所指出的基本原理，还是客观地在发生作用的。我的看法，可以从如下三个方面来证明。

第一，马克思通过剩余价值，揭露了资本主义生产的秘密。恩格斯对于马克思的这一科学发现，给予了充分的评价。他说道："已经证明，无偿劳动的占有是资本主义生产方式和通过这种方式对工人进行的剥削的基本形式；即使资本家按照劳动力作为商品在市场上所具有的全部价值来购买他的工人的劳动力，他从这劳动力榨取的价值仍然比他为这劳动力付出的多；这种剩余价值归根到底构成了有产阶级手中日益增加的资本量所由积累而成的价值总量。"① 资本家购进雇佣劳动者的劳动力，而榨取劳动者的剩余价值，并且通过积累，使剩余价值转化为资本，不断地形成资产阶级手中日益增长的价值总量，这种情况，直到现在，还是继续地在资本主义制度下存在着。也就是说，马克思所发现的资本家对于雇佣劳动者的剩余价值剥削，还是在资本主义国家和资本主义世界，客观地存在着。在第二次世界大战以后，美国、日本和联邦德国的经济起飞在实质上正是资本家在高度的资本有机构成的条件下深刻地榨取剩余价值的新发展。

早在 18 世纪初期，出现于欧洲的股份公司，也是以剥削剩余价值作为内容的。股份公司是加速资本集中，促进资本主义生产发展的有力杠杆。西方资产阶级经济学家把股份公司的发展，说成是"资本民主化"，把部分小额股票分散在一部分工人和其他居民手中，说成是什么"人民资本主义"，企图以此去掩饰资本主义，去掩饰垄断资本榨取劳动者的实质。事实证明，股份公司仍然是以生产资料的资本家所有制作为基础的，只不过是从单个资本家所有制，变成资本家的集体所有制罢了。在表面上，股份公司的最高权力机关是股东大会，但在股东大会上，分散的小股东并不能起什么作用；股份公司的实权完全操纵在占有较多股票的

---

① 《马克思恩格斯选集》第 3 卷，人民出版社 1972 年版，第 424 页。

大股东手里，因此，即使工人购买得少量，也改变不了被统治、被剥削的地位。列宁说得极其明确，"当资本主义的教授和辩护士们看到小股东的人数在增长时就说私有者的人数在增加。事实上，是百万富翁对'小股东'的资本控制的加强（和百万富翁收入的增加）。"① 股份公司到垄断资本阶段，有了急速的发展，不但在发达国家，股份公司如雨后春笋；而且在发展中国家，也有股份公司的出现。但是，不论股份公司怎样发展，也不动摇马克思关于资本家剥削剩余价值的科学分析。

马克思的剩余价值论是以劳动价值论作为理论基石的。现在某些技术发达的资本主义国家，如日本等国，正在制造机器人以代替人类劳动。有人便因此而怀疑劳动价值论的科学性。不仅如此，还有人通过对于劳动价值论的怀疑，进而否定剩余价值理论的存在。我认为这种看法和做法，也是站不住的。机器人并不能创造价值，只能把它本身的价值（即制造机器人的社会必要劳动），转移到产品上去。机器人纵然能大量地代替工人去进行物质生产，但是，它本身还是技术工人使用最新生产技术所生产的产品。机器人的性能越好，则它所转移给每一个产品单位的价值也就越小。这一点，马克思在分析商品价值的构成时，早就说得清清楚楚了。在资本主义制度下，机器人纵然大量用于物质生产，马克思关于资本家剥削剩余价值的基本理论是不会因之而动摇的，因为作为前者的基石的劳动价值论，并不发生动摇。

第二，马克思在《资本论》中，反复地论证资本主义积累的一般规律。他说道："社会的财富即执行职能的资本越大，它的积累的规模和能力越大，从而工人阶级的绝对数量和他们的劳动生产力越大，产业后备军人数也就越多。发展资本的膨胀力的同一

---

① 《列宁全集》第19卷，人民出版社1959年版，第195页。

些原因，也会产生出可供支配的劳动力，因此，产业后备军必然会同财富的增长一起增大。但是同现役劳动军相比，这种后备军越大，常备的过剩人口也就越多，他们的贫困同劳动折磨成正比。最后，雇佣工人阶级中的这个贫苦阶层越大，官方认为需要救济的贫民也就越多。这就是资本主义积累的绝对的、一般规律。"①

资本主义积累的一般规律是以资本主义的基本经济规律，即剩余价值规律作为根据的。资本积累是资本家对雇佣劳动者榨取剩余价值的必然结果及其表现。马克思指出："生产剩余价值的方法同时就是积累的方法，而积累的每一次扩大又反过来成为发展这些方法的手段。由此可见，不管工人的报酬高低如何，工人的状况必然随着资本积累而日趋恶化。最后，使相对过剩人口或产业后备军同积累的规模和能力始终保持平衡的规律把工人钉在资本上，比赫斐斯塔司的楔子把普罗米修斯钉在岩石上钉得还要牢。这一规律制约着同资本积累相适应的贫困积累。因此，在一极是财富的积累，同时在另一极，即在把自己的产品作为资本来生产的阶级方面，是贫困、劳动折磨、受奴役、无知、粗野和道德堕落的积累。"② 事实明明白白，资产阶级的财富的巨大积累是以剩余价值的榨取作为内容的，是以劳动人民的贫困的巨大积累作为条件的。没有劳动者所提供的剩余价值，没有劳动者的贫困积累，就不可能有资产阶级巨大财富的积累。进入垄断资本时代，资本积累的一般规律，不仅没有什么减弱，反而更加强化起来。财富积累在少数人手里和贫困积累在大多数人身上的两极分化，更加尖锐地呈现出来了。

雇佣劳动者的相对贫困化，是这个阶级在资本主义社会里的

---

① 《资本论》第1卷，中国社会科学出版社1983年版，法文版中译本，第687—688页。

② 《马克思恩格斯全集》第23卷，人民出版社1972年版，第708页。

社会总收入中所占比重，相对地降低，而资产阶级所占比重则不断地在增长。在这里，虽然劳动阶级的收入，同社会财富的增长速度，是在相对地降低，但在绝对量上，可能还有些增长。进入垄断阶段，这种情况更加突出。不论在美国或在英国（以及其他资本主义国家），这些国家的劳动阶级的工资总收入，在绝对数上，是一年比一年有所提高的，（高级职员和技术工人的工资，可能提得还要高些。）但若从其在国民收入中所占比重来看，则不断地在降低着。有人只注意到劳动阶级的工资总收入，特别是看到一些高级职员和技术工人的工资收入，逐年在提高，就大叫资本主义国家的工人生活已经发生根本的变化，而忘记资本主义国家劳动阶级的工资总收入，在国民收入中所占比重，较诸资产阶级，是年复一年地在相对地降低。在资本主义制度下，在劳动阶级中，在某一时期，工资的提高，并不意味着资本主义生产方式的根本被否定。马克思说道："待遇高一些，食物丰富一些，衣服体面一些，特有财产多一些，不会消除奴隶制的锁链，同样，也不会消除雇佣劳动制的锁链。由于资本积累而带来的劳动价值上升的运动不过表明，资本家给雇佣工人戴上的、雇佣工人不停地铸造的金锁链已经够长，容许把它略微放松一点罢了[①]"。

有的同志由于只看见在资本的积累过程中，雇佣劳动阶级的工资总收入在绝对量上有所增长，就否认劳动阶级的绝对贫困化的存在。资本主义国家里劳动阶级的绝对贫困化，并不会因为他们的工资收入在绝对量上有所提高而不存在。事实上，工人的货币工资虽然在某一时期有所提高，但是，由于生活必需品价格的不断上涨，由于房租的不断提高以及税收的不断加重，特别是由于通货膨胀政策的日益恶化，工人的实际工资是在逐年下降的。

---

① 《资本论》第1卷，中国社会科学出版社1983年版，法文版中译本，第654页。

因此，否定资本主义国家工人的绝对贫困化，是不合乎事实的。

在资本主义国家中，是长期地存在着失业后备军的。失业工人虽然得到官方的一点救济，但是，这一点救济，只能保持不致饿死而已（还有不少人是领不到救济金的）。被资本家榨干了血汗而被抛到工厂门外的年老工人，处境更为悲惨！这难道不是绝对贫困化吗？这种贫困化并不是一个理论问题，而是一个活生生地存在着的问题。美国国情普查 1983 年的调查结果表明，在美国，贫困率为 15.2%。这意味着美国存在着 3530 万穷人，也就是说，从 1978 年到 1983 年的 5 年间，穷人增加 110 万人，穷人占美国人的 1/7。没有政府救济的穷人，人数是 2080 万。两者加起来就是 5610 万，即占美国全体人口的 1/4。更为严重的是，穷人正在变为更加贫困。据美国《洛杉矶时报》1958 年 10 月所载，1968 年在所有的家庭中，1/5 最穷困户的收入能满足基本生活需求的占 91%；到 1983 年，他们的收入，只能满足基本生活需求的占 63%。在贫困的成年人中，60%以上是妇女；而不满 18 岁的、生活在贫困中的美国青年，竟达 1380 万人。这些贫困的美国人当然不是相对贫困的人，他们并不是每月有工资收入，并不是工资的绝对量有所增加的人。列宁曾经说过，资本主义国家"工人的贫困化是绝对的，就是说，他们愈来愈穷，生活更坏，吃得更差，更吃不饱，更要挤在地窖里和阁楼上。"① 有不少人连阁楼也住不起，成为无家可归的人。今年（1985 年）2 月春寒的时候，美国就有 385 万人躺在马路边过夜，有不少人就在严寒的马路边结束了生命。这难道不是绝对贫困化吗？而美国全国 400 个大富翁的净收入，约为 1340 亿美元（平均每人净收入为 3350 万美元），这难道不是在证明马克思关于资本积累一般规律的财富与贫困的两极分化，富人更富、

---

① 《列宁全集》第 18 卷，人民出版社 1959 年版，第 430 页。

穷人更穷的原理，在资本主义制度下，不是自然在发生作用吗？只看见职工中有一部分人在某些时期的工资收入，在绝对数上有所增加；而抹煞工人群众有相当大的部分，陷在绝对贫困泥坑里的看法，是不符合事实的。只看见资本主义经济有所发展，而抹煞在财富积累的对面，存在着贫困积累，这难道合乎客观事实吗？

第三，是周期性的经济危机，它显示了发展的社会生产力同资本主义生产关系之间的尖锐的矛盾。因为在资本主义生产方式本身炸毁以前，矛盾得不到解决，所以它就成为周期性了。经济危机给资本主义社会带来了生产力的巨大破坏。不但那些找不到销路的消费资料，如小麦、马铃薯、牛奶、牲畜和棉花等等，大量遭到毁灭，而且大批工厂和设备，如高炉、平炉、造船厂、纺织厂，等等，也遭到毁灭性的破坏和停止使用。因而，每一次经济危机都使资本主义，特别在生产规模上，要倒退若干年。

资本主义国家的经济危机是从1825年开始的。在19世纪期间，经济危机的周期是十年左右来一次；每次经济危机只有一年左右。19世纪70年代，资本进入垄断阶段之后，经济危机的周期就逐渐缩短，涉及的国家，也逐渐在扩大。1873年的经济危机把美国和德国都拖入泥坑，而在时间上则拉长了五年。到第一次世界大战之前几年，由于准备战争，生产才有较快的发展。1914—1918年的第一次世界大战使欧洲大陆各国几乎成为废墟，只有美国的垄断资本，在那次大战中获得了350亿美元以上的利润。

在1919年到1938年的两次世界大战之间，资本主义国家间发生了三次经济危机，其中第三次危机，即1929—1933年的危机，可以说是资本主义历史上一次空前深刻、震撼整个资本主义世界的经济危机。那次经济危机的特点是：（一）工业生产的急剧下降。1932 年整个资本主义世界的工业生产，如同 1929 年比较，跌落 36.2％，其中，美国和德国跌落得最凶，分别跌落 48.3％ 和 46.7％。（二）失业空前增加。在 20 年代"繁荣"时期，大量失业已经存在。1929—1933 年，资本主义国家总失业人数，从 1000 万人增至 3000 万人，加上半失业人数，超过 4000 万人。（三）由于商品销路停滞，资本主义世界批发物价平均下跌 1/3，原料价格下跌 40％—50％。（四）生产能力遭到极大破坏。以美国为例，它在 1929 年以前，钢铁业的开工率只有 60％，汽车工业为 50％，机器制造业为 55％；到 1932 年底，美国钢铁业的开工率降为 13％，汽车降为 11％。不仅如此，当大量工人由于经济危机而失业的时候，大量的小麦、玉米等农产品，却任其腐烂、焚毁以至抛入大海，大量的牛、羊和猪则在大屠杀之后，埋在地下作为肥料。（五）资本主义世界信用、货币体系的崩溃。1929 年 10 月纽约证券交易所的崩溃，就是美国信用危机爆发的信号。迄至 1933 年美国倒闭的银行达 11730 家（企业倒闭 252000 家）。罗斯福就任总统的 1933 年 3 月 4 日，不得不宣布银行"休假"，并关闭纽约金融中心。

1929—1933 年的经济危机之后，来了一个达不到"复苏"程度的特殊的萧条。一直拖到 1937 年资本主义世界的工业产量仅仅超过 1929 年水平的 4％。但是在这年夏秋间，新的经济危机又在美国开始了，接着英国、法国和其他资本主义国家，也先后在经济危机中打滚。在这个时候，日本已经进攻了中国，德国和意大利正在准备打第二次世界大战，在扩大军需和武器的生产，因而，把 1937 年爆发起来的经济危机的进程打断了。

第二次世界大战使垄断资本大发其财。美国垄断资本的利润，从 1938 年到 1944 年达 900 亿美元。美国的黄金储备额在 1950 年竟达到 228 亿美元（当时全资本主义世界的黄金共为 338 亿美元），这就是说，美国当时所掌握的黄金额竟占全资本主义世界黄金额的 2/3。真真可称是"黄金王国"了！但是，垄断资本力量的壮大，并不能使它们避免周期性经济危机的袭击，反而使经济危机来得更加频繁，更加严重，更加深刻。第二次世界大战之后，美国、日本、联邦德国以及英、法各国，都出现了频繁的经济危机。到 1983 年，美国出现了八次；日本出现了八次；联邦德国出现了七次。

还没有进入 80 年代的 1979 年 4 月，美国的工业生产就出现了危机。这次危机在 1980 年有点回升，但是，回升是乏力的，1981年 8 月又再度下降，一直下降到 1983 年第二季度，才出现缓和。在这个期间，西欧各国和日本，也在不景气中渡过岁月。1979—1982 年历时四年的经济危机是一次资本主义周期性生产过剩与通货、信用膨胀日益恶化等因素交织而成的并发症的世界性经济危机。这次危机的复苏和"繁荣"期间，将近二年半。根据历年的经验，不少关心这个问题的专家估计，新的经济危机很有可能在明年（1986）上半年到来。

垄断阶段的经济危机具有以前所没有的特点：

（一）在 19 世纪进入 70 年代以前，如上所说，经济危机的周期是 10 年；进入垄断阶段以后，周期的间隔，缩短为七年左右。第一次世界大战以后，周期的间隔又进一步缩短。在 1919—1921年危机与 1929—1933 年危机之间，间隔只有三年。第二次世界大战之后，美国经济周期竟缩短为平均三四年；而危机期间则大大地长于恢复时间。美国在战后的六次危机（1979—1983 年危机不算），危机时间平均是 79 个月，而恢复时间却只有 63 个月。从1973—1976 年危机到 1979—1983 年最近这次危机，恢复期间竟缩短到 48 个月，而危机竟持续近四年。垄断阶段的经济危机，较诸以前，来得更加频繁了。

（二）19 世纪 70 年代以前的经济周期，是由危机、萧条、复苏和繁荣四个阶段构成的。这就是说，在经济危机爆发之前，有一个比以前一个周期更为繁荣的时期。但是，这种情况在第二次世界大战以后，基本是消失了。好几次危机是在微弱的复苏阶段上爆发出来的。繁荣还没有到来，新的危机就抢先爆发。第二次世界大战以来，经济危机的周期阶段陷入混乱。这种混乱，并不是经济危机周期性的否定，而是危机的破坏性的更加深刻。

（三）70年代以来，许多资本主义国家加强了通货膨胀政策，形成了前所未闻的"停滞膨胀"。通货膨胀使资本主义生产关系与生产力之间的矛盾变得更加复杂而深刻。膨胀使物价在复苏时期难于下降，从而延长了萧条的期间。宣传使用通货膨胀去削弱危机影响的凯恩斯主义，在70年代的经济危机中，就被他的学生鲁宾逊夫人所唾弃了。

恩格斯指出："在危机中，社会化生产和资本主义占有之间的矛盾达到剧烈爆发的地步。"指出"经济的冲突达到了顶点：生产方式起来反对交换方式，生产力起来反对已经被它超过的生产方式"。①这种情况，活生生地在我们眼前表演着。有什么根据可以说，马克思在《资本论》所指出的关于由资本主义生产关系与生产力的矛盾而周期地爆发的经济危机，已经失去了作用呢？已经成为历史的陈迹了呢？

马克思在《资本论》中对于资本主义生产方式的科学分析，对于资本主义生产关系同生产力之间的矛盾，并不仅仅只有上述三个侧面。但是，从这几个侧面来看，《资本论》对于资本主义生产方式的基本原理，还是客观地在发生作用的。对于资本主义生产方式来说，难道《资本论》已经过时了吗？

---

① 《马克思恩格斯选集》第3卷，人民出版社1972年版，第316页。

三

马克思在《资本论》中，不仅科学地分析了资本主义生产方式的发生、发展与灭亡，不仅指出资本主义生产方式必然为社会主义生产方式所代替；而且对于代替了资本主义的社会主义生产方式的许多根本性问题也作出了科学的预见。

第一，从生产资料所有制来说，社会主义制度的建立，不仅由于资本主义的生产方式，已经暴露出自己无能力继续驾驶这种生产力，而且由于无产阶级群众的武装起义，推翻资产阶级的统治，否定资本主义生产关系对社会生产力的束缚。马克思和恩格斯在《共产党宣言》中指出："无产阶级将利用自己的政治统治，一步一步地夺取资产阶级的全部资本，把一切生产工具集中在国家即组织成为统治阶级的无产阶级手里，并且尽可能快地增加生产力的总量。"① 马克思在《资本论》中不止一次提到在资本主义废除之后，必然出现生产资料社会主义公有制的问题。

我国在没收了官僚资本和改造民族资本的工商业之后，在50年代中叶，就已经建立起全民所有制的国营经济；在第一个五年计划成功之后，全国人民在中国共产党和政府的领导下，先后建成了许多现代化的大型和中型工业企业，制造出旧中国所不能设想的现代化工业产品。这一点，是马克思关于在工人阶级取得政权后实现生产工具国有化并尽可能快地增加生产力总量的预见的实现。

有人认为引进外资，容许外国人在经济特区和开放城市，独资创办企业，或中外合资设立企业，那是在否定马克思主义，那是在损害我国全民所有制国营企业。这种看法，是站不住的，因为：（一）

---

① 《马克思恩格斯选集》第1卷，人民出版社1972年版，第272页。

引进外资的目的,是为了引进国外的先进技术。经过消化和提高之后,这些新工艺、新技术,就会成为我们自己的东西,成为提高自力更生的重要因素。社会主义的经济基础也就日益坚强起来。这同马克思所提出的尽可能地增加社会主义国家的生产力的总量,是一致的。(二)我国的开放政策不但在经济特区和开放城市,容许外资设厂;而且也容许内地城市的个体手工业和个体商贩的存在。内地城市的个体经济,不仅能解决待业青年的就业,而且能使他们的业务经营,成为国营经济的补充。在这种情况之下,全民所有制的国营经济,在整个国民经济中依然处于主体的地位。实践已经证明,在我国国民经济中,社会主义国营经济的作为主体的地位,是不会因为外资的引进和个体经济的存在,而发生动摇的。

有人则从另一个角度看,认为容许外资和个体经济在国内存在,那是在证明,马克思关于在社会主义制度下,建立和发展国营经济的学说的动摇。这种看法是错误的,上面已经提到,在我国作为国民经济主体的社会主义国营经济,不但不发生动摇,而且由于生产技术和经营管理的改进,将会更加壮大。这就证明,怀疑马克思关于建立和发展社会主义国营经济的理论的正确性,是没有根据的。

第二,马克思在《资本论》中分析"自由公社"的分配时指出,这个公社的总产品,在扣除了用作生产资料的部分之后,余下的部分,就作为消费品,在社员之间进行分配;而"每个生产者在生活资料中得到的份额是由他的劳动时间决定的"。他说道:"劳动时间又是计量生产者个人在共同劳动所占份额的尺度,因而也是计量生产者个人在共同产品的个人消费部分中所占份额的尺度。"① 后来在《哥达纲领批判》中,马克思对于按劳分配的原则,

---

① 《马克思恩格斯全集》第23卷,人民出版社1972年版,第96页。

作了更为系统、更为深刻的发挥。马克思在《哥达纲领批判》中论证了在共产主义第一阶段（即社会主义时期），按劳分配原则的必然性。列宁在《国家与革命》一书中从各方面论证按劳分配在社会主义时期的必然性。

在"左"倾错误的指导思想之下，用平均主义去否定按劳分配，去取代按劳分配，认为平均主义就是所谓社会主义的分配原则。实践证明，平均主义同按劳分配是矛盾的。平均主义破坏了劳动者的生产积极性。试问在"干与不干、干多干少、干好干坏"都平均分配办法之下，谁能积极地去劳动呢？事实上，平均主义的分配原则，并不会为劳动者带来平等。表面上，这种分配原则，似乎相当平等，但在实质上，却为劳动群众带来更严重的不平等。第一，平均主义取消了以劳动作为计量报酬的同一尺度；第二，平均分配并不能取消已经结婚同尚未结婚的劳动者之间，子女较多和子女较少的劳动力之间的差别，因为，并不能取消"某一个人事实上所得的比另一个人多些，也就比另一个人富些"的矛盾。

十年动乱，平均主义达到高峰。林彪江青反革命集团被粉碎后，平均主义的流毒并未肃清。在经济体制改革的进程中，我们所遇到的阻力，其中就有平均主义的因素。那些醉心于平均主义，那些热心于平均主义的人物，当然要反对按劳分配，当然要把马克思所指出的按劳分配社会主义原则，说成是过时的东西。试问这种以破坏社会主义生产为目的的平均主义，我们能容忍其发展下去吗？

第三，长期以来，一些工业企业的负责人，只看见产量和产值，而忽视了商品的质量。这种看法，是因为"产值产量是硬指标，而质量品种却是软指标"。马克思教导我们，商品的使用价值是它的价值的物质基础。他说："没有一个物可以是价值而不是使用物品。如果物没有用，那末其中包含的劳动也就没有用，不能算作劳动，因此不形成价值。"① 只看见产量和产值这两个硬指标的同志，对于马克思的商品理论，对于质量是商品的物质基础的原理，当然是不放在眼里的，甚至认为这种理论是过了时的，因为在卖方市场的条件下，商品不论好坏，一般都会被抢购而光。所谓"皇帝的女儿不愁嫁"，几乎成为工商企业的同志们的豪言壮语。这是什么话呢？我们的社会主义生产能长期这样搞下去么？事实早就在证明，轻视质量的结果，就会使大量商品的使用价值打了折扣，以至完全丧失了使用价值。完全丧失使用价值的是废品；使用价值打了折扣的是次品，难道我们的社会主义建设速度，能根据次品和废品的数量，去计算产量和产值么？如果把马克思的商品理论，看成过了时的话，则我们的四化建设，在效益上，将是不可思议的。

第四，党的十二届三中全会的《决定》总结了过去几十年的经验，突破了把计划经济同商品经济对立起来的传统观念，提出社会主义经济是在公有制基础上的有计划的商品经济，因而，必然自觉地依据和自觉运用价值规律。《决定》提出的这一理论，是正确的，是符合马克思主义的理论。但是，有人却因此认为马克思所说的价值规律是一种盲目调节的理论，同我们的自觉地运用价值规律去发展有计划的商品经济，存在着矛盾，因而马克思在这一方面的理论，是过了时的。我认为不能这样去理解问题。马克思在分析社会分工的时候，指出"商品的价值规律决定社会在它所支配的全部劳动时间中能够用多少时间去生产每一种特殊商品"。② 这就是说，社会劳动时间的分配，必须按照对于某种特殊商品的要求。这就是说，社会劳动时间的分配，必然根据社会需要，按比例地在各生产部门之间进行安排。而在小商品生产和资

---

① 《马克思恩格斯全集》第 23 卷，人民出版社 1972 年版，第 54 页。
② 同上书，第 394 页。

本主义社会里，生产是在私有的生产资料私有制进行的，社会生产与社会需要之间，不存在必然的联系，因而，社会生产同社会需要之间没法不经常失调，在各个生产部门之间的比例关系，也没法不经常失调。资本主义社会的生产无政府状态，自然没法使价值规律的要求，得到实现，只能"在事后作为一种内在的、无声的自然必然性起着作用，这种自然必然性可以在市场价格的晴雨表的变动中觉察出来"。① 由此可见，把价值规律只看成是市场价格波动的规律，而无视它对社会生产与社会需要的平衡要求，对生产部门之间的比例要求，从而把这个规律看成是市场盲目变动的根源，是片面的，是不正确的。《决定》要求我们自觉地运用价值规律，去发展有计划的商品经济，并不同马克思关于价值规律的说明，有什么矛盾；反而要求我们必须全面地去认识价值规律的要求和作用。在实现我国的社会主义现代化建设中，在发展我国的社会主义国民经济中，在公有制的基础上，自觉地运用价值规律去发展有计划的商品经济的实践中，从什么地方看出马克思主义已经过时了呢？

　　第五，马克思在《资本论》第二卷中论述社会再生产的时候，在比例上，分析了两大部类之间的关系。对于社会主义国民经济的有计划按比例发展，具有重大的指导意义。但是，有的同志为了局部利益，没有从全国整体利益去考虑基本建设投资和生产的计划安排，以致发生"国家计划内的基建项目完成不了；而计划外的项目却控制不住"的局面。面对着这种情况，有人却认为这是马克思《资本论》过时的表现，而把自己破坏"全国一盘棋"的责任推给马克思的理论。这种自欺欺人的干法，是无法推卸责任的。从理论上来说，我认为马克思的 $I(v+m)=IIc$ 和 $I(v$

---

① 《马克思恩格斯全集》第23卷，人民出版社1972年版，第394页。

$+\dfrac{m}{z}$）对 $\mathrm{II}\,c$ 的关系，在社会主义国民经济的计划工作中，还是必须作为基本原理来同当年的客观事实相结合的。因而只顾本部门、本地区的干法，不仅破坏了马克思关于两大部类在扩大再生产中的比例关系的理论，而且在破坏社会主义国民经济的整体利益。

马克思主义并不是教条，他的巨著《资本论》也不是教条，而是我们进行社会主义革命和建设的指针。马克思在《资本论》中是以商品不存在的情况下来预察社会主义经济的。这是时代的限制。列宁和斯大林在实践中，认为在无产阶级取得政权之后，要建立社会主义经济还需要利用商品和货币。我国全国解放后的实践也证明，要发展社会主义经济还必须把商品和货币，作为工具来利用。但是，从"大跃进"到党的十一届三中全会以前的 20 多年间，在"左"倾错误的统治下，商品经济受到极其严重的损害，社员的家庭副业和自留地几乎没法存在；集市贸易在绝大部分地区成为非法的活动；原来被承认的第三条流通渠道也是名存实亡。这一切，使广大农村基本上保留着自然经济。在党的十一届三中全会之后，那些阻碍生产力发展的"左"的错误，才逐步地得到纠正，发展商品经济的正确方针，才逐步得到落实，从而，整个国民经济才一天比一天地活跃起来。

四

邓小平同志最近在全国党代表会议上，号召新老干部都要学习马克思主义理论。这是一个切中时弊的极其重要的号召，这是一个关系到我们的国家能否在高质量上实现社会主义现代化建设的伟大号召。

我们有不少同志是在不同程度上受到"左"的错误的影响的。十年动乱期间，林彪、江青反革命集团打着马克思主义的旗帜，去篡改马克思主义。平均主义、大锅饭、铁饭碗以及"穷则革、富则修"等等，在一些人的脑海中，占着突出的地位。他们口头上同意按劳分配，而内心上却主张平均主义；他们在口头上拥护经济体制改革，而实行的却是"职工吃企业的大锅饭，企业则吃国家的大锅饭"；他们在口头上反对铁饭碗而实际上却"上天下地"在寻找铁饭碗。在城市经济改革中出现的一些阻力，总是同"左"的错误的流毒有着关系。只有学习马克思主义，才能使我们的干部，在认识上和行动上，执行党的正确政策。

我们要实现祖国的社会主义现代化建设，必须学会掌握最新技术和企业的科学管理等知识。这种最新技术和企业的科学管理的重要性，在资本主义国家也是如此。如果我们的干部不能根据马克思主义的基本原则和政治立场，不能把马克思主义的基本原则去结合不断变化的实际，那么，我们就很难得出正确的解决方法，就很难显示出中国特色的社会主义的优越性。如果我们的干部不学习马克思主义理论，那就有可能片面地只看见资本主义发达国家的经济发展和一部分人的生活富裕，而看不见资本主义周期性经济危机的日趋严重和大量过剩人口的日益贫困化。有的人甚至认为社会主义不如资本主义；有的人虽然掌握了专业知识，但对社会主义的信仰，却并不因此而有所提高。

还有一些干部口头拥护社会主义，而行动则违背社会主义、违背马克思主义。陈云同志最近在全国党代表会议上指出，有些人，为了私利，"一切向钱看"，不顾国家和群众利益，甚至违法乱纪。如报上多次公布的，那投机诈骗、贪污受贿，非法致富等等，这都是值得我们严重警惕的。

对于上述问题，属于犯罪的，当然要绳之以法。但是，更多的是要使用思想教育的方法去处理。在这里，号召新老干部学习马克思主义理论，是一个根本的办法。《资本论》是马克思的主要巨著，在新老干部学习马克思主义理论中，《资本论》是应该成为学习重点之一的。

1985 年 12 月 3 日

马克思对待资产阶级经济思想
的科学态度

　　今年是世界无产阶级革命导师、科学社会主义的创建人马克思逝世 100 周年。100 年来，整个世界、整个中国都发生了翻天覆地的变化。这是同马克思的科学理论，同他对人类社会发展的预见的方向密切联系的。中国革命的成功就是马克思主义的普遍真理同中国的具体情况密切结合的成果！

　　马克思在科学上对人类社会的贡献是伟大的，是多方面的，我现在要谈的是马克思对资产阶级的经济思想的科学态度。同志们都是研究西方经济思想的专家，怎样学习马克思对待西方经济思想，早已胸有成竹。我只能在这方面提出一点不成熟的意见，请大家指正。

　　马克思主义的哲学、政治经济学和科学社会主义，并不是一个人关在房子里面独自创作出来的。列宁在《马克思主义的三个来源和三个组成部分》中指出："马克思的学说是人类在十九世纪所创造的优秀成果——德国的哲学、英国的政治经济学和法国的社会主义的当然继承者。"① 马克思无论对于德国哲学，对于英国

---

① 《列宁选集》第 2 卷，人民出版社 1972 年版，第 441—442 页。

古典政治经济学以及对于法国的社会主义的继承，并不是全盘地接受，而是批判地吸收的。

我在这篇论文中，并不是全面地研究马克思主义的三个来源和三个组成部分；只是研究马克思在政治经济学中，对于价值、剩余价值和生产价格这几个根本问题，是怎样批判英国古典学派的错误，怎样克服英国古典学派的局限性，怎样解决英国古典经济学的一些不能克服的矛盾，而建立了充满着战斗性和生命力的政治经济学。

一

以亚当·斯密和大卫·李嘉图为代表的英国古典学派，在价值论方面是有着巨大贡献的，因为他们奠定了劳动价值论的基础。但是，无论斯密也好，李嘉图也好，他们的劳动价值论，是有缺陷的，是包含着不可克服的矛盾的。亚当·斯密提出了耗费劳动构成"真实价格"的观点，这是正确的；但是，他同时又提出了同耗费劳动完全矛盾的"购买的劳动论"和"收入构成论"等非科学观点，这就为后来庸俗学派开了大门。在这个问题上，李嘉图比斯密要高明得多。他否定了"购买的劳动论"和"收入构成论"，而肯定了斯密的关于耗费劳动的科学观点，并且把它发展成为资产阶级古典经济学中卓越的价值理论。

李嘉图的劳动价值学说，解决了亚当·斯密的三种价值观点同时并存的自相矛盾的困难。这是价值论的一个不可低估的进步。但是，李嘉图同亚当·斯密一样，把资本主义的商品生产当成人类社会的永恒制度。他混淆了交换价值与价值之间的现象与本质之间的区别，因而，他不理解人类的一般抽象劳动，不理解不同种商品（不同的使用价值）的量，只有转化为同一的抽象劳动，只有转化为同一的单位，才能在量上互相比较。不仅如此，李嘉图还错误地把最劣等的条件下为生产一定量商品所必要的劳动，当成社会的必要劳动。这就混淆了农业产品与工业产品，在必要劳动量上的区别。

马克思克服了李嘉图的价值论本身所包含的缺陷和矛盾，严密地论证并透彻地发展了劳动价值论。他不仅证明资本主义生产是一个历史性的社会制度，而且证明商品生产也是一个历史性的经济范畴。他论证了商品的交换价值与价值，是两个具有密切关系，而又互相区别的东西，商品的价值是本质，而交换价值则是前者的现象形态。他论证了商品的价值虽然是以生产它们所消耗的劳动量作为实体，但是，它们的价值并不是由个别生产者生产它们的劳动量所决定，而是由生产这种商品所消耗的社会必要劳动时间的数量决定。这么一来，劳动价值理论，便成为政治经济学中的颠扑不破的真理了。

亚当·斯密的所谓"购买的劳动论"为马尔萨斯等人所接受；他的所谓"收入构成论"则为萨伊等人所接受。马尔萨斯和萨伊等人把斯密在价值论上的庸俗观点，作为反对劳动价值论的武器。他们在这个问题上，用尽一身的气力，但是，他们攻击劳动价值论的火力，曾几何时，就烟消云散了。当然，资产阶级及其在经济理论上的代言人，是决不因此就罢休的。在 19 世纪 70 年代初期，由英国杰文斯等人提出，而本世纪初期由奥国庞巴维克集大成的所谓"边际效用价值论"，就成为资产阶级攻击马克思劳动价值论的新式武器了。这个"边际效用价值论"不仅抹煞了交换价值同价值的区别，而且把使用价值作为价值；不仅否定了价值是一个历史的社会制度的客观范畴，把它说成是一种自然的永恒的心理范畴，而且把价值同物质生产领域的劳动消耗完全切断，完全以寄生虫的消费心理作为理论根据。这种主观唯心主义的说法，竟然成为资产阶级反对劳动价值论的救命稻草，这就证明资产阶级庸俗经济学派堕落到何等地步了。试问每一个人的主观心理，怎能从数量上测量商品的价值呢？怎能成为商品的价值量的尺度呢？

二

无偿劳动的占有是资本主义生产方式和通过这种方式对工人进行剥削的基本形式。马克思发现了资本对劳动的剩余价值的榨取，从而揭露这一生产方式内部一直隐蔽着的性质。列宁说道："剩余价值学说是马克思经济理论的基石。"①

亚当·斯密在他的《国富论》中已经在雏形的形态上提出了剩余价值的存在。斯密认为"劳动者加入到原料中去的价值，在这里，会分成二部分，其中一部分支付他们的工资，另一部分则按雇主在原料和工资上面垫付的全额资本支付雇主的利润"。他又说，在土地私有的条件下，劳动者"不得不把他们的劳动所采集或生产的东西的一部分，交给土地所有者，这一部分构成地租"。由此可见，亚当·斯密是知道"资本家的剩余价值是从何发生"，也知道土地所有者的剩余价值是从何发生的。李嘉图比斯密进了一步，把剩余价值的理论建立在斯密手里虽已萌芽，但临到应用几乎总被他忘却的价值理论的基础上。李嘉图从商品价值要由商品中体现的劳动量决定这一点，引导出由劳动加入到原料中去的价值量在劳动者和资本家间的分配，也就是它在工资和利润（这里是指剩余价值）间的分配。但是，无论斯密也好，李嘉图也好，他们都没有从根本上，从本质上，在绝对的形式上，把剩余价值

---

① 《列宁选集》第2卷，人民出版社1972年版，第444页。

确定下来，没有把利润和利息等现象形态同作为本质的剩余价值区别出来。他们只研究劳动产品在劳动者和生产资料所有者之间，在分配上的数量关系。

恩格斯用科学家拉瓦节（Lavoisier）发现氧气在自然科学中的重要性，来证明马克思发现剩余价值在政治经济学中的重要性。他说道：马克思"在前人认为已有答案的地方，他却认为只是问题所在。他认为，这里摆在他面前的不是无燃素气体，也不是火气，而是氧气；这里的问题不是在于要简单地确认一种经济事实，也不是在于这种事实与永恒公平和真正道德相冲突，而是在于这样一种事实，这种事实必定要使全部经济学发生革命，并且把理解全部资本主义生产的钥匙交给那个知道怎样使用它的人。"① 马克思的剩余价值理论，的的确确使全部政治经济学发生了根本性的革命。

很明白，要认识剩余价值是什么，就必须先认识价值是什么。如上所说，李嘉图对于劳动价值理论是有贡献的。但是，他不理解在资本主义社会里，劳动力也成为商品，他更不理解劳动与劳动力之间的联系和区别。他把劳动和劳动力混为一谈。因而，在涉及利润的时候，在遇到劳动和资本交换的时候，他就没法不陷入一个不能自拔的矛盾之中。如果按照价值规律的等价的要求，去进行劳动同资本的交换，那么，利润就无从发生；如果肯定了利润的客观存在，那么，价值规律的等价交换的要求，就必然受到破坏。李嘉图的劳动价值学说在利润问题上就没法不碰壁了。

马克思第一次确定了什么劳动形成价值，论证了价值不外是这种凝结在商品中的社会必要劳动；他进而说明了商品和货币的关系，说明了货币向资本的转化，并且说明这种转化是建立在劳

---

① 《马克思恩格斯全集》第24卷，人民出版社1972年版，第21页。

动力的买卖上，在这里，马克思"以劳动力这一创造价值的属性代替了劳动，因而一下子就解决了使李嘉图学派破产的一个难题，也就是解决了资本和劳动的相互交换与李嘉图的劳动决定价值的这一规律无法相容这个难题。他确定了资本分为不变资本和可变资本，就第一个详尽地阐述了剩余价值形成的实际过程，从而说明了这一过程，而这是他的任何一个前人都没有做到的。"① 马克思不仅在剩余价值理论的基础上，展开了科学的工资学说，而且在剩余价值理论的基础上，科学地说明了它的形象形态——利润、利息和地租。

马克思的剩余价值理论，揭露了资产阶级发财致富的秘密，这就必然引起资产阶级及其在经济理论领域的代言人的愤恨和攻击。奥国庞巴维克的所谓"时差利息论"，就是资产阶级对抗、攻击马克思的剩余价值论的破烂武器。

庞巴维克从那些靠剪息票为生的寄生虫和无所事事的消费者的主观心理出发，把物品区分为直接满足当前需要的"现在货财"（消费品）和满足将来需要的"未来货财"（生产资料），认为人们对"现在货财"的估价，通常大于"未来货财"的估价。这种由于对现在和未来两种不同时间的主观估价的差异而带来的价值上的差异，叫做"时差"。"时差"的存在，要求未来货财的所有者必须向现在货财的所有者支付等于价值时差的贴水。这种贴水就是利息。按照庞巴维克的这种说法，利息来源于时差，而同劳动者在生产过程中支出的劳动，完全无关。他并且把这种时差利息的唯心主义的观点，推广到企业利润和包括地租在内的各种租金的领域中去。庞巴维克的时差利息论的谬误，不仅在于把利息、利润和地租混为一谈，而且在于抹煞利息、利润和地租的物质来

---

① 《马克思恩格斯全集》第24卷，人民出版社1972年版，第22页。

源，在于否定利息、利润和地租都是剩余价值的转化形态，在于否定资本家和地主对雇佣劳动者的无偿劳动的榨取。事情很明白，作为消费者个人的主观估计，是没法通过时差因素而创造出价值来的。试问躺在沙发上的消费者，怎能通过时差因素，把他的主观估价，创造成为价值呢？试问在物质生产过程之外的主观心理，怎能生产出具有价值的商品来呢？试问与物质生产和剩余价值相绝缘的"时差利息"，从何处去取得它的价值来源呢？庞巴维克为了掩盖资本主义的剥削关系，为了对抗马克思的剩余价值理论，的确是挖空了心思的。可惜的是，他的玄而又玄的谬论，是建立在沙滩上的大厦，经不起天风海浪的冲击的！

三

在资本主义的自由竞争的条件下，商品价值必然转化为生产价格。亚当·斯密所说的"自然价格"；李嘉图所说的"生产成本"，在实质上，指的就是生产价格。但是，古典学派对于价值和生产价格之间的区别，没有做出科学的说明，因而，没有在劳动价值这个基础上，说明它的转化为生产价格的必然性。

马克思通过价值转化为生产价格的理论，解决了资产阶级古典学派未能解决的矛盾。马克思科学地说明了在资本主义生产方式的前提下，生产价格就是商品的成本价格加平均利润。在资本周转时间不变的条件下，在各生产部门的剩余价值率相同，而不变资本价值也同样全部转移到资本的年产品的条件下，它们的资本是按照可变资本的比例，每年都实现着同量的剩余价值的，这样，由于资本的有机构成各不相同，利润也就不相同。但是，在资本可以自由转移的情况下，利润率较低的部门的资本，必然会向利润率较高的部门转移。通过竞争，通过资本的转移，各个生产部门间的利润率必然趋于平均化，而形成平均利润率。这样，归于各个生产部门的利润，就不是各该部门的个别利润，而是通行于各个部门的平均利润。这个平均利润同各部门的成本价格加在一起，就成为各部门的生产价格。通过资本在各生产部门间的不断转移而形成的平均利润，是资本主义社会里客观存在的事实。但在这里，不仅存在着平均利润率与各部门的个别利润相背离的现象，而且存在着生产价格与价值相背离的现象。这种背离是不是证明平均利润和生产价格，同劳动价值和价值规律相互矛盾呢？从每个特殊部门来看，利润是背离了剩余价值的，生产价格是背离了价值的。我们并不抹煞这种背离。但是，从整个社会来看，这种背离，在各部门之间，是互相抵消的，从而，社会的利润总量同社会的剩余价值总量是相等的；社会商品的生产价格总量同社会商品的价值总量是相等的。列宁对于这个问题，用极其简练的语言说道：“这样，价格离开价值和利润平均化这个众所周知的、无可置辩的事实，就为马克思根据价值规律充分说明了，因为一切商品的价值总量是与价格总和相等的。然而，价值（社会的）转化为价格（个别的），不是经过简单的直接的道路，而是经过极其复杂的道路，因为很自然，在只有通过市场才能把各个分散的商品生产者联系起来的社会内，规律性只能表现为平均的、社会的、普遍的规律性，至于个别偏差情形则会相互抵消。”① 资本主义社会的生产是社会化的生产，而不是彼此不发生关系的孤立化的生产，对于资本主义的这种社会化的、彼此发生密切关系的经济，如果孤立地只看见个别企业的商品价值与价格的关系，只看见个别企业的剩余价值量与利润量的关系，那就是只看见一棵树而看不见森林的形而上学的观点。马克思关于价值转化为生

---

① 《列宁选集》第 2 卷，人民出版社 1972 年版，第 595 页。

产价格的理论，就是从资本主义的社会化生产，就是从各个生产部门、各个生产企业之间的相互关系，去抓住它的必然性的。

从奥国庞巴维克到现在美国的萨缪尔逊，都在攻击马克思的生产价格论和劳动价值论，认为马克思的生产价格论同他的劳动价值论之间，存在着不可克服的矛盾。按照萨缪尔逊的说法，《资本论》第 3 卷的生产价格，是可以离开劳动价值而独立的，甚至说，马克思的劳动价值学说，是一个不必要的东西。很明白，萨缪尔逊之痛恨劳动价值学说，乃是他痛恨剩余价值学说的一种表现方式。剩余价值学说是以劳动价值学说作为前提的，否定了劳动价值学说，对于剩余价值学说的否定，不是迎刃而解了么？回到价值与生产价格的问题来吧。萨缪尔逊所提的这个问题，不外是商品价值同价格的关系问题，不外是本质同现象的关系问题。无论庞巴维克也好，无论萨缪尔逊也好，都是只看见现象而否定了本质的。现象同本质，一般说，是一致的；但在不少场合上，它们彼此间是不一致的，甚至是矛盾的。但是，这种不一致，这种矛盾，并不否定本质之客观存在。价值和价格是经常不一致的，但是，如果离开了价值，价格就失去其内容。马克思反复地指出，价值规律在调节生产价格。他说道："价值规律支配着价格的运动，生产上所需要的劳动时间的减少或增加，会使生产价格降低或提高。"① 马克思的科学分析是资本主义经济的客观事实的逻辑发展的反映。剩余价值是以劳动价值作为前提的；而平均利润（从而生产价格），则是以剩余价值作为前提的。这就是说，如果离开了劳动价值论，那么，剩余价值就会成为无源之水、无根之木；如果离开了剩余价值论，那么，"一般利润率（从而商品的生产价格），就是一个没有意义、没有内容的概念"。② 马克思明确地

① 《马克思恩格斯全集》第 25 卷，人民出版社 1974 年版，第 200 页。
② 同上书，第 176 页。

指出了劳动价值、剩余价值和生产价格之间的规律性的相互关系。"既然商品的总价值调节总剩余价值，而总剩余价值又调节平均利润从而一般利润率的水平——这是一般的规律，也就是支配各种变动的规律——那么，价值规律就调节生产价格"。① 客观存在的价值规律调节生产价格的这个一般性的规律，在什么地方，在哪一点上，存在着不可克服的矛盾呢？

萨缪尔逊为了攻击马克思的劳动价值转化为生产价格的学说，竭尽了挖苦的能事。他竟然编造了一个主观唯心主义的方式，说马克思"首先写下了一个体系，然后取出橡皮把它擦去，由于擦去了它而使它转形，然后再写入一个体系。这就行了。"这并不是什么科学的探讨，而是一种挖苦和漫骂！难道这样的挖苦，就能把马克思关于价值转化为生产价格的反映客观事实的科学理论推翻了么？难道这样的挖苦，不是在证明萨缪尔逊对于马克思的价值到生产价格的转化的科学理论的攻击，是一种政客式的狂妄和武断么？

四

马克思关于资本主义的政治经济学是以资本主义生产方式的客观运转，是以资本主义生产关系与生产力的矛盾，是以资本对劳动的剩余价值的榨取及其矛盾的发展，作为根据的。与此同时，他还从资产阶级古典经济学中，批判地吸取它的合理的、科学的成分。恩格斯在《反杜林论》中论述科学社会主义的时候说道："和任何新的学说一样，它必须首先从已有的思想材料出发，虽然它的根源深藏在经济的事实中。"马克思主义政治经济学的建立，

---

① 《马克思恩格斯全集》第25卷，人民出版社1974年版，第201页。

也正是这样。

在资产阶级的经济学说中，具有科学见解而被马克思所肯定，被马克思所吸取的，只是古典学派。但是，自从法国和英国的资产阶级夺得政权以后，"阶级斗争在实践方面和理论方面采取了日益鲜明的和带有威胁性的形式。它敲响了科学的资产阶级经济学的丧钟！"从此以后，资产阶级的经济学论坛，就被一个接一个的庸俗学派所占领了。马克思对于庸俗学派的经济学，同对于古典学派的经济学，在对待上，是根本不同的。如上所述，马克思对于古典学派的经济思想，采取了批判地吸收的态度；而对于死心为资产阶级服务的庸俗学派，则采取了根本否定的态度。庸俗学派不仅千方百计地要调和不能调和的东西，而且千方百计地要掩盖不能掩盖的矛盾，要使雇佣劳动者俯首接受资本家的剥削。在庸俗学派经济学家眼里，问题"不再是这个或那个原理是否正确，而是它对资本有利还是有害，方便还是不方便，违背警章还是不违背警章。"① 马克思在《资本论》第 1 卷第 2 版跋文中，就这般一针见血地把庸俗学派经济学说的实质点出来了。对于资产阶级庸俗学派（从萨伊、马尔萨斯一直到本世纪的凯恩斯，等等）的基本理论，采取否定的态度进行严肃的批判，是马克思主义者们责无旁贷的任务。但是，他们所提出的一些个别论点，或具体方法，在一定的具体条件下，在马克思主义的指导下，我们并不放弃对于这些个别论点或具体方法的利用。在这里，我举出如下例子：

（一）马尔萨斯是英国早期资产阶级庸俗经济学家。他站在土地贵族和工业资产阶级的立场上，反对无产阶级；又站在土地贵族的立场上，反对工业资产阶级。他的为土地贵族和工业资产阶

① 《马克思恩格斯全集》第 23 卷，人民出版社 1972 年版，第 17 页。

级卖力的"人口论",把资本主义制度所造成的过剩人口,不仅归咎于自然,而且归咎于无产者群众的生育。他论证了劳动群众贫困化的合理性,他否定了失业工人的生存权利,甚至胡说什么在大自然的筵席上已经没有穷光蛋的席位。马尔萨斯对人口问题的这种基本观点,我们能不加以反对吗?他拼命反对避孕和节制生育,我们能不加以反对吗?但是,我们决不能因为这个极端反动的牧师主张晚婚,从而就在我们的计划生育中不把晚婚作为一项重要措施。

(二)由庞巴维克集大成的所谓"边际效用论",把使用价值说成是价值,把价值这样一个客观经济范畴,变成一种主观臆断。对于这种否定客观事实的、主观臆断的价值论,我们能不加以反对吗?在马克思的劳动价值论同心理学派的"边际效用论"之间,是矛盾的,是水火不相容的。但是,对于心理学派的个别论点,却不能一概拒绝,因为它可作为分析的工具去利用。例如,研究产量的增加与它所引起的成本增加之间的依存关系的"边际成本";研究产量的增加与它所引起的收入增加之间的依存关系的"边际收入",它们对于改善企业的经营管理,对于企业在进行扩大投资与生产的决策时,作为分析工具,是值得重视的。这就要求我们采取分析的态度,把边际分析方法从边际效用论的主观唯心主义的糟粕里提取出来。

(三)在本世纪30年代资本主义经济大危机的条件下出现的凯恩斯主义,也是资产阶级经济思想的一个庸俗学派。凯恩斯的危机理论是建立在他的庸俗"有效需求"理论的基础上的。他掩盖了资本主义的周期性经济危机是来源于资本主义生产关系与生产力之间的矛盾所形成的生产过剩;他从庸俗观点出发,认为"总的有效需求"是由"消费需求"和"投资需求"两部分("有效需求")所组成的。所谓"有效需求不足",是指"消费需求"和

"投资需求"两者都不足，是指人们对消费品的购买，对资本物品的购买，都不足以吸收掉资本主义企业所生产的大量商品。那么，人们对消费品和资本物品的"需求"（或是购买）为什么会不足呢？凯恩斯认为那不是社会的原因，而是人们的心理原因。他进一步认为经济危机的根源，不在于资本主义制度所固有的、不可克服的矛盾，而在于人们所固有的"基本心理规律"。他所提出的三条所谓"基本心理规律"，在实质上，哪一条不是唯心主义的东西呢？哪一条不是主观臆测的东西呢？凯恩斯把他的经济理论称作"通论"，无非是为了要把他所制造的那一套"原理"，当成超历史的永恒的东西，无非是为了要把他所制造的基于人性的"基本心理"，去掩盖资本主义制度的历史性和资本主义社会里消费的阶级性。真理是不怕考验的，凯恩斯的那一套如果是真理，那就不怕考验。可惜的是，他的那一套以"基本心理"作为论据的充分就业，实行不到半个世纪，就在"滞胀"的打击之下，被人唾弃了。

凯恩斯主义的基本理论是同马克思主义的政治经济学尖锐地对抗着的。曾经有些学者，要把马克思的经济学说同凯恩斯的庸俗学说调和起来。这是一种主观主义的徒劳的做法。但是，凯恩斯的个别理论，如"乘数论"，那是值得注意的。"乘数论"本来是同他的所谓决定"有效需求"的"心理因素"交织在一起的，但它所要说明的是一次投资的变动会对需求、就业收入，产生连锁的影响。这种连锁的效应，在经济生活中，是客观地存在的。只要把"乘数论"从凯恩斯的唯心主义的理论体系中剥离开来，那么，它所反映的再生产过程中的这种连锁效应，对于我们研究社会主义再生产问题，是有参考价值的。

我国人民，在中国共产党的领导下，正在致力于社会主义的现代化建设。对于那些反映社会化大生产的过程与技术经济关系的理论和方法，凡是有利于社会主义现代化建设的，必须给予应有的注意和重视。列宁指出泰罗制是"资产阶级剥削的最巧妙的残酷手段"，但同时，又指出它"是一系列的最丰富的科学成就"，主张在无产阶级取得国家政权以后，有必要采用它的合乎科学进步的方法。列宁对于泰罗制的态度，正是马克思对待资产阶级经济思想的态度。为了我国社会主义现代化建设的利益，我们必须在坚持马列主义、毛泽东思想的前提下，对于国外资产阶级经济思想，采取分析的态度，否定其庸俗的基本理论，而利用其有用的个别成分。

（本文系作者在外国经济学说研究会第二届全国学术讨论会上的讲演，载《世界经济》1983 年第 9 期。）

学习周恩来同志的
《新民主主义的经济建设》

1948 年 6 月，伟大的周恩来同志写了《新民主主义的经济建设》提纲。在这个光辉的提纲写成后一年，人民解放军便在全国范围内（不包括台湾）打垮了蒋介石反动政府，新民主主义的经济建设，很快就健步地展开了。

我国的新民主主义经济，早在解放前的革命根据地就出现了。从 1949 年到 1956 年对农业、手工业和资本主义工商业的社会主义改造基本完成，我国的国民经济仍然是新民主主义的经济。周恩来同志在解放前夕所写的这个提纲中，对于新民主主义经济的根本性质、基本内容、建设方针和发展方向等所提的意见，都成为后来实践的指针。

一

新民主主义经济的性质是什么？周恩来同志明确地指出了新民主主义的经济建设，是反旧民主主义或资本主义的经济建设方针的。这就是说，新民主主义经济不仅不等于资本主义经济，而且是资本主义经济的对立物。

列宁告诉我们：政治是经济的集中表现。从国民经济的领导权，就可以看出新民主主义经济在性质上同资本主义经济的根本区别。周恩来同志指出，新民主主义经济是由无产阶级领导的经济，而不是由资产阶级领导的经济。他在"以劳动大众为主附加自由资产阶级，还是以资产阶级为主附加劳动大众"的问题中，显然是肯定了前者，而否定了后者的。周恩来同志的这一思想包含两个内容：首先，包含了无产阶级领导权的思想。1949年中国人民政治协商会议共同纲领规定，我们的国家，是实行工人阶级领导的，以工农联盟为基础的，团结国内各民族的人民民主专政的国家。中华人民共和国的第一部宪法也规定，我们的国家"是工人阶级领导的、以工农联盟为基础的人民民主国家"。这些规定都具体体现了周恩来同志关于无产阶级领导权的思想。其次，还包含了党的统一战线的思想。正如刘少奇同志在宪法说明中指出的："在我国过渡时期，工人阶级领导的包括各民主阶级、各民主党派、各人民团体的人民民主统一战线具有重要的作用。这是以工农联盟为基础而又较工农联盟更为广泛的联盟，即劳动人民同可以合作的非劳动人民之间的一种联盟。"因为民族资产阶级在民主革命和社会主义革命时期，都有两面性，因此，工人阶级对民族资产阶级的统一战线，便成为工农联盟的一个补充。周恩来同志所说的"以劳动大众为主附加自由资产阶级"，指的就是这个意思。

新民主主义国家政权既然由工人阶级来领导，那么，新民主主义经济也就必然由工人阶级来领导了。在资本主义国家里，国家政权是由资产阶级掌握的，国民经济的命脉是由资产阶级垄断的，广大劳动人民没有丝毫权利。周恩来同志的这个提纲教导我们：必须从根本性质上去认识新民主主义经济同资本主义经济的区别。

二

新民主主义经济的内容是什么？

周恩来同志在提纲中指出有"公营、私营与合作社三种经济"。在这三种经济成分中，公营经济是主要的、主导的成分。在解放前，各个革命根据地都已经有公营经济存在，但是，那时的公营经济还不是全国性的，还未掌握国民经济的命脉。全国（不包括台湾）解放之后，由于没收了四大家族的国家垄断资本，我们的公营经济就在全国范围内壮大起来了，并逐步掌握了国民经济的命脉。到了这个时候，公营经济就发展成为全民所有制的社会主义国营经济。事实证明，国营经济的力量越是发展，则其作为整个国民经济的领导成分的作用，也就越加有力。

合作社经济在解放以前，在各个根据地也已经存在着，当时的合作社主要是供销合作社和手工业合作社，规模不大。解放后，供销合作社和消费合作社进一步在各城市中组织起来了。供销合作社是国营经济的助手。土地改革基本完成之后，得到土地的广大农民，逐渐由个体户组织成为互助组。后来，又进一步组织成为农业生产合作社。合作社是半社会主义或全社会主义的集体经济。它同全民所有制的国营经济，在一个相当长的时期内同时并存。

私营经济包括个体经济（个体手工业和小商贩等等）和资本主义工商业（包括私人钱庄、银行）。周恩来同志在提纲中明确地提出，国家银行对于私人钱庄（事实上还包括私营银行）要进行金融斗争，因为当时的私营钱庄多半从事囤积投机活动。对于资本主义工商业要采取区别对待的方针，分清"什么是我们要提倡的保护的，什么是我们要反对的取消的，什么又是我们今天尚不能取消而于我们不利应暂时容忍而须加以限制的"。很明白，那些有利于国计民生的经营，那些有助于发展生产和城乡交流的经营，国家是要加以提倡保护的。那些囤积居奇、投机倒把、哄抬物价、危害人民生活和国家建设的活动，国家当然要加以取缔、打击。对于剥削工人、追求利润的资本主义生产，当时尚不能取消，但国家在它的活动范围方面，税收政策方面，市场价格方面，劳动条件方面，要按照各地、各业和各个时期的具体情况，采取恰如其分的有伸缩性的限制政策。

公营、私营与合作社三种经济成分同时并存，而以公营经济为主导，这就是新民主主义经济的基本内容。这个基本内容，证明新民主主义经济基本上不是资本主义经济。资本主义工商业虽然是国民经济的一个成分，但它们并不是国民经济的主导成分，而且它的活动，在许多方面受到国家的限制。因此，如果把新民主主义经济同资本主义经济混为一谈，那是错误的。与此同时，新民主主义经济并不就是社会主义经济，因为，社会主义的国营经济虽然已占国民经济的主导地位，但是，个体经济和资本主义经济还大量存在着。新民主主义经济是过渡到社会主义的过渡性经济。这个过渡性的经济，对于当时发展社会生产力是有利的。

三

新民主主义的经济建设，采取什么方针呢？

周恩来同志明确地指出，新民主主义的经济建设，是反对农业社会主义或极端平均主义经济方针的。农业社会主义或极端平均主义是小农经济和手工业者的一种幻想，这种幻想是同马克思主义完全对立的。在土地革命、抗日战争和解放战争几个时期中，我们的革命根据地主要是在广大农村中建立起来的，手工业和小农经济的平均主义严重地反映在我们的一些干部的思想中，这种思想不仅阻碍根据地发展生产、繁荣经济，而且也危害军队的团结、作战。毛泽东同志在《关于纠正党内的错误思想》中说："应指出绝对平均主义不但在资本主义没有消灭的时期，只是农民小资产者的一种幻想；就是在社会主义时期，物质的分配也要按照'各尽所能按劳取酬'的原则和工作的需要，决无所谓绝对的平均。"[1] 实践证明，在社会主义企业里，不管干和不干、干多干少、干好干坏，都在工资上一律平等，乃是一种极其有害的做法。这种做法，只有利于懒汉和不劳而获的人，而对于发展生产、繁荣经济，则带来极其严重的破坏性。因为它破坏了广大劳动群众的生产积极性，破坏了劳动生产率的提高，从而，必然要破坏工农业生产的发展。平均主义的分配，否认生产者个人的劳动在质量上和数量上的差异，主张大家都取得同样的报酬。从表面看，这种分配原则似乎是平等的。但实际上给群众带来更为严重的不平等，因为它取消了以劳动作为计量报酬的同一尺度，而在按劳分配中，以劳动作为计量报酬的尺度，是平等的一个基本标志。

周恩来同志在32年前就严肃地提出要反对绝对平均主义，意义是极其深切的。我国解放之后，这种小农经济的平均主义，曾经多次干扰我们的政策，到了十年浩劫期间，这个平均主义更成为林彪、"四人帮"破坏我国社会主义国民经济的凶器。打倒"四人帮"之后，平均主义这个幽灵，还在我国的一些部门和企业中游荡，至今仍是实现社会主义按劳分配原则的障碍。周恩来同志的反对农业社会主义或极端平均主义的经济方针，直到今天还是具有实际意义的。

---

[1] 《毛泽东选集》第1卷，人民出版社1991年版，第91页。

周恩来同志在反对极端平均主义的同时，还主张变供给制为工资制。供给制度是适应于战争时期商品经济不发达的农村革命根据地的情况的。但是进入城市之后，这种分配形式，就不能维持下去，因保持供给制度，将使国家负担很大的财政支出。因此，解放后不久，供给制度便被工资制度所取代了。实践的结果充分证明，工资制度是体现按劳分配的一种较好的形式，对于促进我国国民经济的发展，发挥了很大作用。

如何实现按劳分配的社会主义原则，是实现社会主义现代化的一个重要课题。周恩来同志在这个提纲中强调反对农业社会主义和极端平均主义，正是在提醒我们要解决好这个问题。

四

在新民主主义建设中，必然要处理计划经济和自由经济及二者关系问题。周恩来同志在这个提纲中提出"基本上计划经济，还不是完全自由主义经济"，这个提法很明白，就是主张：基本上是计划经济，而不是完全自由主义经济。

在新民主主义社会里，计划经济是以社会主义的国营经济作为基础的。由于没收了四大家族的国家垄断资本，以无产阶级为领导的国家政权，就掌握了国民经济的命脉，就能够在这个基础上，根据当时的客观需要，制定发展国民经济的计划。我国经过三年的艰苦工作，在稳定了市场物价，恢复了工农业生产和城乡交流之后，从 1953 年开始，就着手进行发展国民经济的第一个五年计划建设。那个时候，个体农业、个体手工业和资本主义工商业大量地存在着，它们当然会或多或少地同国家计划发生矛盾，但是，总的说来，第一个五年计划进展还是顺利的，因为那时的国民经济基本上已是计划经济，而不是资本主义的自由经济。以国民收入中各种经济类型的比重来说，从 1952 年到 1955 年，国民收入中国营经济所占比重从 19％上升到 28％；如果加上公私合营经济，则在国民收入中直接被纳入计划轨道的经济类型所占比重，从 1952 年的 19.8％，上升到 1955 年的 30.8％。这就证明在新民主主义的经济建设中，周恩来同志在解放以前所提出的基本上是计划经济的意见，是何等正确！

从解放初的国民经济恢复时期，一直到 1956 年社会主义改造基本完成的七年间，自由主义经济，即资本主义和个体经济，并不是我国国民经济中的主导成分　不仅如此，它们还由于社会主义改造的逐步推进，而间接地被纳入国家计划的轨道。例如资本主义工业企业，由于接受国营商业的加工定货，而成为间接被纳入国家计划的中级形式的国家资本主义。这也证明了周恩来同志在解放前提出的新民主主义的经济建设基本上是计划经济的预见性。

个体经济和资本主义经济需要市场去实现其产品交换，国营经济和公私合营经济，也有相当大的一部分产品要通过市场去交换。因而，从 1949 年到 1956 年期间，计划经济是同市场经济同时并存的。这几年的实践，不仅证明计划经济能够同市场经济同时并存，而且证明计划经济并不因为市场经济之存在而损害其发展，停止其发展。

在新民主主义经济中，不仅在资本主义工商业之间，在个体经济与资本主义经济之间，竞争是明显地存在着；就是在国营经济与资本主义经济之间，竞争也仍然存在着。在工业方面，竞争表现在原材料的收购和产品的推销上，竞争双方不仅要努力扩大流通渠道，而且要认真提高产品的质量。在商业方面，竞争表现在取得价廉物美的货源上。这些，对于当时国民经济的恢复与发展，对于满足社会需要和人民需要，都是有利的。

众所周知，个体经济和资本主义经济是在生产无政府状态中进行的，特别是资本家的生产经营，经常同弄虚作假、以次充好、抬价杀价、投机倒把密切结合着。因此，党在国家解放前夕，就决定对私人资本主义采取限制政策，而这种限制正如毛泽东同志所说，"是必然要受到资产阶级在各种程度和各种方式上的反抗的，……限制和反限制，将是新民主主义国家内部阶级斗争的主要形式。"① 当然，这种限制决不能搞得太大太死，"必须容许它们在人民共和国的经济政策和经济计划的轨道内有存在和发展的余地。"

五

新民主主义社会是过渡到社会主义社会的过渡阶段。既然是过渡性质的社会，那就不能永恒地保存下去。在 1954 年第一次全国人民代表大会上，刘少奇同志在宪法报告中曾经批评过"巩固新民主主义秩序"的说法。他指出："这种说法就是反映了维持现状的思想。这究竟是否可能呢？社会主义和资本主义两种相反的生产关系，在一个国家里面互不干扰地平等发展，是不可能的。中国不变成社会主义国家，就要变成资本主义国家，要它不变，就是要使事物停止不动，这是绝对不可能的。"他又说："我国只有社会主义这条唯一的光明大道可走，而且不能不走，因为这是我国历史发展的必然规律。"我国国民经济发展到 1956 年的时候，由于实现了对农业、手工业和对资本主义工商业的社会主义改造，就结束了新民主主义秩序，而基本上完成了向社会主义的过渡。这是符合我国的历史发展的必然规律，并且获得全国广大人民的

---

① 《毛泽东选集》第 4 卷，人民出版社 1991 年版，第 1432 页。

热烈拥护的!

毛泽东同志在 1953 年对于过渡时期总路线中关于三大改造的问题明确地指出,这种过渡是逐步地进行的,他说:"所谓逐步者,共分十五年,一年又有十二个月。走得太快,'左'了;不走,太右了。"① 从 1953 年算起,对农业、手工业和资本主义工商业的改造,如果按原定 15 年的安排来进行,那么,要到 1968 年才能完成。而事实上,我们把这样重大的历史任务提早了 11 年。现在回头来看,我们的步伐似乎是走得快了一些。在过渡时期总路线宣布之后,很难说私人资本主义就没有什么积极性可以利用,而必须那么快就实现全行业公私合营(实际上实现国营)。如果在人民民主专政的政权之下,在社会主义国营经济的领导之下,在工人群众的严密监督之下,留下一些中级形式的国家资本主义,继续为我们所利用,继续为我们提供品种繁多的日用生活品,对于满足人民的日益增长的需要,对于国民经济的向前发展,也许会有好处。尤其在全行业实现公私合营之后,各地就大刀阔斧地进行裁并改合,原来为消费者所喜用的各有特点的产品,就被"大路货"所代替了。从广大消费者(他们本身也是生产者)的需要来说,这种做法是值得考虑的。

农业方面,也是在过渡时期总路线公布之后,用不到五年的时间,就从互助组经过初级社,实现高级社的,步子也快了一些。两年之后,又在高级社的基础上建立了政社合一的农村人民公社,步子就走得更快了。实践证明,步子迈得太快,并不适应于我国当时的农村生产力的发展水平,也不适应于广大农民的社会主义觉悟水平。

现在有人认为农村当前出现的生产责任制,以及城市当前出

---

① 《毛泽东选集》第 5 卷,人民出版社 1977 年版,第 82 页。

现的一些个体或合作小企业，是社会主义生产关系的倒退。这些看法，我认为是站不住的。事实明明白白地在证明，现在农村出现的多种生产责任制，并不是对农业（特别是土地）集体化的否定，而是生产经营方式的改善；现在城市出现的个体或合作企业是分散的，它们在营业额上所占比重是相当小的，谈不到动摇国营经济的存在和发展，而仅仅是国营经济的补充。社会主义的国营经济和集体经济，仍然是我国国民经济的主体，哪里有什么社会主义倒退的问题呢？

周恩来同志在 30 多年前写作《新民主主义的经济建设》提纲时的历史背景，同现在的情况是不相同的。现在的中国，是社会主义国家，生产资料的社会主义公有制——全民所有与集体所有，已经建立起来。尽管如此，周恩来同志在提纲中所提出的根本原则，对于我国当前实现社会主义现代化的建设，仍具有重大的现实意义。

为了贯彻党和国家的调整、改革、整顿、提高八字方针，为了搞好我们的社会主义现代化建设，我们很有必要学习周恩来同志在 30 多年前的这个充满着生命力的提纲！

（载《红旗》1981 年第 5 期）

上海解放初期经济战线上的斗争

——纪念上海解放 35 周年

时间过得真快,上海解放将要 35 年了。

上海解放是在 1949 年 5 月 27 日的早晨。我跟着华东局和第三野战军的负责同志进入上海的时间是 26 日的半夜。

天一亮,我同沙千里同志便到南京路去散步,一路红旗飘扬,欢声腾沸。几十年的梦想,竟然成为现实!

我在丹阳的时候,党给我的任务是参加上海军事管制委员会接管委员会的工作,一进上海,我就在以曾山同志为首的接管委员会中,分工处理在接管中与民族资产阶级有关系的问题。

一

在解放前夕,国民党政权不仅制造许许多多无奇不有的谣言,而且对共产党人和爱国人士进行屠杀,对上海经济进行破坏。他们炸毁生产设备,焚毁生产资料,强迫工商企业遣散人员,并挟持工商界有代表性的人物飞往香港。广大工人群众在地下党(上海市委)的领导下开展了反拆迁、反疏散、反破坏的护厂斗争,机智而英勇地战胜了反动政权的种种破坏活动。这样，绝大多数的工厂设备，器材才得以保存下来；绝大部分的工程技术人员和企业管理人员才得以留在上海。在接管过程中，虽然发生过反革命破坏事件，但总的说来，接管工作是进行得比较顺利的。

我们要接管的对象是国民党的国家垄断资本的企业。没收国民党四大家族为首的官僚资本归人民政权所有，是我国新民主主义革命的三大经济纲领之一，但是，这又是社会主义革命在我国的开始。周恩来同志在他的《伟大的十年》中说道："由于没收官僚资本，把官僚资本所有制的经济变为社会主义全民所有制的经济，这样，就在经济方面说，已经超出民主革命的范围。"上海是旧中国的第一个工业大城市，国民党的官僚资本在上海有着相当大的比重，因而没收官僚资本对于改变上海经济的性质具有极其重要的作用。

在旧中国，棉纺工业是近代生产中最大的行业。据调查，1949 年 1 月，全国（包括上海、青岛、天津和东北）共有纱锭 510余万枚，其中，上海有 240 万多枚，占全国总锭数的 47％；论产量，上海占全国比重较诸它在设备中的比重，还要来得大，1946年约占 71.4％；1947 年约占 75.9％，经过接管，旧"纺建公司"所属的 19 个纱厂，都变为国营了，变为国营的纱锭共有 898160枚，占上海纱锭总数的 37.6％，这个比重虽然尚未在上海的纱锭总数中超过半数，但是，由于设备较好并且较为集中，它在生产中就显得具有当时私营纺织企业所不及的优势。

我国对官僚企业是在不打乱原来的企业机构、技术组织和生产系统的情况下，把它完整的接管下来，先行监督生产的。这是陈云同志对东北的哈尔滨、长春和沈阳几个城市接管官僚资本企业所总结的经验。上海就是根据这一经验去进行接管的。这样做的好处，是基本上没有发生生产停顿、产品没有在生产过程受到损害的现象。在这里，企业的生产资料所有制发生了根本性的变化，同时在生产过程中人与人之间的相互关系和分配关系也开始了变化，不过，这两方面的关系，还存在着不少旧的残余，需要加以改革。因此，在接管以后不久，我们便在这些被接管的企业中进行民主改革和生产改革。

民主改革和生产改革在性质上，就是在企业所有制变革之后，对生产关系的继续革命，任务就是变革和调整生产过程中人与人的相互关系和分配关系。在接管初期，民主改革是和肃清企业内反革命分子的工作结合进行的，主要内容是：（一）消除封建把头和其他封建势力。他们残酷地对工人群众进行压迫和"中间掠夺"。帝国主义企业和官僚资本企业大量使用这些家伙，不把封建把头打下去，而让他们依然为非作歹，骑在工人的头上，那么工人群众在生产过程中的相互关系，在根本上就没法谈到改善，谈到变革。（二）粉碎原来企业残留下来的压迫和奴役工人的制度，如包工制、工头制、打骂私刑，搜身制，强迫工人签订卖身契的"关书"制，不合理的罚则，限制工人人身自由，歧视和侮辱女工等等。如果不这样做，那就谈不到树立工人阶级的主人翁地位。（三）改革企业的领导和行政机构，推翻原来企业的资本主义、专制主义的管理，并在党委的领导下，逐步建立社会主义的企业管理，如建立有工人代表和技术员代表参加的工厂管理委员会。（四）调整职员和工人之间的相互关系。当企业掌握在国民党四大家族的时候，职员是代表官僚资本的，工人群众同他们之间的矛盾在实质上，是无产阶级同官僚资产阶级之间的矛盾。在民主改革中，根据党对知识分子的政策，一般通过批评与自我批评，加强对职员的政治思想教育，使其改变对工人的态度，积极为社会主义制度服务。（五）改革原企业的极端混乱的工资制度。在上海官僚资本企业的工资差别，有的达100多级。同四大家族有关系的人，那怕一点本事也没有，根据上级条子一进工厂，就能够每月领得很高的工资。在民主改革中，先革除其极不合理的部分，逐步为实行按劳分配的八级工资准备条件。在进行民主改革的同时，各个接管企业进行初步的生产改革，开始实行计划生产，逐步建立合理的生产定额，开展先进生产者运动，并在清产核资的条件下，建立经济核算制度。民主改革和生产改革是以接管工作作为前提的，而它们都是接管工作的继续和发展。它们都是官僚资本企业的生产关系的变革。

对于整个企业属于官僚资本而被没收的以外，还有些企业，官僚资本同民族资本的股份，同时并存。对于这种企业，我们只没收官僚资本的部分，而承认民族资本的部分。陈毅同志对于这个问题十分重视。在进入上海开头的三四个月，上海接管委员会的同志经常向华东局和上海市委汇报。陈总经常提醒我们在接收的企业中，有没有没收民族资本的股份，有没有发生违背中央政策而"胡子眉毛"一把抓的事情。陈总经常指示我们在接管工作上必须贯彻党的政策，必须贯彻党所提出的新民主主义革命的三大经济纲领。在接管工作中，对于官僚资本企业必定要彻底加以没收，决不能让其漏网；对于民族工商必定要认真地加以保护，决不能在存有官僚资本的股份的企业中，不分皂白，也把民族资本的股份作为官僚资本去对待。在那时，在接管委员会中我虽不管这方面的问题。陈总的斩钉截铁的指示，直到今天还盘旋在我的脑海里。

二

上海一解放，我们就遇到一个严重的物价波动的问题。这是国民党政府长期恶性通货膨胀的恶果，因而，长期受到恶性通货膨胀所打击的人民，失去了对于钞票的信任，加上投机家的兴风作浪，情况就更加严重了。解放后大约十天，上海的银元价格就被哄抬近两倍。这就使我们在进入上海之后不能不开展一场打击投机的斗争。

1949年5月28日，上海市军管会发出布告，宣传使用人民币，限期禁用伪金圆券，规定以人民币一元折合为伪金圆券十万元的比价，进行收兑。人民币取代伪金圆券的工作是顺利地进行着的，但是，人民币要占领市场，还是一个问题。人们怕物价乱涨，一拿到人民币，马上就去买东西。人民银行早上把人民币发行出去；晚上，它们又回到银行来。马路上到处公然在买卖银元。银元贩子两手敲着有"孙中山"和"袁世凯"头像的两种硬币沿街叫卖，情况是相当严重的。

上海市委、华东局向中央请示后，决定采取政治和经济两手方式进行斗争，上海军管会于6月9日查封当时金融投机的总指挥部"证券大楼"，逮捕重要投机分子200多人，并加强对私营银行和钱庄的管理监督，严格取缔"地下钱庄"。为了解决上海市民的货币工资保存价值的问题，公布设立"折实单位"。一个"折实单位"包含一定数量的中白粳米、生油、煤球和龙头细布四种生活必需品的价格。每天按市价折算在报纸上公布这种"折实单位"的牌价，并在银行开设这种折实单位的储蓄存款。为了让上海市民了解情况，还举行了大规模的"反对银元投机，保证人民生活"的大规模的游行和宣传。这些做法，基本上刹住了金钞的投机活动。但是有些人在背后说怪话，认为这是党和政府靠权力、靠枪杆子压下去的，就经济而论，"这不算真本事"。

由于国民党反动派在军事上崩溃得太快，解放区扩大很迅速，从而财政支出就没法不骤然增加，人民币的发行数量也就没法不骤然增加。在这种情况之下，物价的上涨便成了意料中的事情。

1949 年 7 月至 9 月间上海的市场物价是比较稳定的，从 10 月份起这种稳定的市面，便被冲破了。11 月份的涨风更加严重。物价上涨率超过了存放款的利息率。上海的投机家大量借钱囤货。当时投机资本买卖的主要对象是棉纱和棉布。从 10 月上旬到 11 月下旬，棉纱上涨 3.8 倍，棉布上涨 3.5 倍。经请示中央，决定集中力量于 11 月 25 日同时在全国各大城市，从上海到天津、北京、武汉、沈阳和西安，抛售纱布。上海的国营花纱布公司，一边抛售，一边降低牌价。开市的时候，上海的投机家争相购入，但是，花纱布公司的棉纱和棉布源源抛售，而它们的牌价又在步步下降。这就使他们慌了手脚。投机家见大势不好，也就把手里的纱布抛出，市价下跌得更快。那一天，上海纱布价格大约下降一半。这一次打击投机，影响很大，连一些在经营工业的资本家也在叫痛，因为他们借钱囤货，结果是一方面价格下跌，另方面要支付高利率的利息。用上海话来说，那就是"两面挨耳光"。这次斗争使上海资本家开始认识到中国共产党在经济战线上打击投机倒把很有办法，而不是单纯依靠政权，不是单纯依靠行政管理。当然我们对于市场管理，是抓得相当紧的，为打击投机倒把，稳定市场物价，提供了一个重要的条件。

三

在谈到稳定市场物价之前，有必要回顾一下国民党反动统治的恶性通货膨胀政策及其对于人民的残酷洗劫。

国民党政府实行通货膨胀，是从 1935 年的所谓法币政策开始的。所谓法币政策，就是人民必须用银元去换成纸币。这一政策使国民党四大家族能够利用其毫无价值的法币，搜刮人民手中的白银、黄金以至铜板，搜刮农民的农产品，榨取工人的劳动并夺取民族资本的工业产品。从 1935 年 11 月至 1937 年 6 月，共发行法币 1000 亿元，到 1945 年日本帝国主义投降的时候，国民党政府连以前共发行法币 5569 亿元，从日本投降到 1949 年 8 月国民党政权连以前的发行额，共发行法币 6636944 亿元，在这种情况下，国民党统治区的物价必然像脱缰的野马一样疯狂地在狂奔着，物价的急速狂奔又反过来推动法币的膨胀。法币成为大家公认的废币了。国民党政权在 1948 年 8 月改发"金圆券"，每元合法币 300 万元。到 1949 年 4 月，"金圆券"增发至 516124 亿元，也成为大家公认的废纸。从抗战开始到 1949 年 5 月的 12 年间，国民党政府的纸币增发至 1400 多亿倍；而同期的物价则上涨 85000 多亿倍。有人对法币的这种急速贬值，作了一个形象化的刻画：法币 100 元，在 1937 年可买黄牛两头；1939 年可买猪一口；1943 年可买鸡一只；1945 年可买鸡蛋两个；1947 年可买煤球一个；1948 年可买大米 0.002416 两；1949 年 5 月只能买一粒大米的千分之 2.45。国民党政权的恶性货币贬值迫使国统区的人民没法不抢购物品。上海的工人和职员在 1948 年下半年起就急速地把所得工资，抢购粮食、煤球等生活日用品，在解放前的几个月，整个上海市场陷入史无前例的混乱之中！

国民党政权的恶性通货膨胀，给国民党统治区人民带来了空前的灾难。国民党政权被打倒了，但是它的恶性通货膨胀所带来的灾难，并没有同这个反动政权一道结束。同其他地区和城市一样，我们一进上海，就遇到国民党政权的长期恶性膨胀的遗毒，就遇到物价乱涨和严重的投机活动。上海是旧中国的第一大城市，因而，国民党政权的长期恶性通货膨胀的遗毒和投机活动就在这个大城市显得特别突出，特别尖锐。

党和国家全面地采取了各种有力的措施，在短短几个月内，就制止了通货膨胀，实现了物价稳定。1950 年 3 月 3 日中央人民政府颁布《关于统一国家财政经济决定》就是我国制止通货膨胀和实现物价稳定的重大方针和综合措施。这就是：统一全国财政收支；统一全国物资调度（使全国所有主要物资如粮食、纱布、工业器材，从分散状态集中起来），统一全国的现金管理，把分散在各个企业、机关、部队的现金，由人民银行集中统一管理。在解放初期，各地区的经济部门和部队，在不同程度上，都以上海作为采购物资的对象，因而，大量现金便源源流入上海，这样，在实现统一全国的现金管理上，上海这个城市起了相当重要的作用。事实证明，做好了上海的现金管理，是做好全国现金管理的一个重要的环节。

在实行统一全国财政收支，统一全国物资调度和统一全国现金管理的同时，还实行核实编制，清理仓库，整理税收，控制投资，节约开支等措施。这些措施都是极其重要的，都是必不可少的。以清理仓库为例，上海当时刚被接管的工厂和银行的仓库，就查出巨量的在抗战以前就堆存在那里的龙头细布。清理仓库，有力地削弱了市场上抢购物资的压力，同时也就减少国家的货币支出。

要制止通货膨胀，必须设法减少社会上的流通货币量。在解放初期，党和国家除了整顿税收之外，还发行"人民胜利公债"5亿元。这5亿元公债的发行很快就完成。上海的人民，特别是上海的工商界，对于认购"人民胜利公债"态度是积极的。

整顿税收和发行公债，对于削弱流通中的货币量，对于削弱工商业资本家手里的游资，见效相当快，而国家的节约开支和人民银行的控制投放，威力更大。上海市委和市政府就是根据党中央和国务院的方针，把税收、公债和货币投放的控制，三方面结合起来，并取得了可喜的成绩的。

党和国家关于统一财政经济工作的决定的贯彻迅速地使国家

的财政收支接近平衡。1950 年 3 月以后，不但不再需要增发通货以弥补财政赤字，而且那年的财政收支，还略有盈余。从 1949 年 5 月下旬上海解放到次年 3 月的 10 个月间，在党和国家的领导之下，中国人民就制止了通货膨胀并稳定了物价，这是无可争论的光辉成绩！在这里上海市委和上海人民是做出了贡献的。

四

财政经济实现了统一管理和统一领导之后，上海的物价同全国各地的物价一样，都稳定下来了。这么一来，十多年来社会上的虚假购买力，就骤然消失了。由于虚假的社会购买力的消失，城市工业品就骤然没有销路，由于交纳工商税和认购公债，许多资本家手头的现金越来越感到"奇紧"。这种商品销不出去和手头银根奇紧的现象，在上海特别突出。有些工厂，连工资也发不出来，有些工厂的资本家停工减产，甚至解雇职工，这么一来阶级关系就紧张起来了。

中央财委根据党中央和国务院的指示，在 1950 年 4 月间在北京召开了上海、天津、北京和广州等七大城市的工商局长会议，决定对工商业实行调整。调整工商业的内容，就是在承认私营工商业存在的条件下，逐步地消灭经济中的盲目性和无政府状态，并妥善地改善公私关系和劳资关系。

我国解放初期，还存在着私人资本主义，那就必然存在着经济的盲目性和生产无政府状态，但是，我国的社会主义国营经济在没收了国民党的国家垄断资本之后，已经建立起来，并且日在发展。私营工商业的盲目性和生产无政府状态，同社会主义经济的有计划发展是矛盾的，但是，在那时候马上否定私人资本是不正确的。毛泽东同志当时就明白地指出，"有些人认为可以提早消灭资本主义实行社会主义，这种思想是错误的，是不适合我们国家的情况的。"对于资本主义经济所带来的盲目性和无政府状态，既不能让其发展，又不能马上加以否定，只能采取逐步限制的方针。

在调整公私关系方面，当时采取的主要措施有：扩大对私营工业的加工订货和产品收购，调整公私商业的经营范围和调整价格，对私营工商业发放贷款，调整并在市场管理上采取一些办法去推动城乡物资交流等等。在这些措施中，加工订货具有特别重要的意义，它是国家资本主义的低级形式。首先，加工订货能够把私营工业的生产，间接地纳入国家计划的轨道，从而能够"逐步地消灭经济中的盲目性和无政府状态"。其次，加工订货的形式能够利用私人资本的生产能力，恢复和发展我国的国民经济。第三，通过加工定货的形式，国营商业就能掌握私营工业企业的产品，就能增加其调节市场，稳定物价的力量。第四，加工订货这种形式能够为国家在下一步对资本主义工商业的社会主义改造，为掌握商业的批发环节和改造零售商，准备好物质条件。

全国工商局长会议之后，国家对私营工业的加工定货，明显地有了增加。1950 年全国私营工业的产值中，加工订货和包销收购部分已占 27.3%。以占私营工业产值近 1/3 的棉纺业来看，1950年下半年为国家加工部分已占其生产能力的 70% 以上。1951 年 1月，政府颁布《关于统购棉纺的决定》，此后，私营棉纺厂的生产就完全纳入了国家的计划轨道了。

在调整劳资关系方面，是以如下三项基本原则，作为内容的：第一，在私营企业中必须确认工人的民主权利；第二，必须从有利于发展生产出发，处理劳资双方的关系；第三，劳资问题由劳资双方协商解决，如协商不成，由政府仲裁。1950 年 10 月底，政府公布《关于在私营企业中设立劳资协商会议的指示》，上海同各地一样，普遍地在较大的私营企业中设立劳资协商会议，有些企

业还订立了劳动集体合同，或设立产业或行业的协商会议。上海
市政府的劳动局和在上海总工会领导下的各个行业工会，在这方
面，是做出了贡献的。这种劳资协商会议对于发展生产，对于改
进经营，都起了很大的作用。

五

国内市场特别是上海市场，在 1950 年下半年就出现了活跃的
局面。轻工业日用品的销路，大大地增加起来了。1951 年更加活
跃。原因是什么呢？（一）1950 年 10 月我国开始了抗美援朝。抗
美援朝需要大量军需用品，从食品罐头、药品到布匹都骤然增加
了需要。（二）1950 年秋季在约有 3.1 亿人口的地区，开始土地改
革。土改使广大农民群众从地主阶级的封建剥削和压迫之下解放
出来，这就使农村购买力明显地增加，这就使工业日用品在农村
的销路扩大起来了。（三）刚刚建立起来的全民所有制国营企业，
开始在进行扩建、新建，并且在增加职工人数。这就不仅增加对
于生产资料的需要，而且也增加了对于消费资料的需要。

面对着这个日益扩展的国内市场，出产轻工日用品的资本家，
特别是上海的一些轻工业资本家，就从要求政府加工订货，变为
逃避以至抗拒政府的加工订货了，因为在市场日益活跃的条件下，
自产自销的利润，远远大于加工订货所得的利润。限制和反限制
的斗争，就没法不日益尖锐起来。1951 年，资本家抗拒加工订货
几乎成为普遍的现象，这一年的第三季度，华东工业部对上海 30
家工厂布置"加工"，只有 9 家接受；上海的内衣业甚至全业串
联，拒绝国营百货公司的加工任务。有的资本家拿了国家订货的
标款，干脆不交商品，如在治理淮河的工程中，上海的奸商竟诈
骗了治淮委员会的巨额标款，而不交出承包的石块。最令人发指

的是一些不法资本家在承制抗美援朝军用物品中，偷工减料，以次充好，毒害中国人民志愿军。上海一些奸商用发了霉的臭牛肉、死牛肉卖给国营上海益民工业公司去制罐头。这批奸商先后代购牛肉 89.3 万多斤，盗窃国家款项几乎达 30 万元。某些资本家，盗窃国家资财的做法，除了骗取的方法之外，还有盗卖、隐匿应由国家没收的敌伪和四大家族的财产。与此同时，还有盗窃国家经济情报的活动。盗窃国家经济情况以及一些大的偷工减料，偷税漏税的活动，如果没有内外勾结，那是不可能的，而要内外交勾，行贿收买是必不可少的手段。这就是解放初期一些资本家的五毒罪行——偷工减料、偷税漏税、盗骗国家财产、盗窃国家经济情报和行贿。这种情况，不仅出现在上海，而且出现在天津、武汉和北京等城市，但以上海的情况最为严重，这种情况使党中央不能不在 1952 年 1 月发动"五反"运动。

上海的"五反"运动，在市委的领导下，采取两种形式：第一是把全市的上层中层和少数上层的具有代表性的资本家，集中在"市政协"，进行学习交代，而工厂的工人群则在背后进行检举，这就是当时称为"303"（因为那时参加市政协学习交代的人数是 300 多人）。这个方式是由陈毅同志提出得到市委通过并由中央批准的。陈毅同志不仅提出这个方案，而且亲自领导这个方式的斗争，他指定潘汉年同志和我作为他的助手。我的任务是出面做些具体工作。这一方面的工作，由于陈总的正确领导，参加学习交代的 300 多个资本家，触动很深，而又个个过了关。第二种形式是资本家在工厂的群众中进行交代，那是由各区区党委负责而由市委领导的。

"五反"运动是在"三反"（反贪污、反浪费、反官僚主义）的进程中发动的。"三反"运动越深入，资本家的五毒就越加暴露出来，当时的阶级斗争的实际情况要求我们把"五反"运动同

"三反"运动结合起来。"三反"和"五反"运动斗争的胜利，加强了人民民主专政的国家政权，巩固了社会主义国营经济的领导地位，并在企业内部树立了工人店员监督生产和经营的制度，从而深刻地改变了国内阶级力量的对比，为下一步对资本主义工商业的社会主义改造，提供了有利条件。

六

上海之开辟为商埠是鸦片战争失败后南京条约的产物。上海开埠之后，就成为国际帝国主义，特别是英国、日本和美国侵略者侵略中国的桥头堡垒。明目张胆地破坏中国国家主权的租界，就是在上海开始的。在帝国主义的把持和支持之下，上海成为冒险家、投机家的乐园，成为贩毒、绑票等无法无天的巢穴。统治权掌握在帝国主义者手里的旧上海，是 100 多年来中国人民的耻辱。（第二次世界大战结束以后的几年，这种实质并没有变化。）为了取消这种耻辱，无数先烈，无数爱国志士，抛头颅，洒热血，前仆后继，奋勇前进，但是，只有到 1949 年解放战争胜利的时候，上海才回到人民的手里。

上海解放很快就要 35 周年了！在庆祝上海解放 35 周年的时候，我们不但要热烈地祝贺上海人民，特别是工人群众和知识分子，在社会主义改造和社会主义建设中，为祖国做出了使人敬佩的贡献；而且要缅怀毛主席和周总理对于解放上海、改造上海和发展上海的英明领导；缅怀在上海的解放战争中亲临前线，在上海解放后高瞻远瞩，气壮河山，正确地贯彻党的各项政策的陈毅同志！缅怀在白色恐怖的地下工作时期出生入死，在上海解放后，夜以继日地工作，为党、为国家做出卓越贡献的刘长胜和潘汉年同志！他们虽然已经离开人世，但是他们的业绩将永垂青史，受到人民的永久崇敬!

在党外,代表着爱国工商业家的盛丕华、刘鸿生和吴蕴初等先生,在上海解放后,同我们的合作是充满着诚意的。他们在接管工作中,在调整工商业中,在支援抗美援朝和接受社会主义改造中,积极地采取了支持的态度,因而也是值得我们怀念的!

35 年来,我们虽然遇到不少困难,但是,中国人民在中国共产党和毛泽东思想的指引下,不懈地迈步地在前进着!在 35 年前作为参加接管工作、工商行政工作和统一战线工作的一个干部的我,是无时无刻地不在注视上海的发展的。我相信,拥有丰富的生产技术和经营管理经验人才的上海,在市委的领导下,一定会在开创社会主义新局面的战斗中为党为祖国,做出新的贡献来的!

(1984 年 1 月 15 日于北京,

载《上海党史资料》1984 年)

《中国资本主义发展史》总序

一

《中国资本主义发展史》第一卷终于和读者见面了。

提起这部书，首先使人深深地怀念我们敬爱的周总理。

那是在 1960 年春，我参加了周恩来同志在广东从化召开的政治经济学学习班，这次学习班的主要任务是认识社会主义生产和社会主义建设的规律，但同时，也讨论到政治经济学中国化的问题。二月末，学习班快结束的时候，周恩来同志提出应该编写一部《中国资本主义发展史》，并把这个任务交给了我。他说："政治经济学中国化，是我们必须解决的问题。政治经济学中国化就是马克思主义普遍真理同中国实际的结合。我们现在的政治经济学在论述资本主义生产方式时，几乎都是以欧美特别是以英国的材料作为根据，看不见中国资本主义经济的实际情况，当然也就谈不上马克思主义政治经济学的中国化。现在，中国资本主义工商业的改造已经完成，我们有条件对它作一个历史的总结。这本书如写得好，对学习马克思主义政治经济学有帮助，对中国青年的教育有重要意义。"

周恩来同志的提示，实际是执行毛主席的指示和心愿。早在 1942 年，毛泽东同志曾经指出："特别是在经济理论方面，中国资本主义的发展，从鸦片战争到现在，已经一百年了，但是还没有产生一本合乎中国经济发展的实际的、真正科学的理论书。"① 1960 年，毛泽东同志在政治经济学的读书笔记中又说："很有必要写出一部中国资本主义发展史。"

据我所知，关于中国资本主义发展史，日本人长野郎曾写过一本；而中国人却还没有写过，实在有些说不过去。

那时候，我在负责中央工商行政管理局的工作；而改造资本主义工商业的行政管理工作，正是工商局的主要业务。社会主义改造基本完成后，承孙冶方同志的热心支持，由中国科学院经济研究所（冶方同志当时是所长）和中央工商行政管理局共同组织了一个"资本主义经济社会主义改造研究室"，人员都是工商局的，编制在经济所。我从广东回来后，就把编写《中国资本主义发展史》的具体工作交给了这个研究室。现在参加本书工作的吴承明、方卓芬、方行、胡铁文、汪士信、黄如桐、王水、石奇、简锐、郭太炎诸同志，都是当时工商局的成员；只有吴太昌同志是 1980 年参加的。

工作的第一步是收集、整理资料。资本主义工商业的社会主义改造基本完成了，软弱的中国资产阶级却没有给我们留下应有的记载。这也是中国资本主义发展史迟迟没有人入手的原因之一。为此，在 1958 年，中央工商行政管理局和中国科学院经济研究所拟定了一个《资本主义经济社会主义改造研究工作五年规划（草案）》，它首先就是一个收集、整理资本主义行业、企业历史资料的规划。同时，经中央宣传部和中央统战部发文给有关单位，要

---

① 《毛泽东选集》第 3 卷，人民出版社 1991 年版，第 813 页。

求有关党委领导支持这一工作。随即在十来个资本主义企业比较集中的城市，以工商行政管理局和科研单位为主，成立资料班子，吸收工商联和老工商业者参加。其中上海、武汉、广州、重庆、青岛、哈尔滨等地都是比较有成绩的，陆续收集和整理出一批行业、企业的史料，其中有八部已由中华书局出版了。

我想重复一句，在这个工作中，许多老工商业者提供他们的亲身经历和见解，有的还搬出多年老账册和文契，他们是有贡献的。现在，在上海社会科学院经济研究所领导下，还有十部工商行业史料正在进行整理和编写。

这时候，中国科学院经济研究所和不少地方的科研机构、大专院校，也在组织力量整理、编辑中国近代经济史资料，并陆续出版了一些史料书。其中有的是经过专家鉴定的文献资料，有的是经过广泛调查的资料。没有这些可贵的资料，本书的编写，是不可能的。

十年动乱中，这些工作都停止了。这本原应在十多年前就和读者见面的书，也难逃这一劫运！

当时，我丧失了进行这一工作的条件；研究室的同志都进了干校，也都丧失了继续进行这一工作的条件。但是，林彪、"四人帮"的这种残酷折磨，并没有使我们的脑子停止思考。我在牛棚里，重新学习《资本论》，写下了数十万字的笔记（后来以《论社会主义的生产、流通和分配》为书名，由人民出版社出版）。研究室的同志也没有停止思考，他们在干校努力（有时是偷着）学习，积累材料，研究问题。我还应提出，这时候史学界有些同志，在十分艰苦的环境下，利用研究《红楼梦》时代背景或打着"批儒评法"招牌，进行了大量史料工作，尤其是发掘了一批档案、碑刻材料和民间文书材料，对本书的编写是十分必要的。我们由衷地感谢这些同志们可歌可泣的劳动。

　　1973年夏，我获得自由；翌年，原工商局的几位同志也恢复工作。我们立即把撰写《中国资本主义发展史》一书的任务重新挑起来了。周总理逝世的时候，我们的工作开始不久。在我们的小型追悼会上，大家含着热泪，表示要以完成周总理交办的这一任务，来纪念这位无私无畏的为中国革命、为共产主义事业而奋斗一生的巨人！"四人帮"被粉碎以后，邓颖超同志曾在电话中询问我家情况时，也问及这部书的问题，给我们以热情的鼓励。

　　原来，在整理资料的同时，我们就派出调查组，调查研究中国资本主义的生产关系，并于1965年写出一个初稿，包括有关资本来源、雇佣劳动制度、剩余价值的生产、积累和分配等方面。恢复工作后，我们首先就捡起这部旧稿，重新调查研究，完成了《旧中国的资本主义生产关系》一书，于1977年由人民出版社出版。这是《中国资本主义发展史》的一项准备工作，也是它的一个副产品。这本书是注重在理论方面的，把它先行出版，用来听取读者和理论界对我们观点的批评和反应。接着，我们改写了《中国资本主义工商业的社会主义改造》一书（该书原有1962年的一个版本），于1978年由人民出版社出版。这本书则是我们心目中把它作为《中国资本主义发展史》最后一卷的内容的，先行出版，也是为了求得读者的意见。

　　这时候，我已担任中国社会科学院经济研究所的所长。本书原来的工作班子也于1978年转入经济所。《中国资本主义发展史》也就成为经济所的重点科研项目之一。

　　《中国资本主义发展史》进入编写阶段，这却不是我们几个人所能胜任的。我们展开了协作。这项工作得到了上海社会科学院的黄逸峰、蔡北华、孙怀仁等同志，和南开大学滕维藻、谷书堂等同志的赞助和热情支持。决定由上海、天津和我们三方面共同完成周恩来同志这个遗愿。上海社会科学院经济研究所有蒋立、徐新吾、唐传泗、陈正炎、徐雪筠、汝仁、黄婉兰七位同志参加编写。南开经济研究所有丁世洵、刘佛丁、朱秀琴、丁长清四位同志参加编写。他们很多是多年研究中国近代经济史的学者，并编辑过大量经济史资料。他们主要是担任本书第二卷和第三卷的部分章节。南开经济研究所副所长丁世洵同志，不幸于1981年因病去世，竟看不到本书的出版！我们对于这位认真负责、谨严纯朴的学者，表示无限的哀思和怀念！

按照规划，本书分为三卷：第一卷是《中国资本主义的萌芽》，写到1840年为止。第二卷是《旧民主主义革命时期的中国资本主义》，断代自1840年至1919年。第三卷是《新民主主义革命时期的中国资本主义》，断代自1920年至1949年。这是按照中国近代史的一般分期办法，对于写经济史来说并不十分合适。不过，此外也没有什么更好的分期标准；因此，我们打算在各卷的衔接上不拘泥于时限，使每卷仍能独立成书，事实上，它们也不能同时出版的。

在上述三方面的协作下，本书前三卷是同时展开编写工作的。不过，我们还是按顺序集中力量。现在出版的仅是第一卷；第二、第三卷准备在今后两三年内陆续完成。

以上就是本书的编写经过。

二

《中国资本主义发展史》是一部历史书，它的要求，自然是如实地反映中国资本主义发生、发展的历史过程。但是，正如周恩来同志所说，它应是一个"历史的总结"。我们认为这种总结应有它的政治意义和理论意义，而这也就是我们编写本书的应有的目的。

资本主义，仅是近代中国社会的一种经济成分，而且不是占统治地位的经济成分。但是，它对于鸦片战争后百年来的中国历史，对于"中国向何处去"，有着重要的意义。毛泽东同志在论述这个问题时说："帝国主义侵略中国，反对中国独立，反对中国发展资本主义的历史，就是中国的近代史。"①

从一定意义上说，中国资本主义的发展和不发展，决定着中国革命所走过的道路。显然，如果没有资本主义的一定的发展，没有中国资产阶级和中国无产阶级，就不会有鸦片战争以来资产阶级领导的旧民主主义革命，也不会有五四运动以来无产阶级领导的新民主主义革命。可是，如果中国资本主义有了充分的发展，革命也就不会是那样的曲折，甚至也不一定是走农村包围城市的道路。我国社会主义革命的道路，即解放后从新民主主义向社会主义的转变，也是这样。没有资本主义所创造的社会化大生产，向社会主义过渡是不可能的。同时，如果中国原来是个发达的资本主义社会，过渡又将是另一种道路、另一种方式了。

毛泽东同志说："只有认清中国社会的性质，才能认清中国革命的对象、中国革命的任务、中国革命的动力、中国革命的性质、中国革命的前途和转变。"② 资本主义在近代中国社会中并不占统治地位，但它的发展状况如何，对于认清中国社会的性质却极为重要。不用说，那些企图走欧美工业化老路的资产阶级理论家，以及抗日战争后提出"第三条道路"的民主论者，曾经对中国资本主义的发展有过幻想式的估计；即在号称"左派"的革命者中，也曾用臆断代替考察，来评价中国的资本主义，以至陷入反革命营垒去了。在第一次国内革命战争失败后，曾有一场关于中国社会性质的论战；稍后，在土地革命战争中，又有一场关于中国农

---

① 《毛泽东选集》第 2 卷，人民出版社 1991 年版，第 679 页。
② 同上书，第 633 页。

村社会性质的论战。两场论战都是由当时占有一定势力的中国托洛茨基分子挑起的，而他们的论点都集中在这样一种对中国资本主义的评价上，即：中国资本主义同侵入中国的外国资本主义是一丘之貉，因而，"中国在世界范围内已经发展到资本主义国家了"，中国农村也是"资本主义占优势，土地所有形态已被资本制生产屈服了。"这就从根本上取消了民主革命的任务，也取消了土地革命斗争。马克思主义者彻底批判了这些谬论，中国共产党领导的新民主主义革命才得以顺利进行。

中国共产党领导的中国革命，经历了长期的武装斗争，经过了曲折的道路。在长期的斗争中，共产党人也犯过各种错误，招致失败和损失。而其中几次重大的错误，从陈独秀的右倾机会主义错误到后来多次反复的左倾机会主义错误，又都是和对中国资本主义的认识分不开的，并集中表现在对中国资产阶级的态度上。毛泽东同志说："当我们党的政治路线是正确地处理同资产阶级建立统一战线或被迫着分裂统一战线的问题时，我们党的发展、巩固和布尔什维克化就前进一步；而如果是不正确地处理同资产阶级的关系时，我们党的发展、巩固和布尔什维克化就会要后退一步。"[①]

新民主主义革命胜利后，在向社会主义过渡中，资本主义仍然是一个重要问题。显然，要想正确对待外国资本、官僚资本和民族资本，都只有确切掌握它们发展的状况，才能提出正确决策并顺利实行。我国和平改造资本主义工商业的伟大胜利曾使世界人士惊异，而要探讨这一社会主义改造过程以及国家资本主义、对资产阶级的赎买等一系列政策，也都需要对中国资本主义的发展有明晰的观点和分析。

---

① 《毛泽东选集》第2卷，人民出版社1991年版，第605页。

　　中国革命胜利了，中国资本主义也消灭了，中国已进入社会主义。但是，正像我们不能割断历史一样，社会主义也并不是与资本主义绝缘的。事实上，我们在社会主义建设中的一些失误，尤其是在十年动乱中发生的严重错误，在不少问题上，都是和对中国资本主义和资产阶级的认识分不开的。这种错误的认识，正是造成"左"倾路线的诸种原因之一。

　　可以看出，一部比较翔实的中国资本主义发展史，对于总结中国革命、总结革命的经验和教训，是十分重要的。因为经济毕竟是基础，对经济状况认识得愈清楚，社会和上层建筑问题也就愈能得到说明。这就是我们编写本书所应有的政治目的。

　　周恩来同志说：我们这本书如写得好，"对学习马克思主义政治经济学有帮助"，这就是本书的理论意义。我认为，编写本书的另一目的，就是为广义政治经济学准备材料和基础。

　　马克思主义的政治经济学是广义政治经济学。恩格斯在《反杜林论》中说："政治经济学作为一门研究人类各种社会进行生产和交换并相应地进行产品分配的条件和形式的科学，——这样广义的政治经济学尚有待于创造。"[①]

　　马克思主义政治经济学最初是从批判资产阶级经济学开始的。不过，恩格斯说："要对资产阶级经济学全面地进行这样的批判，只知道资本主义的生产、交换和分配的形式是不够的。对于发生在这些形式之前的或者在比较不发达的国家内和这些形式同时并存的那些形式，同样必须加以研究和比较，至少是概括地加以研究和比较。"[②]

　　政治经济学是历史科学。广义政治经济学是从更广泛的历史上，研究人类社会相继发生的各种经济形态。广义政治经济学至

---

①　《马克思恩格斯选集》第3卷，人民出版社1972年版，第189页。
②　同上书，第190页。

少要包括在三个研究领域，即前资本主义部分，资本主义（帝国主义）部分，社会主义（共产主义）部分。至于那些"比较不发达的国家"的几种经济成分并存的经济，虽然不是一种单独的社会经济形态，在广义政治经济学中仍有重要意义。正是在这种经济中，生活着最大多数的人民，以至这种不发达本身就形成一个"世界"。在这种经济中，有前资本主义的生产关系，也有资本主义的生产关系，并常会有一些条件使它们能较早地过渡到社会主义的生产关系。对于这种经济的研究，必然会大大丰富了广义政治经济学的上述三个领域；上述三个领域的政治经济学，缺少这一部分的研究，也将会是不完整的。

　　政治经济学是用科学抽象的方法研究社会经济关系的，它研究的是社会经济形态或生产方式一般的规律。但是，一般只能存在于个别之中，只能从丰富多彩的众多个别中抽象出来。政治经济学作为一种历史科学，是以人类的历史，尤其是经济史，作为研究基础的。这个基础愈丰富，政治经济学的结论愈准确。政治经济学虽是研究社会经济形态或生产方式一般，却不是说它的内容是一成不变的。人类的历史，人们对于过去历史的认识，都是不断发展的；政治经济学的内容，也是不断发展的。又由于人类社会的复杂性，不同时代，不同国家或民族，所形成的政治经济学，也必然有其各时代的和各民族的特点。这也是广义政治经济学的一个含义。广义政治经济学并不是要把政治经济学规定成为一个格局，一个公式。毛泽东同志说，要产生一本"合乎中国经济发展的实际的、真正科学的理论书"，[①] 要有"中国作风和中国气派"，[②] 对于政治经济学来说，也是这样。现在我们在社会主义政治经济学的研究上，就是走着这条道路；对于前资本主义的和

---

① 《毛泽东选集》第 3 卷，人民出版社 1991 年版，第 813 页。

② 同上书，第 844 页。

资本主义的政治经济学，也应如此。

我在 1947—1949 年执笔而在 1950 年出版的三卷本《广义政治经济学》，就是在毛泽东同志上述指示下的一个尝试。该书把旧中国的半殖民地半封建经济，作为第二卷研究对象的一个部分；那时中国的社会主义经济，还刚在创建中。这部书不仅体系不全，而且有不少错误。现在我正在进行全面改写。广义政治经济学应该采用什么样的体系，是需要考虑的问题；但是，像近代中国这样的有一百年历史的半殖民地半封建经济，应该做专门的理论研究，则是毫无疑义的。

中国资本主义是半殖民地半封建中国的一种经济成分，它发展微弱，历史也不长。但是，我们同样看到它的原始积累、资本积聚以至国家垄断资本主义诸过程；同样看到资本主义剩余价值规律、资本积累规律的作用。这些过程和规律的作用，又都具有中国的或者说半殖民地半封建的特征。并且，从所有制（帝国主义资本、官僚资本、民族资本）到生产、流通、分配，都有它的中国特殊内容。这是不可能从已有的经济学说，或者别国的经验中得到的。《中国资本主义发展史》首先就是提供这种经济实际，为政治经济学的资本主义部分准备理论研究的基础。周恩来同志在广东从化交办这一任务时指出："要写出中国化的政治经济学（资本主义部分），如果没有完整的中国资本主义发展史的著作，那是不可能的。"

中国资本主义的历史并不长，毋宁说是短命的。这种情况，正反映了它的一个特点。本书是从中国资本主义的萌芽开始的。在第一卷中，所考察的实际是从明代到清代的中国封建社会，是从封建社会生产力和生产关系的演变中，来发掘那些微弱的、发展十分缓慢的资本主义生产关系的萌芽。本书是以资本主义生产关系的社会主义改造作结束的。这种改造，在世界史上具有首创性。而那是在人民民主专政的政权下，在强大的社会主义国营经济的领导下进行的。因而本书的第四卷，又是属于社会主义经济史、属于过渡时期经济史的范畴的。因此，本书又是在所讨论的学科范围内，为中国化的政治经济学的封建主义部分和社会主义部分服务，为这两部分的理论研究提供某些内容。

人的正确认识来自社会实践，科学的抽象也必须以实践为基础，并且，人们的抽象力也是从实践中锻炼出来的。中国资本主义虽然历史不长，但它从头到尾，是经过中国革命（从鸦片战争算起）的实践检验过的。我们这一代人，如果从鸦片战争后开始建立近代资本主义企业算起，都是经历过或看到过它至少一半的实践过程的。从一方面说，这是今天编写本书的良好条件；另一方面，也给我们提出更高的要求，鞭策我们，要尽可能把经过实践检验的实际知识，贡献给读者，贡献给研究广义政治经济学的学者。

对于任何经济现象，以至所有经济现象，只有从它的产生、发展和灭亡的全过程去考察，才会有全面的正确的认识。历史的东西与逻辑的东西的一致性，正在于此。中国资本主义虽然并不发达，它却是经历了这样一个全过程。这一方面说明本书对于政治经济学研究的重要性；一方面，同样是向我们提出更高的要求。这个要求，概括起来，就是周恩来同志所说的，要给它作一个"历史的总结"。

三

关于本书内容的设计，我们曾讨论过三个问题，下面分别作些介绍。

（一）基础和上层建筑

一部完整的资本主义发展史，应当是包括资本主义经济、资产阶级、资本主义意识形态这三个方面的历史。我们最初曾打算这样写的。我从40年代初期起，就同资本家打交道，后来长期从事对工商界的统战工作，对资产阶级的代表人物，颇为熟悉。工商行政管理局的同志，在对资本主义工商业的社会主义改造工作中处理阶级关系问题，也积累有不少的经验。但是，当我们试图把政治和经济写在一起时，却感到十分困难。这在一篇论文中比较好办，作为一部篇幅较大的书，则除非各自独立成卷，是很难构成体系的；而各自独立成卷，又分别是政治史和经济史了。意识形态更是一个专门领域，涉及文化的许多方面，我们也感到力所未逮。这里，我们体会到学术研究分科的意义。毛泽东同志说："对于近百年的中国史，应聚集人材，分工合作地去做……应先作经济史、政治史、军事史、文化史几个部门的分析的研究，然后才有可能作综合的研究。"① 而所谓"综合的研究"，恐怕也是要经过一定的抽象，找出相互关系和共同规律，而不是把各种史编辑在一起。所以，最后我们还是决定把它写成一部经济史。

但是，并不是说就不去注意阶级和阶级斗争。作为一部经济史，本书还是比较重视写资产阶级以至他们的思想的。但不是作为政治史和思想史来写，而是结合资本主义经济的发展，有重点地来处理。主要有以下几个重点。

第一，写中国资本主义的发展史，没法不同资产阶级的代表性人物发生关系。马克思多次指出：商品、资本本来是在物的掩盖下的人的关系。从司马迁起，写人物就是中国史学的优良传统。但近代史学，尤其是经济史，似乎丢掉了这个优良传统；一个时期，甚至讳言人物，以免遭为资本家"树碑立传"之祸。我们打算改变一下风气。当然，我们不是为写人而写人，"这里涉及到的

---

① 《毛泽东选集》第3卷，人民出版社1991年版，第802页。

人，只是经济范畴的人格化"。^①限于篇幅，只能是某个经济范畴的代表人物，又只能是少数几个经济范畴的代表人物。

第二，我们把中国资产阶级在辛亥革命以前的政治活动和他们的经济思想，作为一个重点。这倒不仅因为他们是第一代，而是借此分析中国近代产业的资本来源，说明我国原始积累和剩余价值资本化的历程。也因为这一时期中国产业的发展，是在资产阶级革命运动的推动下进行的，他们政治活动的缺点也正是产业资本的弱点。这时期产业资本的发展，代表一定的自由资本主义的道路；而以后的历史，就不是这样了。

第三，关于工人阶级和资产阶级的关系，我们把重点放在生产关系上，在分析资本主义生产关系时作横断面的剖视，包括雇佣劳动制度、剥削关系、暴力统治、工人阶级贫困化等。资本家对农民和其他小生产者的剥削，也是中国资本主义的一个重要特征。但是，对于工人阶级本身、罢工斗争、无产阶级革命运动等，则除作背景提到外，不能多说；因为一讲下去，便成中国革命史了。

第四，中国资本主义的灭亡，无论是对官僚资本的没收，或是对民族资本的改造，都是一场严重的、尽管是特殊形式的阶级斗争，而其中又包括敌我矛盾、人民内部矛盾，以至工人阶级和资产阶级的联盟与合作。这种复杂的阶级关系和相应的意识形态领域的斗争，都是本书的重点。

（二）生产力和生产关系

50 年代，在关于经济史研究的对象的讨论中，曾有一种意见，认为经济史研究的对象是生产关系，不包括生产力。或者说，经

---

① 《资本论》第 1 卷，人民出版社 1975 年版，第 12 页。

济史是"研究生产关系递变的科学"，而生产力只是一种条件。这显然是受当时苏联某些学者的经济理论的影响。我们认为，这是不妥当的。生产力对生产关系起决定作用，并不仅是一种"条件"。马克思说："手推磨产生的是封建主为首的社会，蒸汽磨产生的是工业资本家为首的社会。"① 不讲生产力，生产关系也就无规律可言了。

不讲生产力，经济史就变成抽象的历史，变成社会发展史。在 30 年代关于中国社会性质的论战中，有些学者就是从社会史的角度出发，或者用社会发展的一般规律来论证，往往缺乏说服力。其实，就是社会发展史，也是要研究生产力的。恩格斯的《家庭、私有制和国家的起源》等著作就是最好的范例。例如，我们讲石器时代、铜器时代、铁器时代，实际上也就是经济史。"各种经济时代的区别，不在于生产什么，而在于怎样生产，用什么劳动资料生产。"② 政治经济学是研究生产关系的，但也离不开生产力。《资本论》在考察绝对剩余价值和相对剩余价值的生产时，就做了大量生产力的分析。今天我们在研究社会主义的政治经济学中，对此感触尤深。因为前一个时期，我们在处理生产关系问题上的一些失误，特别是在农业方面，就常是由于忽视了生产力的实况所致。

西方经济史学者一般是重视生产力的，甚至专以生产力作为研究对象。例如有人说，经济史是研究"人们过去如何从事生产、分配、劳动诸问题，又要用不同方法测定其上述活动的相对效率。"（美国经济史学会主席 Ralph W. HIdy）近年来兴起的发展经济学和经济成长理论，也都是研究生产力的。他们注意资源和劳动力的利用，注意科学技术的发展，以及用计量方法研究各时期的

① 《马克思恩格斯选集》第 1 卷，人民出版社 1972 年版，第 108 页。
② 《资本论》第 1 卷，人民出版社 1975 年版，第 204 页。

生产效率,这是可取的。然而,他们的研究是以资本主义生产关系作为永久存在为前提的,其目的是掩盖私有制生产关系的矛盾。把资本主义生产关系作为永久存在的前提,忽视生产关系的变化,在历史问题上也会得出荒谬的结论。西方研究中国近代经济史的学者,常常按照资本主义社会来处理中国近代经济,以至把封建地租看成利润,把我国的小农经营说成是"家庭资本主义"等等;更不用说他们否定帝国主义侵略,否定殖民地经济的一面了。

我们认为,经济史既要研究生产关系,又要研究生产力。生产关系一定要适合生产力的性质。反映这两者的适合或不适合,就是经济史的全部内容。

我们在本书中,是比较重视生产力的论述的,这也是因为前一时期的经济史著作太不注意这一方面了。当然,困难是很大的,主要是缺乏资料,尤其是技术资料和统计资料,我们只能尽力而为。

我们在研究中,希望尽可能地对于旧中国资本主义生产力发展的水平,提供一些具体内容,并对生产力发展的速度,作出某些估量。在帝国主义的侵略和封建主义的限制下,生产力水平十分低下,这是近代中国经济落后的根本原因,也是中国资本主义经济的殖民地性和生产关系上许多特殊现象的一个重要因素。从生产力的研究上,可以解释生产关系上许多消极的特征。这种生产关系,又反过来障碍着生产力水平的提高。另一方面,我们也注意生产力变化对于生产关系的积极作用;尽管这种作用很微弱,作为历史借鉴,仍是重要的。例如,我们发现,在明清两代,凡是有资本主义萌芽的手工行业,原来它们的生产力都有一定的发展,乃至技术上有相当的改进,超码是工艺学上的改进。经过较大量的考察,我们知道在中国近代工业的建立中,同样存在着资本主义发展三阶段的现象。尤其是工场手工业这一形式,在20世纪初有迅速的发展,并有不少重要行业由工场手工业向机器生产过渡；只是没有像西欧那样，有一个长达两个多世纪的工场手工业时期而已。我们还发现，在30年代经济危机中，有些行业，通过技术改革，扩大相对剩余价值生产的情况，同样是存在的，其提高劳动生产率的效果，甚至可达到外商工厂水平；只是限于少数企业，范围甚狭而已。

（三）外国资本、官僚资本、民族资本

本书所称资本主义，包括官僚资本、民族资本，也包括外国在中国的资本。这里发生两个问题：一，把帝国主义在中国的投资也作为中国资本主义的一种资本形态，写入中国资本主义发展史，是否恰当？二，官僚资本究竟包括哪些类型，它的性质如何，又怎样和民族资本划分？下面我分别作些说明。

第一个问题，把外国资本作为中国资本主义的一种资本形态，我们以为这是由中国半殖民地半封建的经济特点所决定的，也是历史决定的。

早期的外国资本是一种殖民主义制度。西方人在殖民地开金矿、办种植园、从事黑奴贸易和海盗行径，目的是攫取黄金。重商主义认为金银是财富的唯一形态，在早期，商品输出还不是主要的，更谈不上资本输出。直到19世纪60年代，西方还没有任何商品能在中国畅销（鸦片除外），对华贸易一直处于逆差。许多洋行，它们在本国并无资本，而是从战争、掠夺、鸦片贩卖和苦力贸易、投机冒险中，在中国取得原始积累，又投资在中国经营的。怡和、宝顺、旗昌、沙逊、美查等大洋行都是这样起家的。正如汇丰银行在它50周年时所说："就汇丰来说，中国是它的家。它在此地诞生，……它也在此地成长。它的根是寄生在中国的土壤，而不是在英国的土壤。"

19世纪末期，随着外国商品的大量输入，在华的外资企业具

有了为外国产业资本服务的职能资本的性质，它们创办的船舶修
造厂、茶厂、丝厂等也是为商品贸易服务的。20 世纪以后，它们
又渐具有了资本输出的性质，新开的洋行、银行，有些已是外国
托拉斯在中国的分支机构；并出现国际银行团，以债券形式输出
资本和修建铁路。但是，即使在这个时候，资本输出仍然是很有
限的。所谓外国资本，大部分仍然是在中国国土上聚集起来的，
包括买办的资金和"附股"，在中国发行股票和债券，在中国吸收
存款和发钞票，以至直接掠夺矿产和土地等等。当日本在中国大
举投资时，它本身还是个资本输入国；1913 年，它在中国的直接
投资有四亿余元，约相当于它从中国获取的战争赔款加利息。

　　外国资本长期垄断着中国的进出口贸易，并通过买办的商业
网，控制着我国市场。外国银行垄断着中国的外汇，并以雄厚的
财力，操纵中国的货币和金融市场。在铁路和轮船运输上，外国
资本占有 85% 左右的比重。它们在工矿业的投资并不多，但很集
中，掌握了主要资源和能源。外国资本和中国资本的关系，从经
济上看，实际是一个市场上垄断资本和中小资本的关系。两者是
互相对立、又互相依存的矛盾统一体。它们互相竞争，矛盾尖锐，
以致你死我活；这是资本的本性。同时，它们又互相依存。民族
工业在技术设备、动力和若干原材料上依存于外商，有些就是专
为外商加工或为推销外商商品而开设的。外商企业，如果没有众
多的华商为它服务和推销商品，也不能单独存在。至于官僚资本，
它和外国资本的关系就更密切了。

　　因此，我们认为，外国资本的存在，不仅是民族资本发展的
一个外部条件，同时又是中国资本主义经济的一个内部因素。事
实上，直到抗日战争前，外国资本都占最大比重，它是中国资本
主义经济中最集中的、最具有垄断性的部分。我们在研究中国社
会的性质时，在考察阶级关系时，显然不能把它排除在外。从历

史的角度看，更是这样，如把它排除在外，就不能说明中国资本主义发展的道路了。

顺便谈及："九一八"以后，东北成为日本帝国主义的殖民地；"七七事变"以后，广大华北和华中又成为日帝占领区。过去的经济史论述，也常把这些地区抛开，或仅略提及。这倒也不都是因为那里主要是外资，恐怕主要还是因为缺乏资料。我们自然也遇到这个困难。不过，我们认为这种殖民地区的经济形态是绝不能忽视的，我们打算专门收集一下这方面的资料，并在第三卷中以专节论述。

第二个问题，官僚资本，这是近年来争论较多的一个问题，在苏联和日本的学者中也有讨论，讨论又集中在它的范围、性质和作用上。这里只能简略介绍我们的基本观点，详细内容将在本书有关章节中论证。

官僚资本这个名称出现较晚，最早见于瞿秋白同志 1932 年所写的《中国之资产阶级的发展》，指早期的官办、官督商办等企业。这一名称的盛行，是在 1941 年以后，那是以国民党大官僚在抗日战争中搜刮民财、垄断工商业的事情。党在重庆的机关报《新华日报》多次在社论和专论中，揭批这种资本；其他进步的和中间的报刊，也揭批这种资本，弄得家喻户晓。1945 年，毛泽东同志在《论联合政府》报告中就指出"官僚资本，亦即大地主、大银行家、大买办的资本"；1947 年在论述新民主主义革命三大经济纲领中关于没收蒋宋孔陈四大家族垄断资本时进一步指出："这个垄断资本主义，同外国帝国主义、本国地主阶级和旧式富农密切结合着，成为买办的、封建的国家垄断资本主义"；又说："这个资本，在中国的通俗名称，叫做官僚资本。"[①]

----

① 《毛泽东选集》第 3 卷，人民出版社 1991 年版，第 1046 页；第 4 卷，第1253—1254 页。

官僚资本是个通俗名称，原义并不明确。但已为群众所接受，并因而用于党的正式文献（如《中国人民解放军宣言》、《共同纲领》）。因此，我们以为可以用它来概括中国资本主义发展史中一个特定的范围，即从清政府的官办、官督商办企业到国民党国家垄断资本这一资本主义体系；而它的实质，用政治经济学的术语来说，就是在这些不同政权下的国家资本主义。

近代国家资本主义是指资本主义发展到垄断阶段后，国家通过资本手段干预国民生产的两种形式，即：（1）国家通过信贷、补贴、减税、加工订货、收购产品等手段调节经济；（2）国家投资或与私人合资经营企业。但是，作为广义政治经济学的一个范畴，其含义并不指此。列宁指出，国家资本主义的性质决定于国家政权的性质，有资产阶级国家的国家资本主义，有无产阶级国家的国家资本主义。我们还可以看到，在第三世界，有些国家基本上还是封建政权，它们实行租让制，或与外国资本家合办企业，也是一种国家资本主义。清政府与法国资本家合营云南矿业公司（后因帝国主义瓜分中国矿权而中止），也属此类。可见，国家资本主义因政权性质不同，有不同的性质，但它们仍有共性，即国家通过资本手段或运用资本形式，从事经济活动。

我们用官僚资本这一名称来概括从洋务派企业到国民党国家垄断资本这一经济体系，并不是说它们的性质完全相同。清政府是个完全的封建政权，但洋务派企业，根据我们的分析，它的资金来源基本上已不属于封建积累（即地租的转化形态），而具有资本的原始积累的性质。但是，这种企业的封建官营工业的烙印还很浓，只能说是国家资本主义的雏形。北洋政府是帝国主义卵翼下的政权，它的官营企业也具有比较完整意义的半殖民地半封建国家的国家资本主义的性质，并奠定了以金融资本为中心来扩张经济势力的道路；但是它还不具备垄断条件。国民党政府沿着这条道路，从金融控制到产业垄断，扩张它的官僚资本，并于抗日战争后，发展到它的最高阶段，也是最后阶段，即买办的、封建的国家垄断资本主义。

我们对于这个问题的处理，是受恩格斯的启发，采取这样一种观点，即：一切经济现象都是一个过程，有它的继承性和发展阶段性。19世纪，正是西方资本主义要按照自己的面貌改造世界，中国受到剧烈的冲击，资本主义的发展成为不可避免的。它怎样发展呢？走了两条道路。一条是继承封建官营工业而来的洋务派企业，即官僚资本主义的道路。它经历了一个三阶段的过程，发展到最高阶段，即国家垄断资本主义。而它，又成为"实现社会主义的一个或一些步骤"，① 经过革命，转化为社会主义。另一条道路是继承明清以来的资本主义萌芽而来的民间企业，即民族资本主义的道路。它也经历了初步发展、进一步发展等阶段，而最后进入困境。这种困境又成为它后来接受社会主义改造的条件之一。

必须指出的是：虽然我们认为中国资本主义的发展自始就有官僚资本和民族资本两个体系，但并非所有的资本都是"非此即彼"，都可以划归这个或那个体系。有一部分民族资本的企业是接受了官僚资本的投资的，可以说是一种两者合营的企业，是"亦此亦彼"的东西。有很大部分资本，尤其是非产业资本，并无明显的特征，它们是中间性的；或者从它们作为一种职能资本来看，也可以说是"亦此亦彼"的东西。还有一部分资本，是在运动过程中分化、或者互相转化，而改变、或者消失了它们原来的特征。这是事物本身的复杂性、运动性和对立统一规律所决定的。在本书中，我们并不去一一区别每家企业是官僚资本或民族资本，不

---

① 《列宁选集》第3卷，人民出版社1972年版，第162页。

去寻找这种形而上学的烦恼。只在必要时，例如在比较官僚资本和民族资本投资的比重时，才作一些计算，但也限于计算产业资本。

四

关于本书的方法问题，我想谈以下三点。

（一）马克思列宁主义和毛泽东思想的指导

马克思列宁主义和毛泽东思想是我们研究和写作中不可须臾或离的指导思想。马克思、恩格斯创立的哲学，即辩证唯物主义和历史唯物主义，是自然界和人类历史的科学总结，因而是唯一的正确的历史观和方法论，离开它，就会陷入唯心史观和形而上学的泥潭。马克思、恩格斯、列宁关于前资本主义、资本主义和帝国主义、以及关于殖民地半殖民地的经济理论，即它们创立的广义政治经济学，是从人类具体社会中抽象出来的，是经过实践检验了的。以毛泽东同志为主要代表的中国共产党人，把马克思列宁主义的普遍原理同中国革命的具体实践结合起来，创立了毛泽东思想。毛泽东思想是马克思列宁主义在中国的实践和发展，也是经过中国革命和建设证明了的。毛泽东同志关于中国半殖民地半封建社会的理论，关于中国近代史和革命史的论述，关于民族资本和官僚资本的分析，关于资本主义经济实现社会主义改造的理论，丰富了马克思主义理论宝库，都是编写本书的理论和方法的指导。

我们把马克思列宁主义和毛泽东思想作为本书的历史观和方法论，并不是说，要固定这些经典作家对于某些社会经济或历史所作的论断，也不是说必须遵循他们根据这些论断所总结出来的原则，或根据这些原则去立论。原则，以至规律，是和立场、观点、方法有区别的。原则和绝大部分规律（包括自然规律）都是在一定条件下适用，而在其他条件下就不适用。我们研究历史，只能以历史事实为根据，只能用历史唯物主义的立场、观点、方法，从历史实际中得出结论，而不能从既定的原则中引出结论来。尽管有些原则，是从实际中抽象出来的，并且是经过实践检验的，对于某些学科来说，可以作为逻辑论证的依据，但对于历史学，特别是对于某个具体社会的历史研究来说，却不能这样。用一般原则来推导出历史结论，历史科学就无进步可言了；用一般原则来推导出某个具体社会的历史结论，那又是根本违反历史唯物主义的。

恩格斯在《反杜林论》中说："原则不是研究的出发点，而是它的最终结果；这些原则不是被应用于自然界和人类历史，而是从它们中抽象出来的；不是自然界和人类去适应原则，而是原则只有在适合于自然界和历史的情况下才是正确的。这是对事物的唯一唯物主义的观点。"①

规律的运用，也和原则差不多。规律是现象间的本质的联系，具有客观性。但是，以经济规律而论，除了生产关系一定要适合生产力性质的规律外，都是在一定的经济条件下产生和发挥作用的，经济条件不同或有差异，规律也就不同或作用有差异。科学的规律可以用来指导人们的实践，或者用来预测未来、制定计划和政策；但是不能用来推导历史；只能根据历史的研究，来证明某项规律的正确性。

历史唯物主义是唯一科学的历史观。它证明，人们一切观念形态都是从生产和交换方式中引导出来的，因此"唯物史观帮助

---

① 《马克思恩格斯选集》第 3 卷，人民出版社 1972 年版，第 74 页。

了工人阶级"，"产生了适合于无产阶级的生活条件和斗争条件的世界观"。[①] 无论作为无产阶级的世界观，即立场，或作为科学的历史观，即观点，对于从事科学研究来说，特别是对于研究某个具体社会的历史来说，又都是方法论。例如，要从物质关系上，而不是从道德或理性出发，来观察历史现象；要用发展的观点，量变和质变的观点，而不是静止的观点，去考察社会；以及经济基础和上层建筑、生产力和生产关系的相互作用，等等；在具体研究工作中，都可作为方法论看待。这会对我们的研究工作更为有益。

恩格斯说："马克思的整个世界观不是教义，而是方法。它提供的不是现成的教条，而是进一步研究的出发点和供这种研究使用的方法。"[②]

列宁更明确地指出："历史唯物主义也从来没有企求说明一切，而只企求指出'唯一科学的'说明历史的方法。"方法可以指正迷途，但不能从方法中得出结论。"从来也没有一个马克思主义者在什么地方论证过：俄国'应当有'资本主义，'因为'西方已经有了资本主义等等。"[③]

（二）史与论的结合

本书是历史的书，不是史论。但本书也不是史料书，它要给中国资本主义作一个"历史的总结"，它必须有论。"史"和"论"怎样结合呢？

历史唯物主义的观点是：历史的发展像自然的发展一样，有它自己的内在规律。因而，整个说来，历史的东西和逻辑的东西

---

① 《马克思恩格斯全集》第 21 卷，人民出版社 1965 年版，第 548 页。
② 《马克思恩格斯全集》第 39 卷，人民出版社 1974 年版，第 406 页。
③ 《列宁选集》第 1 卷，人民出版社 1972 年版，第 13、57 页。

是一致的；作为认识的方法，历史的方法和逻辑的方法是统一的。但是，具体的历史的发展是曲折的、迂回的，有时十分缓慢，有时又跳跃前进，充满着偶然性。事实上，"在历史的发展中，偶然性起着自己的作用"，只是在辩证的思维中，它们才"包括在必然性中"。①"通过这些偶然性来为自己开辟道路并调节着这些偶然性的内部规律，只有在对这些偶然性进行大量概括的基础上才能看到。"②

今天，就《中国资本主义发展史》来说，有没有一个这样"大量概括的基础"呢？恐怕还差得很远。因而，我们的工作，不能从"论"开始，首先得放在对偶然性的研究上，也就是从对历史事物的研究开始。

恩格斯说："必须先研究事物，而后才能研究过程。必须先知道一个事物是什么，而后才能觉察这个事物中所发生的变化。"③研究事物"是什么"的工作，大部分也就是史料工作，包括史料的发掘、整理、比较、鉴别等等。"对于某一个时期的经济史的明确观念，决不能和事件本身同时得到，而只有在事后，即在搜集和鉴别了材料之后才能得到。"④ 本书在一定程度上说，是有史料书的性质。当然，这些史料主要还是前人大量的劳动所积累和整理的，不过，我们也确在某些问题上，作了考证、鉴别和系统整理的工作。总的说，我们主观上是比较重视史料的。

史料与论点的结合，我们反对"以论代史"，那就是不列出史料（不是说没有史料）来立论。我们也反对"以论带史"。"以论带史"实际就是"举例子"的方法，尽管这种方法颇为流行，却

① 《马克思恩格斯选集》第3卷，人民出版社1972年版，第545页。

② 《资本论》第3卷，人民出版社1975年版，第936页。

③ 《马克思恩格斯选集》第4卷，人民出版社1972年版，第240页。

④ 《马克思恩格斯全集》第22卷，人民出版社1965年版，第591页。

是不科学的，因为举例子往往会离开具体的历史过程。列宁说："罗列一般例子是毫不费劲的，但这是没有任何意义的或者完全起相反的作用，因为在具体的历史情况下，一切事情都有它个别的情况。"[①] 并且，"社会生活现象极端复杂，随时都可以找到任何数量的例子或个别的材料来证实任何一个论点。"[②]

"以史带论"或"论从史出"的方法，曾为史学界赞赏。司马迁的《史记》即"以史带论"，确有可取之处。"论从史出"实际是归纳法，是科学的方法，但要注意辩证法才行。我们认为，"史"与"论"的有机的结合，也就是历史与逻辑的结合，应当是辩证的结合。对于历史事物，必需实事求是，不容半点改易（当然可以考证、校勘），就这方面说，是历史的方法。但就历史过程尤其是大的历史过程来说，乃是可以批判的，就是说，可以摆脱"起扰乱作用的偶然性"，探求历史真相，说明其发展的实质，在这种场合，"逻辑的研究方式是唯一适用的方式。"[③]

不过，由于史料缺乏，有时我们也不能不用"举例子"的方法；但总是在一定的条件、背景材料和逻辑的基础上采用，不能平空举例，并要避免孤证。由于近代史的许多问题研究尚不深入，我们也常采用归纳的方法，尤其是在数据的处理上，这一般还是可行的。

这里，发生一个全书的体系或者结构问题。本来，一部书的叙述方法是可以和研究方法不同的。研究一旦完成，叙述时就可以按逻辑序列，乃至像一个"先验的结构"。《资本论》就是这种结构。但是，历史书不能这样。恩格斯说："我们的历史观首先是进行研究工作的指南，并不是按照黑格尔学派的方式构造体系的

---

① 《列宁全集》第23卷，人民出版社1958年版，第279页。
② 《列宁选集》第2卷，人民出版社1972年版，第733页。
③ 《马克思恩格斯选集》第2卷，人民出版社1972年版，第122页。

方法。"① 他说的是历史的研究。照我们看,历史的叙述也应该与研究的方式一致,即历史书的体系应该是历史的,不是逻辑的。本书是严格按断代史编制的。前已提及,一个断代史的(有时的是编年史的)体系并不适于经济史,因为经济发展阶段并不决定于政治事件和朝代更替。事实上,我们也遇到这种困难,只好另谋补救之道。在本书每卷中,都有导论和结论的章节;在第二和第三卷中,都有按某一基期作横断面分析的章节;在第四卷中,配备有理论章节;都是一种补救。

这里,还有一个创新的问题。科学研究就是要创新,而不是祖述先贤遗教,或重复前人论述。前若干年,社会对中国近代经济史著作有"抄书抄报""炒冷饭"的批评,有一个时期确实是这样。因此,我们对于本书,曾悬过这样一标的,即在一些重要项目上,要有新的第一手的资料,要研究新的问题,提出新的论点。当然,历史研究的创新,有它特定的含义。历史是过去的事,是不能创作的。前已提到,我们是比较重视资料工作的,这里只谈一下论点的问题。这两年来新论点确实很多,有中国的,也有外国的,因为过去没有介绍过,也变成新的。这是一个好现象,对本书的写作很有帮助。但是,论点能不能全是新的呢?我看不能;那做不到,做到了也要犯错误。所谓新论点是什么意思?应该是指对旧论点的扬弃,即否定旧的不合理的东西,保存和发展旧的合理的东西。像不能割断历史一样,历史研究也有继承性。不仅如此,马克思对于资产阶级的论点,对于古政治经济学和古典哲学,也是扬弃,也是批判地继承的。在历史唯物主义指导下,全新的东西是没有的。

① 《马克思恩格斯选集》第4卷,人民出版社 1972 年版,第475页。

（三）定性分析和定量分析的结合

把数学的应用从经济学推广到经济史上，大体还是 60 年代以来的事，从此，在国外经济史学界出现了计量学派，一时颇为流行。这个学派在发展中，运用反拟研究法，提出各种历史上的假设和模型，也曾引起强烈的批评。我们无意在此评论经济计量学，也不反对把这门科学应用于经济史。因为经济事物一般是可以计量的，并多半表现为连续的量。但是，和计量经济学用之于当前经济的分析与预测不同，已成过去的历史是无法预测的。经济计量学必须根据过去实践中的统计资料，即根据历史来设定数量关系或模型，而不像研究自然现象那样可以采用试验室模拟办法，这就是反拟研究的局限性。但是，对于经济史上已有的理论、观点、结论（也就是定性分析），用数学方法加以验证，肯定或否定它，即所谓回归分析，则完全是可能的，并且是十分有益的。近年来，把投入产出法应用于经济史上生产的研究，分析生产发展的有关因素，在一定范围内也是可取的。在微观上，例如用计量方法研究历史上的单位生产规模、经济效率等，亦是有成绩的。

对于中国近代经济史，国外也有一些计量的著作，以至提出模型（主要还是数理模型）。但是，它们主要是从发展经济学的观点出发，而不是从历史唯物主义的观点出发；更重要的是，旧中国经济统计资料极端贫乏，这种研究过多地依靠估计和假设，更难考虑随机因素。因此，在本书中，我们认为运用经济计量学的条件还不成熟。我们提倡定性分析与定量分析相结合的方法。

历史本来是叙事的，是定性的，故常与文学结合，使性格突出，栩栩如生。但历史又是科学，并应首先是科学。科学的定性，不能脱离数量，一定的质，总是表现于一定的量。尤其是经济史，不作定量分析，往往流于空洞，抽象化、概念化。不作定量分析，也就可以把小事看成大事，把局部看成一般，把次要因素当作主要因素。有许多问题，往往争论不休，这就更需要作定量分析，以求分晓。

例如，历史上我国商业素称发达，商贾辐辏、店肆栉比的记载，令人目眩。可是，我国国内市场究竟有多大呢？我们计算了鸦片战争前后几个基期的主要商品量和商品值，力求从市场结构上来观察它的特点。又如，对于我国自然经济的解体，向来议论纷纷。究竟解体到什么程度？我们首先就洋纱洋布代替土纱土布的过程作了一个比较详细的计量分析，可以看出这种代替的几个阶段和每阶段的代替程度；再按阶段计算几项农产品的商品化程度，就可大体看出解体的过程了。再如，讲到民族资本的初步发展和进一步发展，从定性来说，似乎没什么问题了。但一经定量分析，比较一下各部门发展的速度，却看出许多问题。至于20年代和30年代的危机，以至"破产半破产"的提法，做一些简单的定量分析，所发现问题就更多了。

我们提出的要求是，凡是能够定量的，尽可能作一些定量分析，以发现问题，或验证定性的结论。

就本书《中国资本主义发展史》来说，最重要一个问题，就是中国资本主义发展的水平问题。鸦片战争100年来，中国资本主义有所发展，但又未能充分发展，这是没有争议的。但它究竟发展到什么程度？各时期发展的水平如何？仍是模糊的。当然，资本主义的发展，包括生产力的发展，生产关系的扩大，资产阶级和工人阶级力量的对比等各个方面；我们进行定量分析，实际仅是它生产力方面，不过，这是具有重要意义的。

对资本主义发展水平作定量分析，首先是使人们对中国资本主义本身，对它的规模和发展速度，有个比较明确、具体的概念。其次，由于所谓水平是用它在国民经济中的比重来表示，这也就对于研究中国近代社会有重要作用。例如我们说近代中国是半殖民地半封建社会，当然不是说各占一半。但是，究竟各占多少？比例关系有无变化？这对于研究中国革命，研究各阶级、阶层力量的对比，都是有用的。最后，了解资本主义发展水平，对于研究我国国民经济向社会主义过渡的问题，也是很重要的。从一定意义上说，我国对资本主义工商业的改造政策，就是根据它发展的程度制定的。

　　资本主义发展水平是个数量概念。这在资本主义发达国家，实际就是指它国民经济发展状况，可用国民生产总值来代表。在旧中国，却不能这样。由于资本主义并不是占统治地位的经济成分，并由于我们的目的是考察在帝国主义和封建主义的压迫与限制下，资本主义能有多大程度的发展，因而，所有指标，是看它在国民经济中的地位。这最好是看它在国民生产总值或在国民收入中所占的比重。但是，由于统计资料缺乏，这两项数据实际都不可能估算。因此，我们采用了我国通用的办法，即采用工农业总产值这个指标，而把其他经济部门略去。在旧中国，对于工农业总产值也是没有统计的，我们只能用间接方法予以估计。在估计中，资本主义部分，采用"产业资本"的概念，即工业、矿业、交通运输业（所谓"工交"）中的近代化企业，而把农业中的资本主义部分略去了。鉴于工场手工业有很大的数量，虽然资料更加缺乏，我们也另作估计，作为资本主义的另一个部分。所用基期，为1920年、1936年、1949年。一眼就可看出，这个估计是很粗糙的，简略甚多。但是，总算有个可以捉摸的概念，可看出大体的发展趋势。我们希望，随着我国近代经济史研究的进展，这个估计，以及本书的全部论证，都会经历一个不断批判和修正的过程，逐步臻于完善。

1983 年 5 月 24 日

社会主义现代化建设的伟大方针

——学习《邓小平文选》中的经济思想

　　我和同志们一样，正在学习邓小平同志的《文选》。这部著作，无论对政治、经济、军事、文化教育等方面，都有卓越的见解。这部著作的一个突出的特点，就是实事求是从实际出发，而又以伟大的共产主义作为目标的。这部著作对于马克思主义的发展，对于毛泽东思想的发展，有着巨大的贡献！

　　同志们都是记忆犹新的，从1958年起，我国的国民经济就在"左"倾错误的指导之下，经受了严重的折腾。十年动乱，破坏得使人更为痛心！如果不粉碎"四人帮"的法西斯统治，如果不扭转长期在党内占统治地位的"左"倾错误，那么，我们的党，我们的国家，我们的人民，将要遭受到怎样的浩劫，那是不堪设想的。邓小平同志在1975年，当黑云还盘旋在上空，暴风还横扫着大地的时候，就挺身而出，向全党和全国人民发出号召，指出：党的大局就是"把国民经济搞上去"！并且在粉碎"四人帮"之后，拨乱反正，纠正"左"倾错误，使党和国家的工作重心真正转移到经济建设方面来。

　　经济是政治的基础，而政治则是经济的集中。要搞好社会主义的现代化建设，如果离开社会主义道路和中国共产党的领导，那是不可思议的。小平同志指出：实现四个现代化必须坚持四项基本原则，这就是：必须坚持社会主义道路；必须坚持无产阶级专政；必须坚持共产党的领导；必须坚持马列主义、毛泽东思想。大家都感到社会风气和党风不好，为什么不好？十年动乱，林彪、江青反革命集团的长期破坏，就是原因。他们怎样破坏？那就是破坏社会主义道路，破坏无产阶级专政，破坏党的优良传统和方针路线，破坏马列主义、毛泽东思想，现有所有的不正之风，都是四项基本原则的对立面。要使十一届三中全会以来和十二大的正确路线能贯彻下去，要使我国的社会主义现代化建设能顺利地进行下去，贯彻四项基本原则就是标准，就是前提。

根据我对《邓小平文选》的学习心得，谈七个问题。

一　关于农业经济的问题

从党的十一届三中全会以来，我国经济最突出的变化是农村经济。农村经济之所以出现这种变化，是由于党实行了对农村的放宽政策。

我国农业的集体化，在方向上是正确的。但是，在做法上，问题却不少。问题的焦点是急于求成，忽视农村的客观现实情况。急于求成的表现是速度搞得太快。正如小平同志所说的"一两年一个高潮，一种组织形式还没有来得及巩固，很快又变了。从初级合作化到普遍办高级社就是如此。""一九五八年大跃进时，高级社还不巩固，又普遍搞人民公社，结果六十年代初期不得不退回去，退到以生产队为基本核算单位。"①

---

① 《邓小平文选》第2卷，人民出版社1994年版，第316页。

事实证明，初级农业生产合作社是同农村的生产力发展水平和群众的政治觉悟水平相适应的，因为那时农业每年在增产。人民公社退到以生产队为基本核算单位时，在形式上也算是可以的。但是，在"左"倾指导思想之下，分配上的平均主义和劳动组织上的大呼隆，被认为是"社会主义"。多干少干都得到同样分配，有谁积极劳动呢？农村生产力又怎能发展起来呢？在"左"倾指导思想之下，平均主义的分配和大呼隆的劳动组织，成为发展农村生产力的障碍了，"农业学大寨"的结果，分配上的平均主义和劳动组织的大呼隆，更加普遍，更加严重了。从十一届三中全会起，党和全国人民，否定了平均主义和劳动组织上的大呼隆，肯定了包产到户和包干到户的联产责任制。联产责任制对于"左"倾指导思想，显然是大逆不道的，当它刚出现的时候，有些人就为之担忧，认为它会破坏集体经济。事实上，那种平均主义、统筹分配的体制，并不是真正的集体经济，因为那种做法，损害了社员群众的劳动积极性，损害了农村生产力的发展；而联产责任制则有利于提高群众的劳动积极性，有利于发展农村生产力。小平同志对于那些担心生产责任制会影响集体的同志说，"我看这种担心是不必要的。我们总的方向是发展集体经济。实行包产到户的地方，经济的主体现在也还是生产队。"[①]

不能把"包产户"和"包干户"看成 1956 年以前的单干户，因生产队还在发挥它的领导作用。

二 关于发展工业的问题

小平同志早在 1975 年 8 月，当"四人帮"的凶焰正旺的时

---

① 《邓小平文选》第 2 卷，人民出版社 1994 年版，第 315 页。

候，就提出了《关于发展工业的几点意见》。这篇谈话是对当时陷于极度混乱的工业生产的拨乱反正的纲领。在这篇谈话中，小平同志不仅强调工业必须以农业为基础，为农业服务，强调必须调整企业管理效率和恢复健全规章制度；强调企业必须加强科学研究工作，抓好产品质量。

马克思在《资本论》中就提出了农业是社会经济的基础的理论，指出如果没有农业的发展，就不可能有工业的发生和发展。毛泽东同志把农业为基础和工业为主导结合起来，那是正确的。小平同志强调工业必须以农业为基础，为农业服务。这就不仅把工业和农业密切地结合起来，而且具有这样一个意义，即工业现代化必须要带动农业的现代化。

我国工业、矿业和运输业，在"左"倾指导思想的统治下，特别在十年动乱中，规章制度、操作规程，全被破坏；企业管理没法进行；生产效率越来越低。"四人帮"对于规章制度和企业管理的破坏，是无所不尽其极的。他们把企业管理所必不可少的规章制度，看成是资本主义压迫工人的东西，完全加以否定。这是他们用"极左"的面目破坏社会主义的做法之一。生产要有秩序，现代化生产更需要有秩序。企业如果陷入混乱状态，现代化生产当然无从谈起。小平同志强调整顿企业管理效率和恢复、健全规章制度，从现代化的要求来说，意义是越来越为重要的。

关于产品数量与质量关系的问题，小平同志做了精辟的科学论断，他说："提高产品质量是最大的节约。在一定意义上说，质量好就等于数量多。"① 就现在的情况说，这还是一个没有被许多从事工业生产的同志所认识的重大问题。产量产值，现在还可能是被许多从事工业生产的同志认为是唯一的硬任务，硬指标。如

① 《邓小平文选》第2卷，人民出版社1994年版，第30页。

果只看到产量产值，那就会放松对产品质量的注意，那就没法不浪费活劳动和物化劳动（原材料和设备），那就没法不产生大量的次品和废品以及出现大量产品积压的现象。为什么党中央和国务院多次强调经济效益而许多工业企业没有能很好实现这一要求呢？我认为关键可能在这里。经济效益的内容不外是用最少的消耗取得最大的成果，在表面上多出产品，就可以多卖钱，就可以多收效益；但产品质量如果不好，如果大量是次品废品，那么多出产品只能多赔本，只能是大浪费，怎能谈到经济效益呢？不顾产品质量而突出产量产值，同提高经济效益的要求是矛盾的。小平同志说得好，"质量第一是个重大政策问题"。"质量好了，才能打开出口渠道或者扩大出口。要想在国际市场上有竞争能力，必须在产品质量上狠下功夫。"

　　强调产品质量，会不会引起原材料的浪费呢？是不是可以先强调节约再强调质量呢？我认为强调产品质量是不会引起原材料和能源的浪费的，因为一个产品所需要的原料和能源在设计上是安排好了的，如果不按照设计而浪费原料和能源，那是企业的管理不好的事情。同样的原料和能源，能产生出质量不同的二种产品，这是经常可以碰到的事情。技术和管理落后的企业只能出产低档货，出产废品次品。这种企业只能求援于市场上的求过于供的状况（或者叫卖方市场）。但是，在各地盲目发展生产的条件下，这种企业很难逃脱产品大量积压的命运。技术先进和管理先进的企业，能够用同量材料，出产高档品，能够在保证质量提高质量的进程中更新换代。提高产品质量决不是浪费材料和能源的原因，在效果上却是最大的节约。事实早已证明：离开保证质量而片面强调节约，其结果必然是粗制滥造。粗制滥造是最大的浪费。日本在60年代以前，产品之劣，在世界上是出了名的。从60年代起，日本人决心提高产品质量，不断更新换代。日本的经验是在提高质量的前提下从事节约。日本人的这种做法是对的。现在日本的汽车、电子工业品，竟然打进了美国市场，把美国货打得落花流水。因此，决不能以节约为理由，怀疑"质量第一是个重大政策。"

吉林省的工业，今年上半年，出现经济效益与发展速度同步增长，经济效益增长高于产值增长的好势头；实现利润和上缴税利大幅度增加，流动资金占用减少，产品成本下降，全员劳动生产率提高。这在全国许多地方工业生产发展速度不低而经济普遍不好的情况下，是特别令人高兴的成就。

三　关于国民经济中的比例问题

国民经济的按比例发展规律，是一个客观必然性。我国是社会主义国家，生产资料在基本上实现了社会主义公有制。由于重要的生产部门和重要企业，掌握在国家手里，我们有条件能够实现计划经济为主的方针。

在"左"倾指导思想的影响下，在大跃进以后，出现过几次比例失调。小平同志指出："由于解放以前的历史状况，也由于第一个五年计划以后长期急于求成，我们的经济一直存在着比例严重失调的问题，加上'文化大革命'十年破坏，以及粉碎'四人帮'后的头两年对情况没有摸清，到三中全会前后，更发展成为财政不平衡、信贷不平衡、物资不平衡、外汇收支不平衡的局面。改变这种局面，是同三中全会纠正'左'倾错误、一切从实际出发的总方针完全一致的，是实现现代化的必要条件。"①

在党的十一届三中全会以后，陈云同志提出调整方针的时候，

---

① 《邓小平文选》第2卷，人民出版社1994年版，第355页。

小平同志大力支持这一方针，明确地指出："这次调整，在某些方面要后退，而且要退够。其他方面，主要是农业、轻工业和有关人民生活的日用品的生产，能源、交通的建设，以及科学、教育、卫生、文化事业，还要尽可能地继续发展。"在这里，"所谓某些方面要退够，主要是说，基本建设要退够，一些生产条件不足的企业要关、停、并、转或减少生产，行政费用（包括国防开支和一切企业事业单位的行政管理费用）要紧缩，使财政收支、信贷收支达到平衡。生产建设、行政设施、人民生活的改善，都要量力而行、量入为出。这就是实事求是。"[①] 经过 1981 年的艰苦工作，我国国民经济的调整取得了良好的成就。

但是，在去年（1982）下半年，计划外的基本建设和各地区的重复建设的现象，又重新出现了。这就使国家的重点建设——能源和交通受到严重的影响。为什么刚刚调整不久，就出现这种情况？我认为急于求成，盲目积极性还是这方面的根源，此外，只看到本部门、本地区、本单位的局部观点，也在起作用。更值得我们注意的是，这次计划外基建的盲目发展，来得相当之猛。

党和国家目前虽然尚未提出要重新调整，但是，小平同志的关于《贯彻调整方针，保证安定团结》的文章，对于当前国民经济的势头，具有重大的现实意义。这篇文章，教导我们要下决心去掉不切实际的设想和主观主义的高指标，要下决心使局部利益服从整体利益，只有如此，我们才能使国民经济各种比例关系能够逐步得到协调，才能发挥社会主义制度的优越性。

四　关于群众生活按劳分配的问题

关心群众生活，是我们党的革命传统。在我国实现广大群众

---

① 《邓小平文选》第 2 卷，人民出版社 1994 年版，第 354—355 页。

走上共同富裕的道路是我们党的革命任务之一，是社会主义制度的优越性的具体表现之一。

在"左"倾错误统治的年代里，共同富裕被人们歪曲了，认为共同富裕，只能"一刀切"，只能是在某一天的早晨，大家同时地忽然富起来，否则，辛勤劳动而增加了收入的人，便会被人认为是冒尖，是在走资本主义道路。这种主观主义、形而上学的观点，对于发展社会主义社会生产力，是极其有害的。所谓"穷则革命，富则变修"，难道不是这种"一刀切"的观点和做法所形成的么？难道不是"左"倾错误的长期流毒么？按照这种"一刀切"的观点和做法，谁都没法实现共同富裕，只能共同贫穷。如果这样走下去，"喝西北风"岂不成为"社会主义"的内容了么？这哪里有马克思列宁主义的一点味道呢？这种"左"倾错误，在十一届三中全会以前的二十多年间，对于劳动人民的劳动积极性的提高，产生了极其严重的破坏作用，从而对于生产力的发展也产生了极其严重的破坏作用。

针对这种情况，小平同志指出："在经济政策上，我认为要允许一部分地区、一部分企业、一部分工人农民，由于辛勤努力成绩大而收入先多一些，生活先好起来。一部分人生活先好起来，就必然产生极大的示范力量，影响左邻右舍，带动其他地区、其他单位的人们向他们学习。这样，就会使整个国民经济不断地波浪式地向前发展，使全国各族人民都能比较快地富裕起来。"[①] 事实已经证明，要使群众走上共同富裕的道路，决不可能通过"一刀切"的形而上学的方式，而只能通过让一部分人生活先好起来，带动其他的人一道前进的方式。

要让一部分人的生活先好起来，在原则上，是同实行按劳分

①　《邓小平文选》第2卷，人民出版社1994年版，第152页。

配，有着密切联系的。"四人帮"用平均主义去否定按劳分配，堵死了一部分人先好起来的道路。小平同志在"四人帮"猖獗时期就指出，"如果不管贡献大小、技术高低、能力强弱、劳动轻重，工资都是四五十块钱，表面上看来似乎大家是平等的，但实际上是不符合按劳分配原则的，这怎么能调动人们的积极性?"①"四人帮"不要按劳分配的理由是因为它是不平等的资产阶级权利。但是，这种不平等的权利，是以生产资料的公有制作为前提的，是以辛勤劳动的程度作为前提的。被"四人帮"所利用的"左"倾错误，恰恰在于抹煞了按劳分配的这个前提，恰恰在于破坏了"共同富裕"的道路，恰恰在于把辛勤劳动而先富裕起来的人，打成冒尖，打成走资本主义道路，这难道不是在破坏社会主义的优越性吗？这难道不是在否定马克思主义的基本原理吗？小平同志之坚持按劳分配正是对于"左"倾错误的否定，正是对于"一刀切"的平均主义的否定。只有如此，群众生活才能逐渐好起来。

小平同志坚持按劳分配的社会主义原则而批评那种按政治、按资格分配的原则。他说："评定职工工资级别时，主要是看他的劳动好坏、技术高低、贡献大小。政治态度也要看，但要讲清楚，政治态度好主要应该表现在为社会主义劳动得好，做出的贡献大。处理分配问题如果主要不是看劳动，而是看政治，那就不是按劳分配，而是按政分配了。总之，只能是按劳，不能是按政，也不能是按资格。"②只有贯彻小平同志的这种科学态度，才能调动职工的劳动积极性，才能使劳动得好的人，生活先好起来，才能发展我国的社会主义国民经济。

---

① 《邓小平文选》第2卷，人民出版社1994年版，第30—31页。
② 同上书，第101页。

五　关于引进新技术的问题

为了实现我国的社会主义现代化建设，引进新技术、新设备，是一个相当重要的问题。

时至今日，世界上无论哪一个国家都是不能闭关自守的。就是发达的资本主义国家，也何尝不是在国际经济关系上，千方百计取得突破。以日本为例，它是在 60 年代起飞的，而在 50 年代就用尽一切办法引进先进技术，掌握先进技术，改进引进的先进技术，而获得成功的。只有反动而愚蠢的江青反革命集团，才坚持满清政府的闭关自守的政策。

在江青反革命集团猖獗的日子里，小平同志就指出，必须"引进新技术、新设备，扩大进出口。"① 有人认为从外国引进新技术、新设备，会损害我国的自力更生的立国原则。事实同这种担忧正相反。从国外引进新技术、新设备，不但不会损害自力更生的原则，而是增强我国自力更生的力量的一项重要措施，因为引进新技术、新设备，可以缩短我国自己对新技术的研究时间。小平同志说道："资本主义已经有了几百年历史，各国人民在资本主义制度下所发展的科学和技术，所积累的各种有益的知识和经验，都是我们必须继承和学习的。我们要有计划、有选择地引进资本主义国家的先进技术和其他对我们有益的东西，但是我们决不学习和引进资本主义制度，决不学习和引进各种丑恶颓废的东西。"② 资本主义国家的先进技术，同资本主义制度，并不是不能区别、不能分开的。例如武器，在资本主义国家里，为资产阶级服务，把它们引进到我们国家里，掌握在我们手里，就会为社会主义服

---

① 《邓小平文选》第 2 卷，人民出版社 1994 年版，第 29 页。
② 同上书，第 167—168 页。

务。武器如此，先进技术也何尝不如此？如果认为引进资本主义国家的先进技术，就是引进资本主义制度及其丑恶颓废的东西，那是不合乎事实的。现在必然重视的问题，是如何培养技术人才，如何熟练地掌握引进的技术，如何在引进的技术的基础上，加以改进，加以发展，制造出我们自己的更先进的技术来。

六　关于发挥社会主义制度优越性问题

从1958年的大跃进起，"左"倾错误就在干扰我国社会生产力的发展。在十年动乱中，情况越来越加严重。林彪提出什么"政治可以冲击一切"；"四人帮"提出"宁要社会主义的草，不要资本主义的苗"，他们既破坏了社会主义的社会生产力，又恶化了人民群众的物质文化生产。在那种情况之下，有谁能看见社会主义的优越性呢？

邓小平同志很关心社会主义制度的这个根本问题，他说道："社会主义制度优越性的根本表现，就是能够允许社会生产力以旧社会所没有的速度迅速发展，使人民不断增长的物质文化生活需要能够逐步得到满足。按照历史唯物主义的观点来讲，正确的政治领导的成果，归根结底要表现在社会生产力的发展上，人民物质文化生活的改善上。"[1] 这就是说，政治领导的正确与否，是以社会主义制度的优越性能否得到发挥，作为标志的。这当然不是说，社会主义制度的优越性，决定于政治领导，而是说，正确的政治领导能够使客观地存在社会主义制度中的优越性，从可能变为现实。"左"倾错误不仅没有把客观地存在于社会主义制度中的优越性，从可能变为现实，而且长期地加以破坏。

---

[1]　《邓小平文选》第2卷，人民出版社1994年版，第128页。

　　小平同志语重心长地说道："如果在一很长的历史时期内，社会主义国家生产力发展的速度比资本主义国家慢，还谈什么优越性？我们要想一想，我们给人民究竟做了多少事情呢？我们一定要根据现在的有利条件加速发展生产力，使人民的物质生活好一些，使人民的文化生活、精神面貌好一些。"[①] 小平同志对于社会主义制度优越性的论述，不仅正确地阐述了马克思列宁主义关于这个问题的科学理论，而且教导我们，要以高度的责任心对人民负责，要实事求是地去处理社会主义的生产和建设的问题。说得尖锐一点，关于如何发挥社会主义制度优越性这个根本问题，在不少同志的脑子里，还被那个不计后果，不顾全局，急于求成的"左"倾思想所掩盖、所取代了。小平同志关于这个问题的科学论述，对于这种情况，真是打中要害。在某种意义上说，这也是一种拨乱反正！

七　关于中国式现代化的问题

　　邓小平同志指出："中国式的现代化，必须从中国的特点出发。"[②] 他要我们认识到，要使中国实现四个现代化，至少有两个重要特点是必须看到的：一个是底子薄；一个是人口多耕地少。

　　现代化建设就是要使我国的科学技术力量，一年比一年发展，就是要使我国的工农业生产，特别是工业生产，逐步实现机械化、电气化、自动化。这就要求我们把培养科学人才，放在一个很重要的地位上。在这里，培养自然科学（包括技术）的人才显然是极其重要的；同时，培养社会科学的人才也是极其重要的。我国是一个拥有10亿人口的社会主义国家，我们必须拥有一支雄厚的

---

　　① 《邓小平文选》第 2 卷，人民出版社 1994 年版，第 127—128 页。

　　② 同上书，第 150 页。

科学队伍。强调技术人才是必要的，但是，如果没有雄厚的理论科学队伍，技术的发展一定会受到限制。举一个例，如果没有掌握技术的人才，就不可能掌握最新的技术设备，但是，如果没有懂得企业管理的人才，虽有最新技术，也很难发挥作用。我国要实现现代化建设就必须把培养技术人才和管理人才一齐抓，就必须把培养自然科学人才和培养社会科学人才一齐抓。小平同志对于知识分子的问题，说得很正确，这个问题同社会主义现代化建设是有着密切关系的。

随着现代化建设的发展，技术的有机构成必然逐步提高，从而，劳动力的需要必然会相对地减少。而我国人口却是这样多。现在每年出生的婴孩大约在 1500 万到 1700 万之间。如果不贯彻控制人口的增长，如果不实行计划生育，到 2000 年，那就会超过 12 亿，那就会把工农业的增产打个大大折扣，那就会使人均国民收入到 2000 年难于达到翻两番。

从底子薄和人口多的特点出发，具有中国特色的社会主义经济体制，大体包括以下内容：（一）建立以国营经济为主体的多种经营经济形式；（二）实行不同形式的经营承包责任制；（三）坚持计划经济制度，同时发挥市场的调节作用；（四）坚持按劳分配原则，对一部分勤劳而增收入的人，应让他们先在生活上好起来。

《邓小平文选》是一部全面地分析了党在伟大的历史转变时期中的路线、方针、政策等问题的光辉著作。我今天所谈的，只是关于实现我国社会主义现代化建设的部分。小平同志关于社会主义现代化建设的论述是极其丰富的。小平同志指出：我们面前有大量的经济理论问题，包括基本理论问题、工业理论问题、农业理论问题、商业理论问题、管理理论问题等等。他号召经济理论工作者，要下定决心，深入实际，力戒空谈。小平同志的指示，是我们理论工作者的方向和道路。从事经济理论工作的同志，必须责无旁贷地沿着小平同志所指引的大道前进！

（载《吉林商业》1983 年第 2 期）

马克思主义经济理论在中国的发展

——学习党的十二届三中全会关于
经济体制改革决定的体会

党的十二届三中全会关于经济体制改革的决定，是马克思主义政治经济学，在我国发展社会主义经济和实现我国社会主义现代化建设的实践中的新的发展。现在我谈谈个人的学习体会，以求证于同志们。

一

党的十二届三中全会的决定，是十一届三中全会的继续和发展，它们都肯定党的工作重点，必须转到经济建设。

1957 年以后，左倾错误不断地在党内发展。文革十年，林彪、江青和康生等野心家，利用左倾错误，对党的优良传统，对党的社会主义建设事业，对我国国民经济的发展，对我国科学文化的发展，进行了极其野蛮的破坏，并在同时对于许许多多数十年来在国民党反动派白色恐怖统治下，拿起武器开展武装斗争，立下了汗马功劳的老同志；对许许多多数十年来在国民党白色恐怖统治下，从事地下工作，九死一生的老同志，残酷地进行迫害。有不少坚贞卓越为革命立下了不朽功劳的老同志，他们是国民党的"军统"和"中统"千方百计要杀而杀不到的，却死在林彪、江青和康生一伙的手里。发展到后来，竟然提出什么"资产阶级在共产党内"的违背马克思主义基本原理的理论来了。列宁明明指出，社会主义就是消灭阶级，既然社会主义的使命是在消灭阶级，那么，在建立了社会主义制度和无产阶级专政的国家政权之后，有什么根据还要继续搞阶级斗争呢？有什么根据要把阶级斗争作为全党的工作重点呢？如果在社会主义社会始终存在着阶级和阶级斗争，那么，我们怎有可能进入无产阶级的共产主义社会呢？事实证明左倾错误是一种不折不扣的反历史唯物主义的主观唯心主义。

党的十一届三中全会把全党工作重点转到经济建设，是对于所谓"在无产阶级专政下继续革命"，是对于社会主义社会里以阶级斗争为纲的左倾错误的否定，是建国以来我国的一个具有重大历史性、根本性的扭转乾坤的决定。

在第二次世界大战中成为战败国的日本和联邦德国，是在60年代在经济方面起飞的；而在打败日本军国主义并打垮了蒋介石反动统治的我国呢？在对资本主义工商业的社会主义改造之后，把阶级斗争搞得越来越紧张。60年代前期在城乡大搞四清，大抓企业和社队的走资派；在60年代后期又进一步在全国范围内大搞破坏一切的"文化大革命"。在"拔白旗，砍大树"的做法之下，有学问的教授专家，胆战心惊，哪里有心研究学问？在全国工厂矿山的工程技术人员，被作为"反动技术权威"日夜进行斗争的条件下，他们哪里有条件去从事科学研究？在这种破坏之下，我国的现代科学和工农业的现代技术，怎能不落在日本和联邦德国之后呢？解放前，旧中国是半殖民地国家，科学技术本来已经很落后，解放后用三年时间恢复了国民经济，接着实现了第一个五年计划，建立了现代化的初步基础。在此期间，不但国民经济顺利发展，而且科学文化也呈现欣欣向荣的喜人气象。如果按照这种步伐，如果按周总理在党的八大第一次会议上提出并得到大会通过的第二个五年计划，如果不在 1958 年搞"大跃进"三面红旗，如果不在 1967 年到 1976 年大搞那个使全国（除林彪，江青反革命集团及其走狗之外）千家万户，血泪斑斑的大破坏和大迫害，我国社会主义经济的发展，不知道要高出现在多少倍。我相信我们的国家在经济上是能够在一定程度上起飞的。

十亿人口的社会主义大国，如果不急起直追，发展国民经济，发展现代化的科学技术，大力培养各方面掌握现代化科学文化的人才，那不但对不起一百多年来为祖国的独立与兴盛而献出生命的先烈，而且也对不起我们的子孙后代。因为因循守旧、保守落后，是没法实现我国的社会主义现代化建设的。

党的十一届三中全会把全党工作重点转移到经济建设的决定，是历史性的伟大转折点。它是解救中国社会生产力和科学文化落后的决定，是按照马克思主义基本原理同中国实际结合的决定，是保证我国实现社会主义现代化建设的决定。六年以来，国民经济蒸蒸日上，全国人民心花怒放，这绝不是偶然的！

二

为了实现我国的社会主义现代化，必须对经济体制进行改革。十一届三中全会以后，改革主要在农村进行。农村改革否定了"一大二公，政社合一"的错误做法，否定了以平均主义为内容的"大概工分"的分配制度，否定了在田地上大呼隆的劳动方式，否定了社队的不断无偿平调，使社员生活日益困难的刮"共产风"。就是说，否定了那种违反生产关系一定要适应生产力发展水平的客观经济规律。农村改革取消了社队的兼管政权，建立了联产承包的责任制（从包产到户，包干到户到发展专业户）。六年来农村经济的发展，它的速度，它的成就，是出人意料之外的。"万元户"，"超万元户"到处出现。不但多种经营欣欣向荣，粮食生产也大量增长，多年来进口粮食的国家今年一变而成为出口粮食的国家，使许多国外朋友震惊起来，这难道不是事实吗？

由于体制改革，农村经济迅速地发展了，当然，它还有不少问题，需要我们去完善，还有一些问题需要我们去解决。但是，农村经济发展的势头，要求城市经济体制也必须相应改革，那是洞若观火的。农村经济的迅速发展，必然要求城市改革它的流通过程，必然要求城市改革它的商业体制，必然要求城市改革它的金融体制，必然要求城市工业取消过去那种以生产低档品、大路货为光荣的保守落后的做法，必然要求城市工业改变生产方针，提供更多的新式商品，提供更多的高质量商品。一句话，要求城市工业在生产经营上，在生产方针上，必须来一个改革。我们当然不能说现在也是"农村包围城市"，但是，我国农村经济的发展，对于城市经济改革，是一种强烈的推动力，那是无可置疑的。党中央对于城市工业的改革，是早有准备的。而农业生产在短期内蓬勃发展起来，显示我国社会主义农村的强大活力，使党中央更有决心对城市经济进行体制改革。这就是说，对城市经济的改革，决不是心血来潮，而是在农村经济改革取得巨大成绩和经验的基础上进行的。

根据同志们提出来的问题，我将在下面就这些问题，谈谈自己的不成熟的意见。

三

中华人民共和国的诞生，结束了一百多年来半封建、半殖民地的灾难深重的历史，建立了社会主义制度，并在党的领导下，全国人民经过艰苦奋斗，建立了独立的比较完整的工业体系和国民经济体系，取得了旧中国根本不可能取得的巨大成就。35年来所发生的深刻变化，已经初步显示出社会主义制度的优越性。

但是，我国的社会主义优越性还没有得到应有的发挥。在这里，除了历史的、政治的、思想的原因之外，还有一个重要的原因，那就是在经济体制上形成了一种同社会生产力发展不相适应的僵化的模式。《决定》指出："这种模式的主要弊端是：政企职责不分，条块分割，国家对企业统得过多过死，忽视商品生产、价值规律和市场的作用，分配中的平均主义严重。这就造成企业缺乏应有的自主权，企业吃国家的'大锅饭'，职工吃企业的'大锅饭'的局面。"这种经济体制同社会生产力的发展显然是不相适应的，是不是说社会主义的生产关系同社会生产力的发展，发生了矛盾呢？社会主义生产关系已经成为我国社会生产力发展的障碍呢？我认为生产关系是不能同经济体制混为一谈的。我国多年来的经济体制是社会主义生产关系在生产、流通和分配上的具体形式，而不是这个以消灭剥削制度和建立生产资料公有制的社会主义生产关系的本身。社会主义生产关系的内容是什么？马克思和恩格斯在他们的著作中，明确的指出的是：消灭生产资料的资本主义所有制，建立生产资料的社会主义公有制，取消人对人剥削，实现多劳多得，少劳少得的按劳分配原则。至于政府与国营企业的关系、企业和职工的关系，等等，他们还没有具体指出。我们怎能要求马克思在一百多年前，具体地安排这个问题呢？党这次三中全会的决定，就是在体制上明确了马克思、恩格斯已经指出而被左倾错误所歪曲了的问题，明确了马克思、恩格斯虽已指出，但没有说得十分明显的问题；就是解决那些马克思、恩格斯没有条件考虑到，而我们在实践中发觉了的问题。这难道不是在发展马克思的政治经济学吗？

（一）马克思和恩格斯指出，作为国家政权的无产阶级必须没收资产阶级的财产为国家所有。但是他们没有指出这些国家所有的企业必须由国家机构自己直接经营。过去若干年，我们把生产资料的全民所有制，同国家机构直接经营企业混为一谈。就是说，既然企业是属于代表全民的国家所有，那么，企业就必须由国家机构直接经营。对于极少数具有关键性的国营企业，由国家机构直接经营是可能的，甚至是必要的。但是，如果把一百多万个国营企业都由国家经营，那就没法不使国家对企业管得太多太死，没法不使我们在经济上，出现列宁所说的"官僚主义的空想"。资本主义的历史已经证明，资本家所有权同资本家对企业经营权是可以分开的。这种分开，并不改变企业的资本属性，并不影响资本家对工人的剩余价值的剥削，资本家的股份有限公司，就是一个例子。在社会主义国家，根据马克思主义的理论和社会主义的实践，生产资料的社会主义所有权同国营企业的经营权也是可以适当分开的。所有权同经营权的适当分开，使国营企业成为自主经营、自负盈亏的独立的经济实体，使企业成为具有一定权利和义务的法人，使企业的负责人必须兢兢业业搞好自己的企业，而不依靠国家的大锅饭过日子。这么一来，国营企业不是在不断地搞好业务，提高经济效益中发挥其生机和活力么？

（二）在解放初期，为了实现全国财经统一，为了改造资本主义工商业，为了开展有计划的大规模经济建设，逐步建立起全国集中统一的经济体制是必要的。但是，随着社会主义改造的基本完成和我国经济发展规模的越来越大，原来的那一套体制某些统得过死的病就逐渐显露出来。加上长期把全民所有权同国家机构直接经营企业混为一谈，这么一来，集中统一的经济体制，就更加严重了。高度集中统一和国家机构直接经营企业，使国营企业实行统收统支，共负盈亏，就成为必然的结论。这么一来，盈利的企业每年上交利润，亏本的企业每年要由国家补贴（即上交"亏损"）。这就是亏本企业吃盈利企业的利润，也就企业吃国家的大锅饭，既然亏本企业能吃国家的大锅饭，那么，它何必积极去改善生产经营，何必去讲求经济效益呢？吃大锅饭使社会主义的国营企业失去生机和活力，这还有什么疑义吗？

由此可见，改变国营企业一定要由国家机构直接经营和在经济上集中统一过多的局面，是建立具有中国特色、充满着生机和活力的社会主义经济体制的重大历史任务。有的同志问，什么是中国式社会主义的特征？我认为，中国式社会主义是以生产资料的社会主义公有制作为基础并以人口众多、技术不发达为条件的。因此，在一方面要建设现代化的技术密集型的大中型工业企业作为骨干，发展能源与交通，也要以现代化的技术密集型作为特点。但在同时，为了搞活经济，必须发展劳动密集型的工业企业（特别是手工业）和"第三产业"各种企业，并容许个体经济在社会主义商品经济中发挥其补充作用。无论技术密集型或劳动密集型，全国一百多万个企业如果都不吃国家的大锅饭，而奋发图强，提高产品质量和经济效益，那么，我国的社会主义国民经济，不是蒸蒸日上吗？让千千万万的国营企业充分发挥活力，在发展生产提高经济效益中，使我国的社会主义国民经济日新月异地发展起来，这难道不是我国社会主义经济体制所要求的吗？这难道不是同过去那种在经济上统得过多、过死、企业死气沉沉的、市场半死不活的体制，有着明显的差别吗？

（三）为什么要大力发展社会主义商品生产？多年来我们对于计划经济、商品经济和价值规律总是用形而上学的态度去对待的。总是把计划经济同商品经济对立起来，割裂起来，认为在商品经济的基础上，不能实行计划经济；同时，总是把价值规律同计划经济对立起来、割裂开来，认为价值规律是无政府状态的商品——资本主义的规律。你死我活，要搞计划经济就必须否定价值规律。根据马克思主义的理论和社会主义的实践，上面的看法，都是违背事实的形而上学。马克思的确没有提出把商品经济作为社会主义计划经济的基础，因为他把当时商品经济极为发达的英国作为研究对象，从而，认为发达的资本主义国家，在实行社会主义的时候，可以废除商品。时代和实践的限制，使马克思和恩格斯提出这种看法，那是不足为怪的。但是，到列宁，他就明确地认为无产阶级在取得国家政权并在实现社会主义的时候，不能马上废除商品和货币。左倾思想在大跃进的时候，就提出要废除商品。这完全是一种主观主义的空想。我国在解放前是自然经济占优势的半封建、半殖民地国家。在这里，自然经济意味着什么呢？它意味着生产力的低下，意味着农民只能生产自己生活所需要的一点东西。只有一点多余的东西，才作为商品去交换。在这种情况下，商品交换是很可怜的。商品交换不发展正是生产力没有发展的证明。资本主义的产生是以商品经济的高度发展作为条件。但是，我们却不能把商品经济同资本主义完全混为一谈，在人类历史上商品交换在五千年（甚至七千年）以前就存在；而资本主义的出现，却在五六百年前。怎能把商品经济同资本主义混为一谈呢？怎能说，有商品经济就有资本主义呢？难道商品经济同资本主义是两位一体不可分割的吗？左倾思想硬把农民的商品生产，说成是资本主义自发势力，这是站不住的。我国现在如果不发展商品生产，那就是意味着我们要保持自然经济，意味着我们有意在压制生产力。我国社会主义现代化建设，是不能在停滞的生产力的条件下得到发展的；是不能在自然经济的条件下得到发展的。那么，代表着生产力发展的商品经济，有什么可怕呢？难道商品经济不能为社会主义服务吗？难道商品经济不能作为发展社会主义的经济形式吗？

在生产资料公有制基础上的商品生产，甚至在个体经济基础上的商品生产，同资本主义的商品生产，都是不相同的，因为它们都不存在着剩余价值的剥削。但若从商品生产的盲目性来说，资本主义同个体经济，都是相同的，都是在进行无政府状态的生产的。这一点，有计划的商品经济，虽然不能完全排除盲目性，但是，在国家的有计划引导之下，在工商行政部门的管理辅导之下，有计划的商品经济，在盲目性上，是会及时受到限制的。为了发展我国的生产力，为了搞活我国的社会主义经济，如果不发展商品经济，那是不可思议的。如果因为商品经济会带来一些盲目性而否定商品经济，那也是不可思议的。

（四）党中央这次三中全会的决定，辩证地把计划经济、商品生产和价值规律三者结合起来。关于计划经济与商品经济的关系，已经在上面说了，现在必须说明价值规律在社会主义时期存在及其重大作用的必然性。在过去，我们是把价值规律作为社会主义经济的对立物去看待的。这种看法，不仅违背了客观实际，而且也违反了马克思的教导，马克思在分析社会分工的时候说道："商品的价值规律决定社会在它所支配的全部劳动时间中能够用多少时间去生产每一种特殊商品。"[①] 这就是说，价值规律要求社会（国家）把它所支配的全部劳动力和生产资料，根据客观要求，在各个生产部门之间按比例进行分配。价值规律的这个要求，正是斯大林所提出的"国民经济有计划按比例发展规律的要求"。因此，可以这样说，这两个规律的要求是一致的。但是在它们之间，差异是存在的。它们的差异是，价值规律对于不符合客观的比例要求的商品生产，无言地在事后发生价格背离价值的反抗作用；

---

① 《马克思恩格斯全集》第23卷，人民出版社1972年版，第394页。

某种商品价格暴涨、某种商品价格暴跌以至卖不出去，大量积压的现象；而前者则重在事前的安排。如果安排不合于客观要求的比例，那么，价值规律就会从反面出来抗议。因此，自觉地运用价值规律，就成为国家计划工作的一个重要环节了。

在社会主义社会里，价值规律的作用，是不能被忽视的，不仅不能忽视它的"决定社会在分配它所支配的全部劳动时间中，能够用多少时间去生产每一种特殊商品"，不仅不能忽视它的关于各个生产者、各个生产企业，在生产商品时只使用必要劳动时间，如果超过社会必要劳动时间，那么，这一部分时间便不能形成价值。不仅不能忽视各种商品在市场上的等价交换，而且不能忽视它在生产资料公有制的基础上，对于各个生产者在扣除社会基金之后对消费品的按劳分配。这种在扣除社会基金之后的按劳分配，实质上是等价物的交换，是价值规律的要求。在社会主义社会里，价值规律并没有失去其存在的余地，而且在生产、流通和分配三个过程中，继续在发挥其作用。

这次三中全会关于经济体制改革的决定，明确地指出："改革计划体制，首先要突破把计划经济同商品经济对立起来的传统观念，明确认识社会主义计划经济必须自觉依据和运用价值规律，是在公有制基础上的有计划的商品经济。"这是我国社会主义建设实践的结晶，它不仅是以马克思主义政治经济学的基本原理作为基础，而且是对于马克思经济理论的发展。

（五）谈到计划经济，必须根据国家实际情况，实事求是地只把少数几种关键性的商品生产纳入指令性计划。与指令性计划并存的指导性计划，都是有计划的商品经济的具体形式。是不是可以这样说，指令性计划是国家的计划机构运用价值规律对于一小部分关键性商品生产的直接的自觉安排；指导性计划是市场供求（价值规律的调节）同国家运用经济杠杆的结合。这就是说，无论指令性计划和指导性计划，都不能离开价值规律的要求。至于自由市场，那是价值规律在直接发生调节作用。在这里，国家当然不是无所作为的。国家通过工商行政机关和司法机关，取缔那些任意抬价杀价、偷工减料、以次充好和破坏市场秩序等损害消费者利益的违法行为。

文件强调市场调节，但是对计划经济的经验和措施，说得很明确。所谓"我们的国民经济计划就总体来说只能是粗线条的和有弹性的，只能是通过计划的综合平衡和经济手段的调节"。在这里，经济计划是对整个国民经济而言的。计划经济是把指令性计划和指导性计划的结合，而不是孤立地把指令性计划突出起来。有的同志，过去对于计划经济为主，理解为把大部分的商品生产（从重工业到轻工业），都纳入指令性计划，这是不正确的。现在不提计划经济为主，可能是针对着"官僚主义的空想"而言的。但是，我们千万不能因此就认为计划经济在我国将不复存在。

（六）有的同志问："怎样理解价格体系的改革是整个经济体制改革成败的关键？"经济体制改革的目的，是在于搞活我国的社会主义国民经济，是在于发展工农业生产，是在于使我国的工农业生产，以较快的速度，实现现代化，是在于增加全国人民的收入和改善人民的生活。这也就是说，经济体制的改革是在于使我国的价格体系合理化。价格体系合理化就会保证职工的收入，保证他们所得的提高了的工资，具有实在的购买力，而不至于成为"镜花水月"。价格体系的改革几乎牵涉到许多方面的问题。但是，物质财富的生产如果不增加，商品生产的经济效益如果不提高，价格体系就很难实现合理化。有些同志看见日本、美国等国的高工资、高消费，也要在我国今日实现高工资和高消费。但是，要做到这一点，必须以发展工农业的商品生产作为条件。如果离开商品生产的发展，如果离开商品的好质量、好式样，更新换代，具有打开国内外市场的力量，那么，高工资、高消费的希望是会落空的。经济体制的改革，必须把价格体系不合理的地方加以改革，但同时，必须以调动职工的生产积极性，大量增产具有使用价值的商品作为条件。一句话，高消费、高工资，必须以高生产作为基础。

取消企业吃国家的大锅饭，会为取消工人吃企业的大锅饭提供条件，因为企业实行自负盈亏，职工也必然要实行生产责任制，定额承包，保证产品质量，使职工劳动所得同劳动成果相联系，体现多劳多得、少劳少得的按劳分配社会主义原则。

（七）我国不少工业企业的产品，质量很坏，经济效益很低。这都是吃大锅饭造成的。有大锅饭可吃，自然谈不到竞争。没有竞争，国营企业的生产经营，就会变成一潭死水。对国营企业来说，是一种压力，也是一种动力。竞争迫使许多工业企业，动脑筋、想办法，从引进先进技术到改进引进技术。这么一来，我国的社会主义生产，就能在现代化中不断进步。

从比质量，比价格来说，社会主义企业同资本主义企业是相同的。但是，从榨取剩余价值，追逐高额利润，使某个资本财团发大财这一点来说，那是不相同的，在竞争中失败的社会主义企业，它的负责人要在法律上负责任，企业本身，必然要改组或关闭，如果不这样办，我国的社会主义现代化建设就会落空。

（八）有同志提出，"为什么利用外资吸引外商来我国举办合资经营企业、合作经营企业和独资企业，也是对我国社会主义经济必要的有益补充？"答案很简单，第一是我国自己的商品（特别是高档新式商品），不但满足不了国内日益增长的人民需要，而且存在着丧失了使用价值的废品、次品和积压问题。第二是外资企业的技术和管理较好，它有助于推动我国老企业的改造，有助于推动我国企业在经营管理方面的改善。引进外资，对于我国工业企业，必然会引起剧烈的竞争。我国社会主义经济特别是以生产资料的全民所有制的国营经济，较之 30 年以前，不知强大了多少倍。中外合资企业和外资、独资企业的经济活动在国家的利用之下，只能发生辅助作用，而不能动摇我国社会主义经济，这是无可置疑的。

四

有必要提一下，社会主义生产的目的是什么？

当左倾错误占据统治地位的时候，农民的生产稍为搞好一点，就要背上"资本主义自发势力"的罪名。在十年浩劫中，"四人帮"则直截了当，胡说什么"穷则革命，富则修正"。这不是明目张胆地要全国人民永远着啼饥号寒的日子吗？

难道社会主义革命的目的是为了"穷"么？难道社会主义是为了大家都过着饥寒交迫的日子么？如果这样，那我们将来怎样进入物质极大丰富、人们可以各取所需的共产主义社会呢？如果这样，千千万万的志士何必抛头颅、洒热血、争取中国人民的解放、争取在中国建立一个人不剥削人的社会主义社会呢？军阀、地主、贪官污吏和 20 多年的国民党反动统治，已经把中国陷入火坑，已经使几亿人民过着贫困饥饿、衣不蔽体的生活了，那又何必起来革命呢？所谓"穷则革，富则修"，是反马克思主义的说法，是坑害中国人民的干法。

社会主义的目的就是要使全国人民走共同富裕的道路，社会主义就是要使人民富起来，就是要使国家富起来。

在共同富裕的道路上，由于各人的体力和智力不同，由于各人所掌握的科学技术水平不同，由于各人对于工作的努力不同，或者由于所处的生态环境不同，全体社会成员的富裕当然有先有后，有快有慢，那种认为全体社会成员在同一天中同时富裕起来，是一种脱离实际的乌托邦想法。如果认为富裕有先后就是两极分化，那就会发生悲惨的效果。"四人帮"对两极分化是怎样去处理呢？那就是砍平，那就是用砍的办法使富裕向贫困看齐，那就是对马克思主义的开倒车。因此，鼓励一部分人先富起来的政策，是符合社会主义发展规律的，是符合马克思主义的基本理论的，是整个社会走向富裕的必由之路。

（1984 年 12 月 10 日，在中共汕头市委召开的学习报告会上的讲话，发表在《汕头日报》1984 年 12 月 13 日第 1、2、4 版）

有关运用价值规律的几个问题

"四人帮"为了反对社会主义，公然把我们在社会主义计划经济基础上运用价值规律来促进生产，诬蔑为搞资本主义。"四人帮"的摧残、压迫，使价值规律问题的研究，成为谈虎色变的禁区。现在是打破这个禁区的时候了。

要使广大的经济工作者，能够自觉地运用价值规律，并不是一个简单的问题。"四人帮"的流毒，使一些同志怀疑自觉地运用价值规律为社会主义服务的正确提法；使一些同志不知道怎样运用价值规律来为社会主义服务；使一些同志对商品的价值和使用价值的相互关系的认识上，发生了混乱；而对于价值规律和国民经济有计划按比例发展规律之间的相互关系，在认识上更加混乱。为了澄清这些混乱思想，有必要对这些问题作进一步的研究。

一

为什么要强调自觉地运用价值规律？因为这个经济规律在社会主义制度下是客观地存在着的，我们不能违反它，而必须自觉地加以利用，使它为社会主义生产和社会主义流通服务。

要运用价值规律为社会主义服务，就必须认识这个规律的要求，根据马克思主义，可以归纳为两点：一是商品的价值决定于生产它的社会必要劳动量，以一个商品来说，不管某一个生产者在生产这个商品时所支出的劳动时间有多少，它的价值（价值量）只能由当时生产同种商品的社会必要劳动时间来决定。以一个生产部门来说，价值规律要求它所生产的某一类商品，在劳动量的支出上必须同社会总劳动量（或总劳动时间）应分配给它为生产这类产品所应得的劳动量（或劳动时间）相适应，因为在各个生产部门之间，在社会总劳动量的分配上，是客观地存在着一定的比例关系的。另一点是商品对商品的交换必须以等价为原则。在社会主义制度下，价值规律是不是客观地存在着呢？这在认识上并不一致。有的人，否定了价值规律在社会主义社会里的存在，从而，否定了物价工作有自觉地运用这个规律的问题。他们这种认识，是同伟大领袖毛主席的教导完全对立的。毛主席曾指示我们：算账才能实行那个客观存在的价值法则，这个法则是一个伟大的学校。只有利用它才有可能教会我们的几千万干部和几万万人民，才有可能建设我们的社会主义和共产主义。否则，一切都不可能。

马克思在分析商品生产的时候明确地指出了价值规律的客观存在。马克思还说道："在资本主义生产方式消灭以后，但社会生产依然存在的情况下，价值决定仍会在下述意义上起支配作用：劳动时间的调节和社会劳动在各类不同生产之间的分配，最后，与此有关的簿记，将比以前任何时候都更重要。"① 在我们的社会主义社会里，由于还实行着商品制度，马克思所说的劳动时间的调节和社会劳动在各类不同生产间的分配，就有必要借助于价值

---

① 《马克思恩格斯全集》第 25 卷，人民出版社 1974 年版，第 963 页。

形式来进行。不仅如此，所谓"劳动时间的调节和社会劳动在各类不同生产间的分配，"在社会主义制度下，还包含有如下一个意义，这就是一个商品以至一类商品的价值量，也必然要决定于"社会必要劳动时间"，或"社会必要劳动量"。

但是，在社会主义社会里，一个采取商品形态的使用价值的价值量，并不同资本主义和小商品生产社会一样，盲目地由市场的供求关系去规定其价格，而是由国家自觉地有计划地去安排其价格的。自觉地运用价值规律去安排我们的计划价格，显然是以客观存在的价值规律作为根据的。

价值规律同其他经济规律一样，抚之无形，听之无声。如果我们的计划价格符合于客观实际，反映了价值规律的要求（即社会必要劳动时间决定商品的价值），那么，它就没有什么表示，在表面上，好像它并不存在。反之，如果我们的计划价格不符合于客观实际，违反了价值规律的要求，那么，它就会通过群众的活动或者从反面表示它的态度。用马克思的话来说，那就是"在事后作为一种内在的、无声的自然必然性起着作用"[①]。收购农副产品的实践证明：收购价格如果不合理，或者说，同价值规律的要求差得太远，社员群众就会减少这些农副产品的生产，或者把他们拿到集市去出卖。由此可见，客观地在社会主义社会里存在的价值规律，是不能忽视的。只有自觉地运用它，才能做好我们的经济工作。

实践证明：自觉地运用价值规律去搞好企业的经济核算，有利于多快好省地实现我们的社会主义生产和社会主义建设。自觉地运用价值规律关于等价物交换等价物的要求，使我们能够正确地处理国营经济和集体农业之间的经济关系；能够正确地处理全

---

① 《马克思恩格斯全集》第23卷，人民出版社1972年版，第394页。

民所有制范围内各个具有相对独立性的国营企业之间在产品调拨上的比价关系；能够正确地处理国营商业在对广大消费者在购买消费品上的买卖关系；也能够正确地处理集体经济各个基本核算单位之间的经济关系。而所有这一切，都是实现四个现代化和高速发展国民经济所必要的。

二

要自觉地运用价值规律，第一件事是明确地认识这个规律，在社会主义社会里还是客观地存在的。为什么要强调这一点？因为这个规律的客观存在，还没有被许多同志所认识。如果不承认它的客观存在，那怎能谈得上对这个经济规律的自觉地运用呢？

其次，认识了价值规律的客观存在之后，还要自觉地运用价值规律关于商品价值量，决定于"社会必要劳动量"的要求。什么是社会必要劳动量或社会必要劳动时间呢？根据马克思的指示，那就是"在现有的社会正常的生产条件下，在社会平均的劳动熟练程度和劳动强度下制造某种使用价值所需要的劳动时间。"① 怎样具体地理解这种必要劳动时间呢？用一句普通话来说，那就是"正常生产、合理经营情况下的中等成本"加上计划利润。以这种"中等成本"加上计划利润作为依据而制订的价格，能够发挥价格对生产的促进作用，因为它能够使那些低于社会平均成本的技术先进和管理得好的企业，获得较高的利润；反之，那些高于社会平均成本的技术落后和管理得不好的企业，利润就低，甚至亏本。要改变这种低利润或亏本的情况，那些原来技术和管理都落后的企业，就必须改善管理水平、改善技术设备，搞好经济核算，提

---

① 《马克思恩格斯全集》第23卷，人民出版社1972年版，第52页。

高经济效果。这样做，对于增加国家的利润收入和积累，对于高速发展国民经济，是有利的。

再次，价值规律要求某一生产部门所生产的某一类商品，在劳动量的支出上，必须同社会总劳动量应分配给它为生产这类产品所应得的劳动量相适应。但是，在生产无政府状态的私有制社会里，特别是在资本主义社会里，价值规律的这个要求，是没法实现的，它"只是当作这个平衡不断破坏的反映来证实它自己"；它只能通过盲目的自发的调节作用，来证实它自己。我国已经实现了生产资料的社会主义公有制，社会用在一种产品上的社会劳动总量所占有的范围，同社会要求这种产品得到满足的需要的范围之间，已经确立了"一种必然的联系"，因而，我们能够在各个生产部门之间实现按比例的计划生产。只要我们的计划工作，反映了客观地存在于各部门之间的比例关系，那么，价值规律的盲目调节作用，就发挥不出来。无产阶级国家的国民经济计划越是正确地反映了客观地存在于各个生产部门之间的比例关系，越是正确地反映了国民经济有计划按比例发展规律的要求，则价值规律对于社会生产的那种自发的、盲目的调节作用，就越会受到限制。在这里，我们可以看出在国民经济有计划、按比例发展规律同价值规律之间，是存在着一种关系的。到底价值规律和国民经济有计划按比例发展规律之间存在着什么关系呢？我们将在后面再谈。

无产阶级国家对于国民经济的安排，主要是依靠生产计划来实现；但是，这并不否定我们把价值规律作为辅助手段来利用。毛主席教导我们说："我们是计划第一，价格第二。"计划第一，指的是国民经济各部门的生产安排，要以国民经济按比例发展规律作为根据；价格第二，指的是我们要做好物价工作，贯彻党的物价政策，并用此去保证计划的实现。这就要求我们在国家统一计划的指导下，自觉地运用价值规律，正确地处理各类商品的比例关系。各类商品之间的比例关系，在实质上，就是价值规律在流通过程中关于等价物同等价物的交换的要求的具体表现。马克思在分析简单价值形态的时候，用"20码麻布等于一件上衣"作为例子，就具有比价关系的意义。为什么不是十码麻布而是20码麻布，等于一件上衣呢？因为在价值量上，十码麻布只等于半件上衣。关于工农业产品的剪刀差问题，在理论上，也是一个比价问题，也是一个等价物对等价物交换的问题。

很明白，在社会主义制度里，某些商品的计划价格，同它们的实际价值（即由社会必要劳动时间所形成的价值量），并不是完全一致的。为了社会主义建设的需要，为了发展某种产品的需要，为了调整某些商品在供销平衡上的需要，无产阶级国家有必要通过计划，使某些商品的价格超过它们的实际价值；或者低于它们的实际价值。在这里，某些商品以至部分商品的计划价格，同它们的实际价值，显然是背离的，是不一致的。但是，这种不一致，并不否定社会在一定时期中，商品总量的计划价格，同它们的总量的实际价值的一致，或近于一致。这就是说，无产阶级国家的计划价格，在理论上，还是以马克思关于"价值决定"的科学论断作为基础的。

我们国家规定的价格，在原则上，是符合于价值的，或者近于价值的。这是价值规律在流通过程中的要求的反映，这是国家对于价值规律的自觉运用。但是，与此同时，国家还有必要考虑某些商品在全国范围内和较长时间内的供求状况，通过适当提高或降低某一种农产品的收购价格，来影响这种农产品的生产和收购的数量；或者通过适当提高或者降低某一种消费品的销售价格，来影响这一消费品的销售数量。同志们可能问：国家规定的价格，大体等于价值或者近于价值，是自觉地运用价值规律；而高于价值或低于价值的价格，即价格与价值互相背离，为什么是自觉地运用价值规律呢？这不是矛盾吗？我认为可以这样回答：国家规定的价格，大体等于价值或者近于价值，是自觉地运用价值规律关于价值决定于社会必要劳动量，和在流通过程中等价交换的要求。可以说，这是这个规律的关于价值决定的作用。而国家规定的价格，高于或低于价值，则是自觉地利用价值规律对于供求关系的反作用。马克思指出："需求按照和价格相反的方向变动，如果价格跌落，需求就增加，相反，价格提高，需求就减少。"[①]当然，价格的这种调整，是有条件的，必须考虑到某些商品在全国范围内和在较长时间内的供求状况，必须考虑到价格的调整对于国民经济各部门所发生的影响和作用。因此，把运用价值规律简单地理解为全面提价，是不正确的，因为正确地运用价值规律，不仅有提价的问题，而且有降价的问题。

自觉地运用价值规律的反面，是盲目地跟着价值规律的指挥棒而乱转。有些人，在口头上，不承认在社会主义制度下有价值规律的存在，而在行动上，却是盲目地跟着价值规律的指挥棒在乱转，甚至一心一意地为价值规律的盲目自发性服务。例如，有些生产单位，不是不顾国家的计划安排，专门为生产产值很高的产品而奋斗吗？有些工业管理机关，为了争产值，不是对所属企业下达一种既没有产品的品种（规格）指标，又没有产量指标的空头产值指标吗？从这些情况来看，大力宣传在社会主义制度下还客观地存在着价值规律，大力宣传自觉地运用价值规律为社会主义服务，是很必要的。

三

价格是价值的货币表现。商品不仅要有价值，而且要有使用

---

① 《马克思恩格斯全集》第25卷，人民出版社1974年版，第213页。

价值。商品是使用价值和价值的统一体。使用价值是价值的物质基础，没有使用价值，就没有价值。这是马克思主义政治经济学的一个基本原理。要做好物价工作，我们必须严肃地对待这个科学的基本原理。

资本家的商品，也是使用价值与价值的统一体；但是，资本家之提供使用价值，只是为了它的价值，为了实现包含在商品中的剩余价值。价值和剩余价值，是资本家追求的目的；而商品的使用价值则是实现价值和剩余价值的手段。在经济危机来临的时候，资本家经常毁灭大量使用价值，去保存价值，便是明证。反之，社会主义社会的生产目的，是为了物质财富，为了使用价值，而不是为了价值，在这里，商品的价值形式，只是作为一种便于核算的工具而已。社会主义制度（特别是生产资料的社会主义公有制）的性质，决定了它的生产的目的性。

但是，社会主义生产的这个目的性，并不为一些同志，特别是某些企业的负责人所记取。这些同志，在口头上是不反对社会主义生产应以物质财富（使用价值）的生产作为目的的；但是，在生产经营的实践中，他们却把价值作为追求的目标。归纳起来，至少有两种表现：其一是不考虑生产（和消费）的需要，大量生产不对路、不合规格而产值较高的产品；其二是无视产品的使用价值，经常产生次品和废品。

不对路的不合规格的产品，虽然它们本身的使用价值并不坏，而事实上，它们的使用价值，却被它们本身的不对路，而被打了折扣。如果从价值来说，那也是成为问题的，因为这种不对路的产品，不为社会所需要，从而为生产这些产品的劳动量，就不会被社会所承认，就不能形成价值。这是马克思主义政治经济学关于价值规律的又一个基本原理。马克思说道："如果某种商品的产量超过了当时社会的需要，社会劳动时间的一部分就浪费掉了，……这些商品必然要低于它们的市场价值出售，其中一部分甚至会根本卖不出去。"① 具有使用价值并且只包含生产它所必需的社会劳动量而超过社会需要的商品，尚且如此，何况不合规格、没有销路的商品呢？这难道不是白白地把社会劳动时间的一部分浪费掉了么？

出产次品和废品，不但浪费了社会的活劳动，而且浪费了社会的物化劳动（原材料和机器设备）；同时也使一部分运输部门的劳动，成为无用劳动。消费品的质量好坏，直接影响到职工个人生活。职工用他们的工资去购买消费品，如果是丧失了使用价值的废品或降低了使用价值的次品，这在实质上，是把他们从按劳分配而得的一部分工资白白地报销了。生产资料质量的好坏，直接影响到社会主义生产和社会主义建设。马克思不止一次指出，原材料质量不好，会使商品的生产，超过社会必要劳动时间。实践证明，生产资料的质量如果不好，不但会浪费国营或集体的生产单位的资金，而且会影响生产，会带来危害，会出现事故。经常或大量出产废品或次品，会破坏国民经济各部门的产品的比例关系；会阻碍国民经济的高速度发展，也会严重地影响四个现代化的实现。

由此可见，我们是不能离开使用价值来谈价值的。有些企业的负责人，对于其所生产的废品、次品，几乎若无其事。他们说："质量虽然不好，不愁没人要"。这难道不是证明他们是离开使用价值而谈价值吗？离开使用价值而谈价值，在实质上是一种资产阶级思想。

为了多快好省地进行社会主义生产和社会主义建设，我们既反对那种"不惜工本"，浪费活劳动和物化劳动的做法；同时，也

---

① 《马克思恩格斯全集》第 25 卷，人民出版社 1974 年版，第 209 页。

反对那种粗制、减料的做法。废品和次品是粗制、减料的结果。而粗制、减料就是在生产过程中，对于制造这种商品的必要的活劳动和物化劳动，打了折扣。制造这种商品的必要活劳动和必要物化劳动，既然打了折扣，那么，它们的价格，有什么理由要同那些支出了社会必要劳动量而质量优美的商品，等量齐观呢？"按质论价，优质优价"的政策，是有科学根据的。

四

要理解价值规律同国民经济有计划、按比例发展规律之间的关系，必须理解马克思如下一段话："人人都同样知道，要想得到和各种不同的需要量相适应的产品量，就要付出各种不同的和一定数量的社会总劳动量。这种按一定比例分配社会劳动的必要性，决不可能被社会生产的一定形式所取消，而可能改变的只是它的表现形式。这是不言而喻的。自然规律是根本不能取消的。在不同的历史条件下能够发生变化的，只是这些规律借以实现的形式。"① 这一段话，不仅为我们理解国民经济有计划发展规律提供了钥匙，也为我们理解价值规律同客观存在的比例关系的关系，提供了钥匙。

在资本主义社会里，各个生产部门之间的比例关系，也是客观地存在的，但在那里，生产是在无政府状态中进行，因而，那个客观地存在各生产部门间的比例关系，就没法得到实现。在这种情况下，价值规律就必然会自发地发挥它的盲目的强制作用。马克思说道："各不同生产领域之间确乎会不断企图保持平衡：一方面因为，固然每个商品生产者都必须生产一种使用价值，必须

---

① 《马克思恩格斯选集》第4卷，人民出版社1972年版，第368页。

满足一种特别社会需要，各种需要的范围又有数量上的差别，但其中仍然会有一个内部的连带，让各种不同的需要量连结成为一个体系，一个自然发生的体系；另一方面因为，商品的价值规律结局会决定，社会所可支配的总劳动时间有多少能用在每一种特殊商品的生产上。不过，各不同生产领域这种保持平衡的不断趋势，只是当作这个平衡不断破坏的反应来证实它自己。"① 在这里，要求我们倍加注意的是，"商品的价值规律结局会决定，社会所可支配的总劳动时间有多少能用在每一种特殊商品的生产上"这一句话。掌握了这一句话，问题就会迎刃而解。

在社会主义社会里，价值规律对于社会生产的盲目的调节作用，被国民经济有计划按比例发展规律所代替了。生产资料的社会主义公有制，在一方面，使社会用在一种产品上的社会劳动总量所占有的范围，另一方面，社会要求这种产品得到满足的需要的范围之间，确立了一种必然的联系。因为有了这个必然的联系，国民经济有计划、按比例发展规律才能发生作用。也就是说，只有在社会主义生产方式的条件下，客观地存在于各个生产部门之间的比例关系的必然性，才能表现为国民经济有计划、按比例发展规律。因为有了这个必然联系，无产阶级国家才能定出计划，把社会的总劳动时间，在各个不同的生产领域之间，按比例地进行分配。在这种情况之下，价值规律的自发的、盲目的调节作用，就被国民经济有计划、按比例发展规律所限制、所代替了。

实践证明：价值规律同国民经济有计划、按比例发展规律，在作用上，有矛盾的一面，也有一致的一面。价值规律起着自发的、盲目的调节作用，而国民经济有计划、按比例发展规律的作用，则是按比例的计划性。但是，这两个矛盾着的规律是存在着

---

① 《资本论》第 1 卷，人民出版社 1963 年版，第 378—379 页。

一致性的。这种一致性的根据就是马克思所说的，"社会所可支配的总劳动时间有多少能用在每一种特殊商品的生产上"，也就是说，社会总劳动时间，必须根据社会需要，按比例地分配在各个不同的生产领域之间。国民经济有计划发展规律是从正面反映了这个客观存在的比例要求；而价值规律则是从反面来表达这个客观存在的比例要求的。如果我们的计划安排，符合于国民经济按比例、有计划发展规律的要求，那么，价值规律的盲目的自发作用，就会受到限制，以至没法表现出来。反之，如果我们的计划安排，违背国民经济按比例、有计划发展规律的要求，那么，价值规律的盲目的自发的调节作用，就会"无言地"从反面发作起来。这种情况，表现了这两个规律的互相转化。这种互相转化，就是它们之间，存在着一致性的无可争辩的证明。

有的人，否认了价值规律和国民经济按比例、有计划发展规律之间的一致性。他们只看见两者之间的矛盾，从而，就一刀两断地把这两个规律分割开来。他们问道：如果在社会主义制度下，价值规律同国民经济有计划发展规律，还有一致性，那岂不是说我们的计划生产，要受到价值规律的指挥么？我认为客观地存在于这两个规律之间的一致性是没法否定的。承认这两个规律的一致性，并不是要求我们服从价值规律的盲目的自发作用；而是要求我们从实际出发，更好地安排国民经济各部门的比例关系。这样，我们就能够更有力地推动国民经济的高速度发展，更有力地限制价值规律的盲目的调节作用。

五

要认识客观地存在于社会主义社会的价值规律和其他经济规律，就必须向马恩列斯和毛主席的著作学习。我们的无产阶级革命导师，已经在他们的著作中，对于客观地存在于社会主义社会的经济规律，作了科学的说明。只有深刻地学习马列主义经典著作的有关论述，我们才能系统地对这些客观经济规律有所理解。

但是，要使我们对于客观经济规律的认识，能够成为有血有肉的东西，能够在我们的工作中发生深刻的作用，那只有向人民群众学习，向我国社会主义革命和社会主义建设的实践经验学习。实践是检验真理的唯一标准。如果离开了实践，对于客观经济规律的认识，那就只能停留在"纸上谈兵"的阶段上，只能保留在抽象的空虚的水平上。列宁很重视理论的作用，他教导我们，没有革命的理论，便没有革命的行动；但在同时，他辩证地指出了理论和实践的关系。他指出："理论在变为实践，理论由实践赋予活力，由实践来修正，由实践来检验。"[1] 对于客观经济规律的深刻认识，也何尝不是如此？只有经过正反两方面的经验的实践，我们才能深刻地全面地认识社会主义制度下价值规律及其他经济规律的客观存在及其作用。既然客观经济规律只有在人们违反它们的要求的时候，才从反面出来表示它的抗议，那么，对于它们的认识，只有在那种情况下，才能得到更深刻的印象。斯大林说道：一般说来所有的规律都是在被破坏时才令人感觉到，而破坏规律不能不遭殃。斯大林的话是正确的。如果离开了社会实践，我们对于价值规律及其他经济规律，就没法得到比较全面、比较深刻、比较准确的认识；对于它们的自觉运用，那就更加谈不到了。

只有通过学习和实践，我们才能全面地、准确地认识客观地存在于社会主义社会中的价值规律及其他经济规律，才能运用自如地利用它们为社会主义生产和社会主义建设服务。

（载《经济研究》1978 年第 8 期）

---

① 《列宁选集》第 3 卷，人民出版社 1972 年版，第 398 页。

《广义政治经济学》序言

政治经济学是历史的科学。因而，这一门科学，不仅要研究人类社会的某一个生产方式，而且要历史地研究人类社会所经历过的和必然要到来的各种生产方式。恩格斯在《反杜林论》中指出，"研究人类各种社会进行生产和交换并相应地进行产品分配的条件和形式的科学"[①]，就是广义政治经济学。

资产阶级的经济学者是不承认有广义政治经济学之存在的，因为他们把资本主义生产方式不仅看成是至善至美的"千年王国"，而且看成是统治天下的永恒制度。资本主义生产方式是千年王国，是永恒制度，那么，接替资本主义的新的生产方式，就没有存在之可言。从而，政治经济学也就不能成其为历史的科学；政治经济学的研究也只能以资本主义生产方式作为极限了。马克思主义经济学者是不能同意这种说法，是反对这种说法的。因为人类社会的发展用铁一般的事实，早就把大人先生们的这种唯心主义打得粉碎了。

1938年，我在汉口《新华日报》工作时，在读者们来信的刺

---

① 《马克思恩格斯选集》第3卷，人民出版社1972年版，第189页。

激之下，把主要注意力放在政治经济学的中国化上，而没有把政治经济学中国化同广义政治经济学的研究结合起来。到1942年我害了严重的肺结核病，党的南方局设法把我送到重庆郊外歌乐山休养。不久，周恩来同志因膀胱结石到歌乐山"中央医院"做手术。手术后，还在病房休养了好几天。我就利用这个机会，经常到病房去找恩来同志聊天，上天下地无所不谈，重点是治学问题。我向他汇报青年读者对于政治经济学中国化的急切愿望。他很关心地听着，并不时提出启发性的问题和指示。经过恩来同志的启发，我才逐步认识到：研究广义政治经济学，并写出广义政治经济学著作的本身，就是在解决政治经济学的中国化问题。考虑了几天之后，我就在一次谈话中向恩来同志提出，想要系统地从原始社会写起，再写到奴隶社会、封建社会、资本主义社会，一直写到以苏联作为模式的社会主义生产方式。中国在鸦片战争以前是封建社会；在鸦片战争以后就沦为半殖民地、半封建社会，旧中国的生产方式，就会在广义政治经济学的研究和著作过程中得到阐明。在我的汇报过程中，恩来同志不但不厌其烦地听着，而且有时点点头。最后对我说道：研究广义政治经济学并写出专著，是一项巨大的工程，一方面要占有丰富的中外材料，另方面更要深入地掌握马克思列宁的政治经济学原理。一年半载是完成不了这样著作的。这就要看你有没有这个决心，有没有这种锲而不舍的毅力了。本来是在闲谈，经恩来同志这么一说，空气就严肃起来了。恩来同志的这一场谈话，是对我的启发，对我的鼓励，又是对我的鞭策。40多年前的往事，直到现在还历历在目，时时在推动着我，在呼唤着我。

在抗日战争的重庆，党的南方局八路军驻渝办事处，党报《新华日报》和党刊《群众》的同志们，虽然不在火线上，但都在过着战斗的生活，哪里有时间坐下来，系统地研究一门科学呢？

我的研究广义政治经济学的愿望，只好暗暗地藏在心里。但是，意外地却给我一个机会。1945年日本帝国主义投降之后，陶行知和李公朴两先生在重庆创办"社会大学"，培养社会上的进步青年。他们两位通过董必武同志，要我到"社大"担任政治经济学的课程。我就利用这个机会，试用广义政治经济学体系讲课。公朴先生经常检查同学们的笔记，经常高兴地对我说，"你讲的课是同中国经济的实际结合的，这正是我们社大的要求和特点，希望你能把这门课讲完。"可惜的是，我并没有完成公朴先生对我的希望。1946年4月中旬，我离开重庆，跟着中共代表团的同志到南京和上海（马斯南路）参加工作。我在重庆"社大"的政治经济学只讲到封建生产方式。中国化的特点虽然有一点，但是，广义政治经济学的科学性并没有表达出来。重庆"社会大学"给我提供一个机会，对广义政治经济学的教课作一次尝试。宋代爱国诗人陆放翁说"尝试成功自古无"。"社大"的这一次尝试，却给我一点信心，尝试是有成功的可能的。没有尝试，当然谈不到成功。对于广义政治经济学这一著作，我不敢相信，能在我的手里写成，但是，总算是一个"突破"，是一个"开步走"。

　　1946年秋，蒋介石撕毁"政协决议"，大举向解放区进攻。在日本帝国主义投降之后，战火又在全国各地燃烧起来了。那时，我奉命到香港工作。埋藏在心里的广义政治经济学的研究和写作的念头，在我稍为空暇的时候，经常在促进着我。于是，我就在这种压力之下执起笔来了。从1947年夏到1949年南京解放的两年间，从原始公社写到帝国主义和殖民地、半殖民地经济，形成《广义政治经济学》第一卷和第二卷。人民解放军的捷报天天在报上出现，我怎能有安静的心情把这部书写下去呢？这一年4月下旬，我奉命同潘汉年和夏衍两同志离港到京，又赶到丹阳华东局报到，跟着部队进入上海。兴奋与紧张，占领了我的全身，忙于接管，忙于打击投机，忙于市场管理，忙于开展对工商界的统战工作。在这种情况下，把时间用在工作上，那是天经地义的。两年之后，才重新执笔，把新民主主义经济作为第三卷的对象。这一卷是失败了的，因为过渡期很短的新民主主义经济是不能作为一个独立的生产方式去对待的。

1952 年冬，我从上海调到中央统战部和中央工商行政管理局工作，忙碌的日子依然使我没法考虑《广义政治经济学》的问题。江青反革命集团被粉碎之后，好几位在大学授课的老同志，劝我修改这部书。由于整理我在"牛棚"中写出的《论社会主义的生产、流通与分配（读〈资本论〉笔记）》，挤不出时间，一直拖到 1982 年 3 月才着手从头重写，因为对第一和第二卷只作修修补补是解决不了问题的；至于第三卷要把社会主义生产方式作为对象来加以说明，对我来说，难度就更大了，·因为它正在调整和发展中。

我国社会主义制度在 1956 年对资本主义工商业改造高潮之后，就在全国范围内建立了。但是，急于求成的"左"倾指导思想，对于社会主义建设长期地进行干扰。十年动乱，江青反革命集团利用马克思主义的旗帜对马克思主义进行了无所不用其极的破坏，对祖国的社会主义国民经济也进行了无所不用其极的破坏。怎样正确地认识社会主义生产方式，怎样正确地认识社会主义生产和建设，就成为一个相当困难的问题。但是，困难是不能回避的。回避困难，并不能克服困难。

我就是抱着不回避困难的态度来写《广义政治经济学》第三卷的，方针还是马克思主义政治经济学的基本原理同中国社会主义经济建设的实际相结合。但是，历史的车轮是不停地前进的，许多新的经济问题在实践中经常出现。怎样去对待这些新出现的经济问题呢？全书的理论体系又怎样去设想呢？1984 年 8 月中旬我参加在墨西哥城召开的国际人口会议，只要有空，我就在"总统旅馆"的 42 层楼的房间里考虑这个问题。回国后不到两个月，我又参加中国社会科学院经济研究所在苏州召开的"社会主义政治经济学体系"讨论会。同志们的各种意见，给我以很好的启发。到这一年的秋冬之交，我就开始执笔，来偿还这一笔多年未偿还的债务了。快要进入 80 岁的我，杂务还是缠身。只好在杂务缠身中，向自己的生命争取时间，到今年 1 月下旬，终于把第三卷初稿 30 多万字写出来了。

我虽然在 1962 年冬，根据七千人大会的精神，写了《论我国的社会主义经济》，虽然在十年动乱的"牛棚"里，三次重读《资本论》，并把这三次笔记改写为《论社会主义的生产、流通与分配（读〈资本论〉笔记)》，虽然在墨西哥城的高楼里设想了社会主义政治经济学的体系，并在苏州的讨论会上重新修改这个理论体系的提纲，但是，对于这个新兴的、日在发展的社会主义生产方式的认识，把握还是不大的。我所提出的理论体系是不是站得住？我对一些问题的观点是不是符合马列主义？是不是适合我国社会主义现代化建设的现实？都是有待于同志们的批评的。

今年 1 月正是举国敬爱的周恩来同志逝世 10 周年！我用这部《广义政治经济学》来表示我对这位永垂不朽的巨人的由衷感谢！

1986 年 1 月 27 日于北京南沙沟宿舍

经 济 学

——《中国大百科全书·经济学卷》卷首

经济学（economics）是研究人类社会在各个发展阶段上的各种经济活动和各种相应的经济关系及其运行、发展的规律的科学。

经济活动是人们在一定的经济关系的前提下，进行生产、交换、分配、消费以及与之有密切关联的活动，在经济活动中，存在以较少耗费取得较大效益的问题。经济关系是人们在经济活动中结成的相互关系，在各种经济关系中，占主导地位的是生产关系。经济学是对人类各种经济活动和各种经济关系进行理论的、应用的、历史的以及有关方法的研究的各类学科的总称。经济学又可称为经济科学（economic sciences）。

经济学概述

词源及其演变

经济一词，在西方，源于希腊文 oikonomia，原意是家计管理。古希腊哲学家色诺芬的著作《经济论》中论述了以家庭为单位的奴隶制经济的管理，这和当时的经济发展状况是适应的。1615 年出现了以"政治经济学"（political economy）为名称的第一本书，即法国重商主义者 A.de 蒙克莱田（约 1575—1621）的《献给国王和王太后的政治经济学》。在整个重商主义时期，政治经济学的内容局限于流通领域，但也包括国家管理。到了重农主义和英国古典学派，政治经济学的研究重点转向生产领域和包括流通领域在内的再生产，从而接触到财富增长和经济发展的规律。古典政治经济学已经同政治思想、哲学思想逐渐分离，形成一个独立的学科，其论述范围包含了经济理论和经济政策的大部分领域。17—19 世纪末，政治经济学逐渐被用作研究经济活动和经济关系的理论科学的名称。马克思和恩格斯通常也都沿用这个名词。但是，他们不仅对政治经济学的内容进行了深刻的根本性的变革，而且在历史唯物主义的基础上，把政治经济学的研究贯穿于人类历史的各个发展阶段，从局限于资本主义生产方式，扩展为整个人类社会的各种生产方式。只研究资本主义生产方式发生和发展的政治经济学，称为狭义政治经济学；研究人类各种生产方式及其发生和发展的政治经济学，称为广义政治经济学。

19 世纪末期，随着资产阶级经济学研究对象的演变，更倾向于对经济现象的论证，而不注重国家政策的分析，有些经济学家改变了政治经济学这个名称。英国经济学家 W.S. 杰文斯在他的《政治经济学理论》1879 年第二版序言中，明确提出应当用"经济学"代替"政治经济学"，认为单一词比双合词更为简单明确；去掉"政治"一词，也更符合于学科研究的对象和主旨。1890 年 A. 马歇尔出版他的《经济学原理》，从书名上改变了长期使用的政治经济学这一学科名称。到 20 世纪，在西方国家，经济学这一名称就逐渐代替了政治经济学，既被用于理论经济学，也被用于应用经济学。

在中国古汉语中，早有"经济"一词，是"经邦"和"济民"、"经国"和"济世"，以及"经世济民"等词的综合和简化，含有"治国平天下"的意思。内容不仅包括国家如何理财、如何管理其他各种经济活动，而且包括国家如何处理政治、法律、教育、军事等方面的问题。包括在"经世济民"内的"经济"一词，很早就从中国传到日本。西方资产阶级经济学在19世纪传入中、日两国。日本的神田孝平（1830—1898）最先把economics译为"经济学"；中国的严复则译为"生计学"。到1903年以后，中国学者才逐渐采用"经济学"这个学科名称。30—40年代，有的经济学家在编写和翻译马克思主义经济学著作时，则称为"政治经济学"或"新经济学"。1949年中华人民共和国建立后，中国经济学界大多数把马克思主义的理论经济学称为"政治经济学"，而对政治经济学以外的理论经济学和应用经济学则使用"经济学"一词。80年代以后，经济学已逐渐成为各门类经济学科的总称，具有经济科学的含义。

研究对象

在阶级社会里，经济学是一门具有阶级性的科学。一般来说，持有不同阶级立场的经济学家，对同样的社会经济现象，往往持有不同的观点，研究时也有不同的目的和侧重点。对于经济学的研究对象，资产阶级经济学家和马克思主义经济学家之间，就有不同的定义。例如，对于作为整个经济学科的基础的理论经济学，在资产阶级经济学界比较流行的一个定义，认为它研究人们既定的目的与具有不同用途供选择的手段之间的关系，即认为人们要满足的欲望是众多的，而一定时期作为满足欲望手段的资源总是有限的，用于某个目的就不能用于其他目的，经济学就是要研究人们在以有限的资源满足众多的欲望时怎样作出合理的选择。在这里，人们之间的剥削关系，资本剥削劳动的本质，就被掩盖了。

当然，资产阶级经济学家对理论经济学的对象还有其他种种说法，但是它们具有一个共同特点，就是强调经济学是"超历史"、"超阶级"、"超政治"的，从而，它适用于任何社会和任何历史时期。这类定义的主旨，显然是要把资本主义经济制度说成是永恒的、普遍的。尽管在资产阶级经济学中，有时也揭露以至谴责资本主义制度的剥削性质及其矛盾，但其目的还是企图经过各种改良的、修修补补的办法，使它永存下去。

马克思主义的理论经济学，一般称为政治经济学。关于它的对象，在马克思主义经济学家中间，虽然也有一些不同看法，但多数认为它是研究人类社会各个发展阶段上的生产关系体系即在一定的生产资料所有制前提下包括生产、交换、分配、消费诸关系在内的经济关系及其发展规律的科学，在阶级社会里，政治经济学的任务是在于揭露各个阶级社会的阶级剥削。有的则认为它研究人类社会各个阶段上生产方式的发生、发展以及灭亡的规律，因此，它既要研究生产关系，也要研究与之相结合的社会生产力的性质、状况及其发展规律。事实上，就是主张政治经济学研究生产关系的经济学家，也不把生产关系作为孤立的研究对象，而是同社会生产力结合起来研究。同时，马克思主义经济学家认为，政治经济学既然是以人类社会各个发展阶段上的生产关系（或生产方式）作为研究对象，那么，它既是一门理论的科学，也是一门历史的科学。它不仅要研究资本主义生产关系（或生产方式），揭示资本主义发生、发展和必然为社会主义所代替的规律；而且要研究前资本主义生产关系（或生产方式），特别是要研究社会主义生产关系（或生产方式），揭示社会主义经济关系的性质及其运行的规律，以及社会主义生产关系（或生产方式）的发生、发展及其走向共产主义的必然性，为促进社会主义经济的发展服务。

至于以理论经济学为基础的应用经济学，它的研究对象是国民经济各个部门的经济活动（如农业、工业、商业等）、或涉及各个部门而带有一定综合性的专业经济活动（如经济计划、财政、货币、银行等）、或单个经济单位的经济活动（如企业的经营管理）及其相应的经济关系。应用经济学就是要研究这些经济活动和经济关系的特殊规律性。由于各种经济活动都是在一定的经济关系中进行的，在资本主义社会里有资本主义的应用经济学，在社会主义社会里有社会主义的应用经济学。由于所有应用经济学都以一定的理论经济学为基础，或多或少地要受到经济学家的阶级立场和观点的制约，这样，就有资产阶级的应用经济学和马克思主义的应用经济学的分野。但是由于资产阶级经济学主要研究在社会化大生产和商品经济支配下的经济活动，因而它们的某些分析内容和分析方法，撇开其资本主义剥削内容，也有可资吸取和借鉴的地方。

经济学作为多种经济学科的总称，除了理论经济学与应用经济学外，还包括其他许多门类和分支，它们也都各有自己的研究对象。

研究方法

经济学的方法，有两个层次的含义。一是指经济学的方法论基础，或哲学基础。就这个含义来说，资产阶级经济学和马克思主义经济学有着不同的方法论。一般来说，资产阶级经济学的方法论基础是反历史主义的、形而上学的、唯心主义或机械唯物主义的。当然，这并不排斥有些资产阶级经济学家或者资产阶级经济学的某些内容，由于尊重客观事实和经济现象的本质联系，也会不自觉地符合辩证唯物主义和历史唯物主义的方法论。马克思主义经济学的方法论基础是辩证唯物主义和历史唯物主义。这个方法论要求实事求是地、从矛盾的发展变化中、从事物的相互联系中研究各种经济活动和各种经济关系。同样，这也不排斥某些马克思主义经济学家或者某些马克思主义经济学著作，由于对实际情况调查研究的不深入或认识上的主观片面，有时也会在某些方面背离辩证唯物主义和历史唯物主义这一科学方法论。

研究方法的另一层次的含义，是指研究各种经济活动和各种经济关系及其规律性的具体方法，如抽象的方法，分析和综合的方法，归纳和演绎的方法，质的分析和量的分析等等。这些方法都是在人类认识客观事物的长期过程中形成的，在经济学研究中，都被广泛运用。只是不同阶级、不同学派的经济学，在运用这些方法时的指导思想，即方法论基础或哲学基础有着差别。同时，这些研究方法对于经济学的各门学科，也都具有普遍性。只是由于不同的经济学科在研究对象上有所差别，因而在运用这些研究方法时，也会有所侧重，有所不同。

经济学各门学科在研究方法上出现的一个新趋势，是大量运用现代数学方法和现代计算机技术进行经济数量关系的分析。这是由于现代经济发展日益错综复杂，在运行过程中出现的新情况、新问题需要运用这些新的方法进行精确的描述和解释。现代计算机技术的出现，使运用数学方法分析日趋复杂的经济数量关系和处理大量的经济统计数据成为可能。经济学各门学科依据本身的特点，适当运用现代数学和计算机技术的新方法和新成果，对于增强经济科学的精确性，具有重要的意义。

学科分类

随着资本主义商品经济的发展和社会分工的深化，人类经济活动的内容愈来愈复杂、丰富，专业化程度愈来愈细密；同时，各种经济活动之间、经济活动与其他社会活动之间相互依存、相互渗透的联系，也愈来愈紧密。适应这种情况，经济学的研究范围也愈来愈扩展。一方面，从带有高度概括性的理论经济学中不断分化出带有应用性的和独立的部门经济学、专业经济学等分支学科；另一方面，也出现了经济学科内部各个分支相互交叉的学科以及经济学科与其他社会科学以至自然科学学科之间彼此联结的边缘学科。与此同时，随着经济学研究的深化，对分析的精确性的要求愈来愈高，出现了研究经济数量的分析和计量方法的学科；为了总结历史经验，为理论研究和政策制定提供系统的历史依据，出现了各种经济史的学科；为了追溯和总结经济理论本身的发展演变，出现了经济思想史的学科。这样，就在社会科学中逐步形成了一个庞大的、门类分支繁多的经济学科体系。

关于现代经济学的学科分类，资本主义国家和社会主义国家根据各自经济发展的特点和经济学科的发展状况，各有自己的门类划分。综合两类国家的经济学科发展现状，大体上可以分为如下几个门类：

理论经济学　论述经济学的基本概念、基本原理，以及经济运行和发展的一般规律，为各个经济学科提供基础理论。

在资产阶级经济学界，理论经济学通常称为一般经济理论，它分为宏观经济学与微观经济学两个分支。宏观经济学以整个国民经济为视野，以经济活动总过程为对象，考察国民收入、物价水平等总量的决定和波动。其中经济增长理论和经济波动（经济周期）理论又是宏观经济学的两个独立分支。另外，与经济增长理论密切联系的发展经济学，研究发展中国家的经济发展问题，现在也已成为宏观经济学的一个分支。微观经济学研究市场经济中单个经济单位即生产者（厂商）、消费者（居民）的经济行为，包括供求价格平衡理论、消费者行为理论，在不同市场类型下厂商成本分析与产量、价格决定理论、生产要素收入决定即分配理论等。此外，福利经济学等也已成为理论经济学的独立分支。

马克思主义的理论经济学，即政治经济学，如前所述，是研究人类社会各个发展阶段的生产方式或生产关系的发生、发展和灭亡的规律的，包括前资本主义生产方式（原始公社、奴隶制度、封建制度），资本主义生产方式（垄断前资本主义和垄断资本主义）以及社会主义生产方式三个部分。马克思主义政治经济学是以生产关系作为研究对象的，但生产关系是不能与生产力脱节的，中国近年来一些经济学家为了重视发展生产力，认为应建立一门以社会生产力为研究对象的生产力经济学，但尚在研究探索之中。

经济史　研究人类社会各个历史时期不同国家或地区的经济活动和经济关系发展演变的具体过程及其特殊规律，为总结历史经验和预见未来社会经济发展趋势提供依据，也为研究各个历史时期形成的经济思想、学说、政策提供历史背景。经济史按地域范围划分，有国别经济史（如中国经济史、英国经济史等），地区经济史（如欧洲经济史、拉丁美洲经济史等），世界经济史（以世界为整体，研究世界经济的形成和发展）；按部门或专业来区分，有农业发展史、工业发展史、银行发展史等；按历史分期，有古代经济史、近代经济史、现代经济史之分。关于世界经济现状及其发展趋势的研究，实际上属于现代经济史范围（这部分内容见中国大百科全书出版社出版的《世界经济百科全书》）。经济史如同理论经济学一样，要受研究者的阶级立场、观点、方法的影响。

经济思想史　或称经济学说史。它研究各个历史时期出现的经济观点、经济思想、经济学说及其产生的经济政治背景、所起的影响、所占的历史地位，以及各个人物、各个学派之间的承袭、更替、对立的关系等。作为一门评价和分析各个时期各个阶级各个学派的经济思想、经济学说的学科，它显然也要受到研究者的阶级立场、观点和方法的制约。经济思想史一般包括作为经济学前史的古代经济思想的发展。资产阶级经济学的产生、发展、演变，以及马克思主义经济学的产生、发展等几个主要部分。按国别划分，这个学科也可分为中国经济思想史、英国经济思想史、美国经济思想史等。

经济数量的分析、计量方法　包括数理经济学、经济数学、经济统计学、经济计量学等学科。资产阶级经济学家出于维护资本主义制度的需要，比较注重各种经济现象之间数量关系的分析。自19世纪70年代起，就有一些经济学家应用数学推导经济理论，建立数量经济学。第二次世界大战后，数理经济学得到进一步发展，广泛应用现代数学方法建立了各种静态的、动态的、微观的、宏观的经济模型。与之相联系的一个分支是经济数学，它侧重阐述现代经济分析中运用的各种数学方法，这实际上属于应用数学范围。经济统计学是一门建立较早的学科，是统计方法在经济数值处理和分析中的应用。30年代初，一些经济学家进一步把经济理论、数学方法和统计方法三者结合起来，建立经济计量学，用以建立计量模型，估算参数，分析各种经济变量之间复杂的数量关系，验证经济理论，进行经济预测，规划有关政策。结合质的分析，适当运用数学方法和统计方法对各种经济活动和经济关系进行量的分析，可以增强各类经济学科的精确性，增强制定政策和计划的科学性。现在，这类有关经济数量分析、计量方法的学科在社会主义国家也已受到重视并有不同程度的发展。

应用经济学　主要指应用理论经济学的基本原理研究国民经济各个部门、各个专业领域的经济活动和经济关系的规律性，或对非经济活动领域进行经济效益、社会效益的分析而建立的各个经济学科。它大体上可分为如下几个分支：

（1）以国民经济个别部门的经济活动为研究对象的学科，如农业经济学、工业经济学、建筑经济学、运输经济学、商业经济学等等。

（2）以涉及国民经济各个部门而带有一定综合性的专业经济活动为研究对象的学科，如计划经济学、劳动经济学、财政学、货币学、银行学等等。

（3）以地区性经济活动为研究对象的学科，如城市经济学、农村经济学、区域经济学（经济地区规划、生产力布局）等等。

（4）以国际间的经济活动为研究对象的学科，如国际经济学及其分支：国际贸易学、国际金融学、国际投资学等等。

（5）以企业经营管理活动为研究对象的学科，如企业管理、企业财务、会计学、市场（销售）学等等。

（6）与非经济学科交叉联结的边缘经济学科，如与人口学相交叉的人口经济学；与教育学相交叉的教育经济学；与法学相交叉的经济法学；与医药卫生学相交叉的卫生经济学；与生态学相交叉的生态经济学或环境经济学；与社会学相交叉的社会经济学；与自然地理学相交叉的经济地理学、国土经济学、资源经济学；与技术学相交叉的技术经济学等等。这些边缘经济学科主要研究这些非经济领域发展变化的经济含义、经济效益、社会效益，从中找出它们的规律性。

应用经济学的分支学科，无论在资本主义国家还是在社会主义国家，都是适应社会经济发展的需要而不断扩展、不断充实的。应用经济学的发展，离不开社会经济实践，离不开理论经济学的指导，但它们的发展反过来又丰富了理论经济学的内容，起着指导实践的作用。

经济学在社会科学中的地位

社会科学是研究人类各种社会活动和各种社会关系的理论和历史的多种学科的总称。社会科学的研究对象，除了经济活动和经济关系之外，还有政治、法律、军事、教育、道德、语言、艺术、民族、宗教、家庭等方面的活动和关系。从马克思主义的观点来说，在所有的社会活动和社会关系中，具有决定性作用的是经济活动和经济关系。经济活动是其他一切活动的物质基础，经济关系也是其他一切社会关系的物质基础。因而，除了哲学之外，经济学，特别是作为理论经济学的政治经济学，就成为社会科学中的基础科学，成为人们认识社会、改造社会必先掌握的思想武器。

任何阶级或学派的经济学，都自觉或不自觉地以某种哲学作为自己的方法论基础或指导思想。如前所述马克思主义的经济学是以马克思主义哲学，即辩证唯物主义和历史唯物主义作为自己的方法论基础的。当然，经济学各个学科也为马克思主义哲学提供生动、具体的材料，对各种经济活动和经济关系之间辩证关系的研究，也能丰富后者的内容，推动后者的发展。

经济是社会的基础，政治、法律等是社会的上层建筑。一个社会的政治、法律等，归根结底都是由经济基础决定的，都是为维护自己的经济基础服务的。资产阶级的国家制度、法律等，是根据资本主义经济发展的要求而确定的，是以维护整个资产阶级的私有制财产和经济利益作为任务的。社会主义的国家制度和法律等，则是根据社会主义经济发展的要求而确定的，是以维护人民的整体利益，维护生产资料的社会主义公有制的主导地位和促进社会主义建设事业的发展作为任务的。这种经济基础与作为上层建筑的国家制度、法律等之间的作用与反作用，使研究人类社会的经济基础的经济学和研究国家制度、法律等的政治学、法学等紧密联系起来。经济学要联系国家制度、法律等上层建筑来研究各种经济活动和经济关系；政治学、法学等要联系所要维护的经济活动和经济关系来研究各种国家制度、各种法律等。这种相互联系、相互作用的关系，也同样适用于经济学与以其他的社会上层建筑作为研究对象的社会科学学科之间。

经济学与社会学、心理学等也有密切的联系。人们的经济活动与经济关系是决定一个社会结构的基础；而经济活动又以相互间结成一定经济关系的个人作为生产的基本成员，以家庭为消费和生活的基本单位，由此结成错综复杂的社会活动网络。人们的生产活动和消费行为都有一定的心理动机，并受行为习惯的影响。但是人们的心理状态和行为状态，也往往是以一定经济利益的考虑为基础的。

经济学前史——古代经济思想的发展

经济学作为一门独立的科学，是在资本主义产生和发展的过程中形成的。在资本主义以前的各个历史时期，有不少思想家对当时一些经济现象和经济问题发表见解，形成某种经济思想，但是没有形成系统，并常与他们的政治、法律、伦理、宗教等思想混杂在一起。因此，古代经济思想的发展，可以称为经济学前史。

在资本主义社会出现以前，在以历史和文明悠久著称的民族和国家中，以古中国和古希腊、古罗马及西欧中世纪保存的历史文献最为丰富。它们是两个独立发展的文化系统，在经济思想方面都有重要的贡献。

古希腊、古罗马及西欧中世纪的经济思想

古希腊在经济思想方面的主要贡献，有色诺芬的《经济论》，柏拉图的社会分工论和亚里士多德关于商品交换与货币的学说。色诺芬的《经济论》，论述奴隶主如何管理家庭农庄，如何使具有使用价值的财富得以增加。色诺芬十分重视农业，认为农业是希腊自由民的最好职业，这对古罗马的经济思想和以后法国重农学

派都有影响。柏拉图在《理想国》一书中从人性论、从国家组织原理，以及从使用价值的生产三个方面考察社会分工的必要性，认为分工是出于人性和经济生活所必需的一种自然现象。这个社会分工学说，纵然旨在为他设想的奴隶主理想国提供理论根据，但对当时的社会经济结构提出了一个理论分析。这种分析与中国古代管仲的"四民分业"论和孟轲的农耕与百业、劳心与劳力的"通功易事，以羡补不足"的理论，基本上是一致的。亚里士多德在《政治学》与《伦理学》两书中有关经济思想方面的贡献，不仅在于他指出了每种物品都有两种用途，一是供直接使用，一是供与其他物品相交换，而且说明了商品交换的历史发展和货币作为交换媒介的职能，指出货币对一切商品起着一种等同关系即等价关系的作用，从而成为最早分析商品价值形态和货币性质的学者。但是他对追求货币财富的商业资本和高利贷资本都从公正原则出发持否定态度。

古罗马的经济思想，部分见于几位著名思想家如大加图（公元前234—前149）、瓦罗（前116—前27）等人的著作中。他们论述奴隶制农庄的管理和农作物的种植技术，把农业放在社会经济的首位，赞赏自给自足的自然经济。但是古罗马对经济思想的贡献，主要是罗马法中关于财产、契约和自然法则的思想。古罗马早期有12铜表法，以后在帝国时期有市民法（适用于罗马公民的民事法律）和万民法（适用于帝国境内的各族人的法律）。在这些法律中，古罗马法学家对于财产权、契约关系以及与此相联系的买卖、借贷、债务等关系都有明确的解释，这些思想对于中世纪的"公平价格"概念和以后资本主义社会中关于一切经济行为都基因于私有财产权的经济思想，都有重大的影响。万民法所依据的普遍性原则和自然合理性，以后逐渐形成自然法则思想，成为资本主义初期的自然法、自然秩序思想的重要来源。

西欧中世纪虽然经历了千年之久，但封建制度从 11 世纪开始才真正建立起来。中世纪的学术思想为教会所垄断，形成所谓经院学派。经院学派主要用哲学形式为宗教的神学作论证，但也包含某些经济思想，用来论证某些经济关系或行为是否合法或是否公平。后来由于商品经济的发展和城市的兴起，教会不得不回答当时社会上出现的两个重要问题：一是贷款利息的正当性问题，一是交换价格的公正性问题。贷款取息与教义抵触，教会曾一再明令禁止。但后来迫于大量流行的贷款取息的现实，经院学派不得不采取调和态度。如 13 世纪的神学家托马斯·阿奎那，原则是反对贷款取息，但认为在贷者因出贷蒙受损失，或借主逾期未还，或以入伙方式贷款等情况下，可以收取利息。关于公平价格的概念，在古罗马法学家著作中提出过。在中世纪神学家中较早论述公平价格的是大阿尔伯特（约 1200—1280），他认为公平价格是和成本相等的价格，市场价格不能长期低于成本。托马斯·阿奎那基本上接受这个看法，但加上了许多主观因素。对这两个问题，在中世纪并未形成有说服力的观点，但为以后的经济学家提出了研究的课题。

中国古代的经济思想

在秦统一中国和建立中央集权的封建专制帝国前的战国时期，在中国出现了一个学术思想空前繁荣的局面。诸子百家竞相著书立说，其中最著名的有道家、儒家、墨家和法家。他们的经济思想，对中国的封建经济思想以至中国封建经济本身的发展，起着深远的影响。由于中国封建社会的经济和政治制度有着自己的特点，因而反映这个制度要求的各家经济思想以及以后的演变，与西方古代的经济思想比较，除在重视农业生产、社会分工思想等方面有些共同之处而外，也有它自己的特点。具有中国特色的古代经济思想，主要如下：

"道法自然"的思想　这是道家的经济思想。道家所说的"道"不单指自然界的道，同时也指人类社会的道。道家从自然哲学出发，主张经济活动应顺从自然法则运行，主张清静无为和"小国寡民"，反对在当时日益发展的封建等级制度下儒家所提倡的礼制和法家所主张的刑政。这种经济思想在汉代司马迁的著作《史记·货殖列传》与《史记·平准书》中得到阐发。司马迁反对当时桑弘羊为了增加财政收入而主张封建官府垄断盐铁等重要工商业的经营，主张农工商各业应任其自然发展。道家这种经济思想后来传到西欧，对17—18世纪在西欧盛行的自然法和自然秩序思想有一定影响。

义利思想　即关于人们求利活动与道德规范之间相互关系的理论。"利"主要指物质利益，"义"是指人们行动应遵循的道德规范。义利关系是中国古代思想史上长期争辩的一个问题。儒家承认求利之心，人人皆有，因而不反对求利，但是他们把义放在首位，认为求利活动应受义的制约，主张重义轻利，先义后利。这就是说，要把合乎封建等级利益的规范，作为求利的前提。尽管当时（如法家）和以后也有重利轻义或义利结合的主张，但是儒家贵义贱利的理论，却占统治地位，成为中国封建社会长期束缚人们思想的僵化教条，妨碍了人们对求利、求富问题的探讨和论证，也在一定程度上影响了商品经济在中国的发展。

富国思想　中国古代思想家为使中央集权的封建制国家富强，提出了各种见解或政策。孔丘提出要"足食足兵"，孔门有若（前518—?）提出"百姓足，君孰与不足"，这是儒家早期的富国思想。以后商鞅在秦国变法，提出富国强兵和"重本抑末"政策，他是法家富国理论最早的提出者和实践者。商鞅和以后的韩非，认为农业是衣食之本，又是战士之源，发展农业生产是国家富强的惟一途径，因此，富国必须"重本"。同时，他们认为工商业是末业，易于牟利，如不加限制，就会使人人避农，危害农业生产，因而主张"禁末"。不仅如此，他们还主张"强国"就须"弱民"，即采取刑赏的手段，使生产者把除了生活和再生产所需之外的生产品，上交国君，私人不得保有多量财富。《管子》的富国思想，在"重本"一点上和商鞅、韩非相同，但对"末"有不同理解，认为要限制的只是"刻镂"、"文章"的工事。要把商、工与农、士同列为四民，四民同列，重点是在分工。此外，《管子》主张富国必须富民，认为"民必得其所欲，然后听上"。以后，荀况在儒学的基础上吸收各家的富国思想，著有《富国》专篇，提出了较为完整的富国理论。他"重本"，但也肯定工商各业在社会经济中起作用，只是说对商贾的数量要有所限制；并明确提出富国必须以富民为基础，主张"上下俱富"。富国之策，受到汉以后历代思想家的重视。到宋代，李觏著有《富国策》十篇。富国思想在中国的政治经济思想史上具有独特地位，这与中国长期是一个中央集权的封建专制主义国家这一特点有着密切关系。

赋税思想　对土地课征赋税是中国封建社会农产品的主要分配形式，是中国思想家经常论述的主要问题之一。自西周的"公田"制消亡后，对农业生产改为按所有田亩课征赋税。因此，中国古代的经书、史籍如《尚书》、《周礼》、《国语》等，常有关于田地分级和贡赋分等的论述。管仲相齐时，提出"相地而衰征"的赋税征收制度，即按土地好坏差别征以不同的税额，体现了使纳税者负担公平的原则。儒家在赋税问题上主张"薄税敛"，即减轻农民的赋税负担，但荀况不是像孔丘、孟轲那样主张恢复"藉田以力"的"公田"制来达到这个目的，而是追随管仲的思想，认为"相地而衰征"是"王者之法"，因而主张"等赋"，即按田地优劣制定赋税的等差。这些都表明中国古代思想家在公元前就有了朴素的级差地租观点。

平价思想　即关于稳定物价的思想。中国古代思想家很早就有这方面的论述。如《周礼》一书很注意对市场、物价进行管理的问题，提到当时官职中有司市、贾师掌握"平市"、"均市"、"成价"、"恒价"等事。战国时代，李悝、范蠡鉴于谷价大起大落对农民和工商业者都不利，提出国家在丰年购进粮食，在歉年出售粮食的"平籴"、"平粜"政策，使粮价只在一定范围内涨落。《管子》的《轻重》篇，则从货币流通量影响物价的角度，提出国家可利用收缩或投放货币的政策来平抑物价和积蓄重要物资，同时也可用来作为打击富商大贾囤积居奇操纵物价活动的手段。汉武帝时，桑弘羊实行的平准、均输政策，主要目的也在于平抑谷价。这一平价思想也被用于国家储备粮食的常平仓制度和救济贫民的义仓制度。

奢俭思想　古代王公贵族生活的奢侈或节俭，关系到财用的匮乏或富足，税敛的苛繁和薄简，因此，对待消费应提倡"俭"还是"奢"，这也是中国古代思想家经常论述的一个问题。一般来说，黜奢崇俭是中国封建时期占支配地位的经济思想。先秦儒家，把"礼"作为区别奢俭的标准，反对各个等级的人有超礼制标准的消费，超过即被指责为奢，其目的是维护消费方面的等级制。墨家和道家也都主张黜奢崇俭，只是区别奢俭的标准不同于儒家。墨家主张不分等级，以维持生命健康需要为消费标准；道家则以原始时代简陋的生活条件为理想。秦汉以后，黜奢崇俭成为对待消费问题的封建正统教条。但在中国漫长的封建社会里，也出现过一些相反的观点。如《管子》一书的《侈靡》篇，就论述过富有者衣食、宫室、墓葬等方面的侈靡性开支，可以使女工、木工、瓦工、农夫有工作可做，即有利于贫民得到就业和生活的门路，也可使商业活跃起来。这在当时确是一个颇不寻常的观点。它从经济活动各方面的相互联系来考察消费问题，提出了消费对生产的反作用的卓越见解。对这一思想，北宋范仲淹（989—1052）和明代陆楫都有所阐发。陆楫明确反对禁奢，认为扩大消费是增加贫民生计的重要途径；俭只能使一人一家免于贫，而奢则能"均天下而富之"。这种学说是封建社会中商品经济已有相当发展的反映。

除上述几种主要经济思想外，中国古代思想家还有其他方面的经济观点，如欲求思想、功利思想、理财思想、田制思想、富民思想、人口思想，以及地尽其利、民尽其力的思想等等。一般来说，中国古代的经济思想，大都是为维护中央集权的封建专制统治服务的，但也有些思想是为扩大商品生产与交换、发展社会生产力开辟道路而提出来的。

资产阶级经济学的发展和演变

随着资本主义生产方式的产生和发展，相应地出现和形成了资产阶级经济学。

19 世纪中叶前的资产阶级经济学

重商主义　16—17 世纪是西欧资本原始积累时期。这一时期商业资本的兴起和发展，促使封建自然经济瓦解，国内市场统一，并通过对殖民地的掠夺和对外贸易的扩张积累了大量资金，推动了工场手工业的发展，为资本主义生产方式的勃兴提供了条件，正是在这一时期产生了代表商业资本的利益和要求的重商主义思想。重商主义原指国家为获取货币财富而采取的政策。16 世纪末以后，在英、法两国出现了不少宣扬重商主义思想的著作。重商主义重视金银货币的积累，把金银看作是财富的惟一形式，认为对外贸易是财富的真正源泉，只有通过出超才能获取更多的金银财富。因此，主张在国家的支持下发展对外贸易，但是重商主义的研究只限于流通过程，还没有形成一套完整的经济理论体系。

古典经济学 17 世纪中叶以后，首先在英国，然后在法国，工场手工业逐渐发展成为工业生产的主要形式。重商主义已经不适应日益壮大的产业资本的利益和要求。这时，封建制度还严重阻碍着资本主义的发展，资产阶级面临的任务是对封建势力作斗争。这种斗争要求从理论上说明资本主义生产方式怎样使财富迅速增长，探讨财富生产和分配的规律，论证资本主义生产的优越性。由此，产生了由流通过程进入生产过程研究的古典经济学。古典经济学的先驱是英国的 W. 配第和法国的 P. 布阿吉尔贝尔。配第的主要贡献在于提出了劳动价值论的一些基本观点，并在此基础上初步考察了工资、地租、利息等范畴。布阿吉尔贝尔认为流通过程不创造财富，只有农业和畜牧业才是财富的源泉。

出现于 18 世纪 50—70 年代初的以 F. 魁奈和 A. - R. - J. 杜尔哥为主要代表的法国重农学派理论，是对资本主义生产的第一个系统理解。他们提出自然秩序的概念，用按资本主义方式经营的农业来概括资本主义，用租地农场主的生产经营活动来分析资本的流通和再生产。正是在这个意义上马克思称重农学派为"现代政治经济学的真正鼻祖"。

A. 斯密是英国古典经济学的杰出代表和理论体系的创立者。他所著《国民财富的性质和原因的研究》一书，把资产阶级经济学发展成一个完整的体系。他批判了重商主义只把对外贸易作为财富源泉的错误观点，并把经济研究从流通领域转到生产领域。他克服了重农学派认为只有农业才创造财富的片面观点，指出一切物质生产部门都创造财富。他分析了国民财富增长的条件以及促进或阻碍国民财富增长的原因，分析了自由竞争的市场机制，把它看作是一只"看不见的手"支配着社会经济活动，他反对国家干预经济生活，提出自由放任原则。他第一个系统地论述了劳动价值论的基本原理，并指出利润和地租都是对劳动所创造的价值的扣除。但由于斯密受到资产阶级立场和方法的局限，他错误地把资本主义看作是永恒的制度，认为通过人类的利己之心和"看不见的手"可以实现社会的和谐，并且在价值论和分配论上表现出许多矛盾和混乱的观点。因此，在他的理论中既有科学的见解，也有庸俗的成分。

D. 李嘉图是英国古典经济学的完成者。他在 1817 年发表的《政治经济学及赋税原理》一书中建立了以劳动价值论为基础、以分配论为中心的严谨的理论体系。他继承斯密理论中的科学因素，并作了重大发展。他坚持商品的价值是由生产中耗费的劳动决定的原理，批评了斯密在价值论上的二元观点。他强调经济学的主要任务是阐明财富在社会各阶级间分配的规律，认为全部价值都是由劳动生产的，工资由工人的必要生活资料的价值决定，利润是工资以上的余额，地租是工资和利润以上的余额，由此，他阐明了工资和利润的对立，工资、利润和地租的对立。此外，李嘉图还论述了货币流通量的规律、对外贸易的比较成本学说等等。李嘉图的理论反映了英国产业革命时期工业资产阶级的利益和要求。李嘉图理论体系的根本缺陷是不懂得资本主义生产方式的历史性，和斯密一样把资本主义看作是永恒的自然的制度，从而造成了理论上不可克服的矛盾。例如，他不能解决怎样在价值规律的基础上说明资本和劳动相交换以及等量资本取得等量利润等问题。但总的说来，古典经济学到李嘉图达到了顶峰，对后来的经济学发展有着深远的影响。

古典经济学产生于西欧资本主义生产方式处于上升发展的时期，当时社会的主要矛盾是新兴资产阶级和没落地主阶级之间的矛盾，无产阶级和资产阶级的矛盾虽然已经出现，但还处于潜伏状态，资产阶级的主要任务是反对封建制度及其残余，为发展资本主义开辟道路。在这种条件下，古典经济学还能对资本主义生产方式的内在联系和矛盾进行较为客观的探索，因而具有一定的科学成分。古典经济学最主要的贡献是奠定了劳动价值论的基础，从而成为马克思的经济学说的一个重要来源，但由于阶级和历史的局限性，他们的理论不可避免地包含一些庸俗因素。

古典经济学的庸俗化　古典经济学在 19 世纪发展到顶峰的同时，也开始着它的庸俗化过程。这反映了西欧产业革命初期阶级矛盾的特点。法国的 J.－B. 萨伊和英国的 T.R. 马尔萨斯是把古典经济学庸俗化的创始者。萨伊阉割劳动价值论，发展了斯密的三种收入决定交换价值的庸俗观点；他还从效用价值论出发，转到生产费用论，进而建立"三位一体公式"的分配论。他还提出"供给创造自己的需求"的市场法则，根本否认资本主义存在供求脱节和普遍生产过剩的可能性。马尔萨斯在将斯密学说庸俗化的同时，同李嘉图进行激烈论争，他抓住李嘉图在价值论上无法解决的难题进行抨击，并力图否定李嘉图的劳动价值论和关于利润来源的学说。J. 密尔和 J.R. 麦克库洛赫则以斯密和李嘉图的信徒面目出现，采用注释和通俗化的形式将古典经济学庸俗化。

1830 年后，法国和英国的资产阶级在政治上占据了完全统治的地位，无产阶级和资产阶级的斗争从幕后走上前台。从此，古典经济学日益被庸俗化。在 19 世纪中叶，庸俗经济学的主要代表，在英国有 N.W. 西尼尔（1790—1864）和 J.S. 密尔；在法国有 F. 巴师夏等。他们仍然自称是斯密、李嘉图的继承者，但实际已抛弃注释、曲解的手法而进一步采取补充、折衷的形式，对古典经济学进行根本性的修正。J.S. 密尔虽然受到社会思潮的一定影响，但他的理论体系却是 19 世纪上半叶各派庸俗经济学的大调和大综合。他在 1848 年出版的《政治经济学原理，及其在社会哲学中的若干应用》一书，是 19 世纪中叶以后的几十年间西方最流行、最有权威的经济学教科书。他的体系在某种意义上是宣告古典学派的资产阶级经济学时代的终结。

19 世纪下半叶至 20 世纪初的资产阶级经济学

19 世纪后期，随着资本主义经济的进一步发展，资本主义的矛盾加剧。工人运动的高涨和马克思经济学说的传播，给资产阶级的统治以极大的冲击。在这种形势下，资产阶级经济学抛弃古典经济学的外衣或以古典经济学批判者的姿态，建立新的庸俗学派了。

历史学派　19 世纪上半叶德国资本主义的发展还远远落后于英法。在这个特殊的历史条件下，出现以国家主义 F. 李斯特为先驱的德国历史学派。历史学派分为旧历史学派和新历史学派两个阶段。以 W. 罗雪尔为创始人的旧历史学派活动于 19 世纪 40—70 年代。他们反对 19 世纪中叶以前的英法传统经济学，以历史归纳法反对抽象演绎法；以历史反对理论，否认经济规律的客观存在；以国家主义反对世界主义；以生产力的培植反对交换价值的追求；以国家干预经济反对自由放任。随着 70 年代德国资本主义经济的迅速发展和工人运动的蓬勃兴起，出现了以 G.von 施穆勒、A. 瓦格纳（1835—1917）、L. 布伦塔诺（1844—1931）等为主要代表的新历史学派，他们在上述基本观点的基础上，提出改良主义的"社会经济政策"，因而被称为"讲坛社会主义者"。

边际效用学派　这是 19 世纪 70 年代初出现在西欧几个国家的一个庸俗学派，以倡导边际效用价值论和边际分析为共同特点，在其发展过程中形成两大支派：一是以心理分析为基础的心理学派或称奥地利学派，其主要代表为奥国的 C. 门格尔、F.von 维塞尔和 E. von 柏姆－巴维克等；一是以数学为分析工具的数理学派或称洛桑学派，其主要代表有英国的杰文斯、法国的 L. 瓦尔拉斯和 V. 帕累托。边际效用学派在美国的主要代表是 J.B. 克拉克，他在边际效用论的基础上提出边际生产力分配论。这个学派的主旨是宣扬主观唯心主义，否定劳动价值论和剩余价值论，为资本主义剥削制度辩护。当代资产阶级经济学家把边际效用价值论的出现称为"边际主义革命"，即对古典经济学的革命。这个学派运用的边际分析方法，后来成为资产阶级经济学发展的重要基础。

新古典经济学　主要代表人物是英国剑桥大学的马歇尔，他在 1890 年出版的《经济学原理》一书中，继承 19 世纪以来英国庸俗经济学的传统，兼收并蓄，以折衷主义手法把供求论、生产费用论、边际效用论、边际生产力论等融合在一起，建立了一个以完全竞争为前提、以"均衡价格论"为核心的相当完整的经济学体系，这是继 J.S. 密尔之后庸俗经济学观点的第二次大调和、大综合。他用渐进的观点分析经济现象；用力学的均衡概念和数学的增量概念分析商品和生产要素的供求均衡及其价格的决定；用主观心理动机解释人类的经济行为；在静态、局部均衡分析的框框内引进时间因素等。他用均衡价值论代替价值论，并在这个核心的基础上建立各生产要素均衡价格决定其在国民收入中所占份额的分配论。他颂扬自由竞争，主张自由放任，认为资本主义制度可以通过市场机制的自动调节达到充分就业的均衡。这个理论体系的实质是在掩盖资本主义的剥削，抹煞资本主义的无政府状态及其他许多矛盾。新古典经济学从 19 世纪末起至 20 世纪 30年代，一直被西方经济学界奉为典范。

制度学派　这是 19 世纪末 20 世纪初在美国出现的历史学派变种。它的主要代表有 T. 凡勃伦、J.R. 康蒙斯、W.C. 米切尔等。他们把历史学派的方法具体化为制度演进的研究，否认经济理论的意义，以批判资本主义的姿态出现，提倡改良主义政策。

此外，在北欧出现了以 K. 维克塞尔（1851—1926）为代表的瑞典学派，提出与马歇尔不同的理论体系，强调投资与储蓄的均衡，提出自己的利息理论，在这一时期资产阶级经济学说中，占有特殊地位。

当代资产阶级经济学

这里主要指经过所谓"凯恩斯革命"迄至今日的资产阶级经济学。

凯恩斯主义与后凯恩斯主义　1929 年爆发空前规模的世界经济危机后，资本主义经济陷入长期萧条状态，失业问题严重。资产阶级经济学关于资本主义社会可以借助市场自动调节机制达到充分就业的传统说教彻底破产。垄断资产阶级迫切需要一套"医治"失业和危机以加强垄断资本统治的新理论和政策措施。正是适应这个需要，J.M. 凯恩斯于 1936 年发表了《就业、利息和货币通论》一书。《通论》的出现引起了西方经济学界的震动，把它说成是经济学经历了一场"凯恩斯革命"。凯恩斯抨击"供给创造自己的需求"的萨伊定律和新古典经济学的一些观点，对资本主义经济进行总量分析，提出了有效需求决定就业量的理论。按照他的说法，有效需求包括消费需求和投资需求，它主要由三个基本心理因素即"消费倾向"、"对资本资产未来收益的预期"、"流动偏好"和货币供应量决定的。他认为现代资本主义社会之所以存在失业和萧条，就是由于这些因素交相作用而造成的有效需求不足。据此，他提出加强国家对经济的干预，采取财政金融政策，增加公共开支，降低利率，刺激投资和消费，以提高有效需求，实现充分就业。第二次世界大战后，以凯恩斯这一理论为根据而形成的凯恩斯主义，不仅成为当代资产阶级经济学界占统治地位的一个流派，而且对主要资本主义国家的经济政策具有重大的影响。

凯恩斯《通论》的总量分析，被认为是一种"短期的比较静态分析"。凯恩斯的追随者为了使《通论》进一步完善，力图使它"长期化"、"动态化"，提出了各种经济增长理论和经济波动理论，探求使资本主义得以稳定增长的途径。在这个过程，凯恩斯主义者内部主要由于对待新古典经济学的态度有差异而分解为两个分支：一是以美国 P. 萨缪尔森、J. 托宾（1918— ）、R.M. 索洛（1924— ）等为代表的新古典综合派或称后凯恩斯主流经济学；一是以英国 J. 罗宾逊和 P. 斯拉法等为代表的新剑桥学派。前者力图把凯恩斯的宏观经济理论和新古典经济学的微观经济理论调和、结合起来；后者则强调凯恩斯理论和新古典经济学之间的对立，力图彻底否定后者。从 50—70 年代，两派曾就资本理论、增长理论、分配理论进行过长期激烈的论战，罗宾逊指责新古典综合派的关于到达充分就业后政府的职责只需把收入中的储蓄转化为投资的论点，是回到"储蓄支配投资"的旧理论，用旧的均衡概念取代凯恩斯的不确定性概念。她还指责新古典综合派的关于实现充分就业后，新古典学派的理论如均衡价格论、边际生产力论等将再度适用的观点是背离凯恩斯学说的。在新剑桥学派批判新古典经济理论方面，斯拉法在 1960 年发表的《用商品生产商品》一书的理论体系起了重要作用。斯拉法沿着李嘉图的理论线索，提出了商品相对价格与利润率同时决定生产价格的理论，排除需求对生产价格决定的作用，否定资本是生产要素。斯拉法体系被认为不仅解决了李嘉图在价值问题上遇到的难题，而且是对新古典理论和边际主义的有力批判，从而激起了返回李嘉图传统的思潮。

新经济自由主义，这里指的是与凯恩斯主义相抗衡、反对国家干预经济、鼓吹恢复经济自由主义的各色流派。第二次世界大战后，国家垄断资本主义的发展和 50—60 年代相对稳定的经济增长，促成了凯恩斯主义的盛行。但是随着垄断资本主义固有矛盾的激化，国家干预经济不断引起一系列的新问题，特别是 70 年代以来出现了经济停滞和通货膨胀同时并存的"滞胀"局面，使凯恩斯主义的理论和政策陷于困境，受到各式新经济自由主义流派的挑战。

美国芝加哥学派是承继经济自由主义的一个重要流派。这个流派的当代代表 M.弗里德曼在 50—60 年代倡导货币主义，强调货币供应量的变动是引起经济活动水平和物价水平发生变动的决定性原因，认为只要让市场机制充分发挥其自动调节经济的作用，资本主义经济可以在一个可以忍受的失业水平下稳定发展；凯恩斯主义的财政政策和货币政策不是减少而是加强了经济的不稳定。他提出把货币供应量作为惟一的政策工具。货币主义的实质在于反对国家干预经济，以失业为代价，恢复和加强经济自由主义。

目前在美国受到注目的合理预期学派，实际上是货币主义的一个分支。所谓合理预期只是一种假说，它认为各个经济主体对未来事件的预期是合乎理性的，总是准确无误地符合将来实际发生的情况的；认为在充分掌握信息的条件下，政府预定的政策效果会被合理预期所形成的对策所抵消，政府对经济干预的政策都将归于无效。合理预期论实质上是一种极端货币主义观点。

供应学派是产生于 70 年代末、活跃于 80 年代初期的另一个新经济自由主义流派。它也是在资本主义国家出现滞胀困境的背景下向凯恩斯主义提出挑战的一个流派。它的理论基础是复活萨伊定律："供给能创造自己的需求"，强调生产的增长决定于生产要素的供给及其有效利用。为此，主张实行减税，减少政府的社会开支和对经济的法律干预，充分发挥市场机制的作用，以刺激储蓄与投资，促使生产要素供需达到均衡和有效利用。

在联邦德国盛行的弗赖堡学派是新经济自由主义的一个重要支派，它导源于奥地利学派的门格尔，是最保守的新经济自由主义。

各种色彩的新经济自由主义具有各自的论点和论证方法，但是，反对国家干预经济，鼓吹恢复和加强自由市场机制的自动调节作用，是他们的共同立场。

新制度学派，这是由凡勃伦为代表的美国制度学派演变而来的一个学派。它的主要代表人物如 J.K. 加尔布雷思(1908——   )既反对新古典经济学和一切经济自由主义，也反对凯恩斯主义。他们还反对回避"价值判断"的数量分析，主张结构分析，在政策主张上则强调社会经济的结构改革。

随着现代资本主义经济各种矛盾的加深，资产阶级经济学家所面临的问题愈来愈复杂，所研究的范围也愈来愈广泛。不同的流派出于维护资本主义制度的存在及其有效运行的共同目的，既有一致性，又有差别性，既相互交叉地研究同一课题，又各有侧重地研究不同的经济领域。因而，不仅在理论上彼此有争论，而且出现了门类繁多的"经济学派"。

马克思主义经济学说的发展

19世纪初，资本主义经济制度在西欧几个主要国家占了统治地位。1825年爆发了第一次生产过剩的经济危机，暴露了资本主义制度的固有矛盾。30——40年代，英国工人阶级发动争取政治权利的宪章运动，法国里昂工人和德国西里西亚纺织工人举行起义，表明无产阶级作为独立的政治力量登上了历史舞台。在这样的条件下，马克思和恩格斯在批判继承英国资产阶级古典经济学的基础上，创立了马克思主义的政治经济学。

马克思和恩格斯的经济学说

马克思主义经济学说的创立，经历了一个艰辛的和战斗的过程。

19世纪40年代，马克思和恩格斯写了好几部用唯物辩证法的观点考察资本主义的经济著作。这些著作已经不同于空想社会主义的著作，它们奠基于正在形成的历史唯物主义的基础上，初步揭示了资本主义剥削关系的实质，揭示了资产阶级同无产阶级的矛盾，并开始论述了资本主义生产方式的历史性。1848年，马克思和恩格斯合著《共产党宣言》，有力地论证了资本主义被社会主义代替的必然性，为世界无产阶级提供了第一个马克思主义的纲领性文献。

欧洲1848年革命以后，马克思主要从事对政治经济学的研究，撰写了许多经济学手稿。1867年，《资本论》第一卷出版。《资本论》第二卷和第三卷，是在马克思逝世以后，经恩格斯花费巨大精力整理，于1885年和1894年出版的。《资本论》是马克思主义经济学说中具有里程碑意义的主要著作。19世纪60年代以后，马克思和恩格斯在领导工人运动中，结合革命实践，撰写了许多重要经济著作，批判了各种错误观点。恩格斯在《论住宅问题》中批判法国蒲鲁东主义者的改良主义观点，论述工人阶级的经济要求只有在无产阶级革命胜利后才能得到满足。马克思在《哥达纲领批判》中，批判了F. 拉萨尔的错误，论证了代替资本主义社会的共产主义社会的基本特征。恩格斯在《反杜林论》中系统地阐述了包括政治经济学在内的马克思主义的三个组成部分；在《法德农民问题》中，指出了无产阶级掌握国家政权后，绝对不能剥夺农民，要把农民引上合作社道路。马克思，特别是恩格斯还注意到资本主义经济中出现股份公司和垄断等新的经济现象。

马克思和恩格斯的经济学说的主要内容，是研究资本主义经济制度的产生、发展和灭亡的规律。马克思从分析商品开始，辩证地分析资本主义生产方式，批判地继承并发展了资产阶级古典经济学派奠立的劳动价值理论，指出商品的使用价值和价值的二重性是由生产商品的劳动具有具体劳动与抽象劳动的二重性决定的。价值不是物，而是被物的外壳所掩盖的人与人之间的生产关系。他指出商品的内在价值必然在商品交换的发展中转化为货币。货币表明商品生产者之间的联系更加密切和普遍化。商品生产发展到一定历史阶段，货币就转化为资本。货币转化为资本的前提是劳动力成为商品。劳动力商品的价值是由生产这种商品所必需的劳动时间所决定，即等于工人及其家属所必需的生活资料价值加上教育训练费用所决定的。作为商品的劳动力的使用价值就是劳动力的使用，它在生产过程中能够创造出大于自身价值的价值。马克思发现工人出卖的不是劳动而是劳动力，这就彻底解决了古典经济学家无法解决的剩余价值与价值规律相矛盾的问题，科学地阐明了剩余价值的性质和源泉。剩余价值学说是马克思主义政治经济学的基石。马克思分析了资本家增加剩余价值的两种基本方法：延长工作日和加强劳动强度的绝对剩余价值生产和提高劳动生产率的相对剩余价值生产。资本主义社会提高劳动生产率已经经历过三个基本历史阶段，即简单协作、工场手工业、机器大工业。资本主义生产的特点是不断扩大自己的规模，进行资本积累。资本主义积累的一般规律是劳动和资本矛盾的不断加深，一边是劳动者的贫困化，一边是资本的积聚和集中。随着资本集中和生产社会化的发展，随着资本主义生产方式内在矛盾的尖锐化，资本主义私有制的丧钟就要敲响了，剥夺者将被剥夺。马克思在分析资本主义生产过程以后，又分析了资本主义流通过程。在流通中，每一单个资本的运动表现为资本的循环和周转。各个资本的循环互相交错、互为前提，形成社会总资本的运动。社会总资本决不是各单个资本的简单的总和。为了分析社会总资本的再生产和流通，马克思把社会总生产分为生产资料生产和消费资料生产两大部类，并把每一部类产品的价值，分解为由不变资本、可变资本和剩余价值所构成。要使两大部类的产品在交换中实现其全部价值，必须保持一定的比例。但资本主义生产是在无政府状态中进行的，而它的不断扩大和广大群众的消费相对落后的矛盾，又必然使这种比例周期性地遭到破坏，从而爆发生产过剩的危机。在从单个资本到社会总资本的分析中，马克思已经在量上提出了个量分析和总量分析。马克思还考察了资本的各种具体形式（产业资本、商业资本、借贷资本、农业资本），以及相应的剩余价值的各种具体形式。马克思首先阐明的是平均利润和生产价格，由此进而阐明商业利润和银行利润，即利息，还进一步分析了绝对地租和级差地租。

马克思和恩格斯在研究资本主义经济过程中也追溯到资本主义以前的社会经济形态。他们论述了劳动在人类产生过程中的决定性作用，研究了原始社会的特点，私有制和阶级的产生，国家的起源，以及奴隶制生产方式和封建制生产方式。他们还考察过中国封建社会的经济结构，指出它的特点是小农业与家庭工业的紧密结合。

马克思和恩格斯从对资本主义经济的科学分析，从人类历史发展的观点，提出了社会主义社会和共产主义社会的一些基本特征。他们论证了公有制代替私有制的必然性。公有的生产资料是扩大、丰富和提高工人生活的手段。公有制的生产是有计划地进行的。在共产主义第一阶段，社会总产品的一部分作为生产资料，是属于社会的；一部分用作生活资料，在劳动者中间按劳分配。

只有在社会产品极大丰富，消灭了旧的社会分工以及体力劳动和脑力劳动的对立，劳动成为生活第一需要之后，社会才会发展到各尽所能，按需分配的共产主义高级阶段。共产主义是"以每个人的全面而自由的发展为基本原则的社会形式"（《共产党宣言》）。马克思和恩格斯都没有亲身经历共产主义第一阶段的经济实践，没有预见到在这一阶段的相当长的时期内还会存在着商品经济。

马克思和恩格斯的研究领域，实际上已涉及日后发展的马克思主义的其他经济学科。《资本论》第四卷《剩余价值理论》，开拓了经济学说史这门学科。恩格斯的《家庭、私有制和国家的起源》则是新型的经济史这一学科的极其重要的著作。

列宁的经济学说

19世纪末20世纪初，资本主义社会发展到垄断阶段，进入了帝国主义时期，这时，帝国主义国家的垄断资产阶级和无产阶级的矛盾、帝国主义国家和殖民地半殖民地国家的矛盾、帝国主义国家之间的矛盾，达到空前尖锐的地步。1914年爆发了第一次世界大战，1917年11月7日，俄国的无产阶级和劳动人民，在列宁的领导下胜利地进行了社会主义革命，建立了世界上第一个社会主义国家，并开始了从资本主义社会向社会主义社会的过渡。在帝国主义开始形成和社会主义出现的历史时期，列宁继承和发展了马克思和恩格斯的经济学说。

列宁早期的经济学著作，主要围绕俄国革命的实际，阐述俄国资本主义的发展和土地问题。他发展了马克思的再生产理论和地租理论，有分析地批判了土地收益递减率和小农经济稳固论，并根据马克思主义的土地国有化理论，拟定了土地纲领。

在第一次世界大战期间，列宁对帝国主义作了深入的研究。在《帝国主义是资本主义的最高阶段》等著作中，指出了帝国主义的主要经济特征，并且依据当时帝国主义各种矛盾的激化，阐述了在垄断基础上产生的帝国主义的寄生性和腐朽性，指出帝国主义是垂死的资本主义，是社会主义革命的前夜，而帝国主义时期形成的国家垄断资本主义则是社会主义的最完备的物质准备。根据对帝国主义政治和经济情况的分析，列宁发现帝国主义时代政治经济发展不平衡，必然导致帝国主义国家之间爆发战争，并得出社会主义不能在所有国家同时胜利，而将首先在一国或者几国获得胜利的重要结论。

俄国十月革命以后，列宁在《苏维埃政权的当前任务》、《伟大的创举》和《无产阶级专政时代的经济和政治》等著作中，分析了从资本主义向社会主义过渡需要一个历史时期，在这个过渡时期中，经济上存在着多种经济成分，其中基本的成分是社会主义经济、小商品经济和资本主义经济。经过 1918—1921 年的国内战争，列宁就如何向社会主义过渡，提出了新经济政策。新经济政策是不同于军事共产主义的社会主义经济的新模式。列宁在《论粮食税》等著作中，提出用粮食税代替军事共产主义时期实行的余粮收集制，提出要允许自由贸易，允许农民用农产品交换工业品。他认为商业是历史链条的中心，是必须牢牢抓住的环节。新经济政策的实质，就是要在巩固工农联盟的基础上建设社会主义的经济基础。列宁还设想在无产阶级专政条件下，允许国家资本主义（采取租让制等形式）的存在。在《论统一的经济计划》等著作中，列宁多次强调发展社会生产力对巩固社会主义的重要意义。列宁十分重视经济计划、按劳分配、经济核算、社会主义物质利益原则和各种专家的作用。在《论合作制》中他还提出无产阶级专政条件下的合作制度就是社会主义制度。

与列宁所处的时期大致相同，欧洲一些国家的马克思主义者，在经济学方面也作出了不同程度的贡献。

斯大林的经济思想

列宁逝世以后，斯大林领导苏联人民在资本主义包围下建设社会主义，完成了资本主义向社会主义的过渡；第二次世界大战以后又领导了苏联国民经济的恢复和发展。在领导苏联的经济建设事业中，斯大林论述了社会主义建设中的许多重大问题。

在20年代和30年代，斯大林在《论列宁主义基础》等著作中，多次论述在无产阶级专政和国家掌握生产资料的条件下，只要建立起牢固的工农联盟，就完全可以在一国建成社会主义，并指出要把一国建成社会主义和社会主义的最后胜利区分开来。斯大林强调在资本主义包围的条件下，必须加速实现国家工业化。他认为，苏维埃政权和社会主义建设，不能长期建立在巨大的社会主义工业基础和分散的农民小商品经济两个不同的基础上。为了建立社会主义的经济基础，必须实行农业集体化。在社会主义建设中，斯大林很重视按劳分配和反对平均主义，重视社会主义竞赛，提出了生产经营管理的社会主义合理化问题。他重视知识分子和干部的作用。在对外经济关系问题上，他认为社会主义经济如果绝对闭关自守，就是愚蠢之至。

但是，斯大林把新经济政策看作是不得已的退却，在20年代末放弃了这一政策，中断了这一新的社会主义模式的发展，建立了中央高度集权的计划经济模式。

1952年，斯大林在《苏联社会主义经济问题》一书中，论述了社会主义经济的许多重要问题。他特别强调了社会主义经济规律的不以人们意志为转移的客观性质，论述了生产关系一定要适合生产力状况的规律，提出了社会主义基本经济规律，强调了不能把计划工作和有计划按比例发展规律混为一谈。他认为，社会主义制度存在着两种公有制，因而必须保存商品生产和利用价值规律。但他认为，只有消费资料是商品，而生产资料不是商品。

他只承认价值规律在流通领域有调节作用，不承认它在生产领域也有调节作用。

苏联经济学家的重要经济思想

除了斯大林外，苏联的经济学家在不同的时期也提出过一些有益的能启发人们思考的观点，但也提出过一些错误观点。

20世纪20年代是斯大林逝世以前苏联经济思想相对活跃的重要时期。在此期间，苏联经济学界展开了一系列经济理论和经济实际问题的论战。在社会主义社会是否存在政治经济学的问题上，一方面有多数经济学家持否定态度，另一方面也有少数经济学家坚持社会主义社会存在政治经济学。1929年发表的列宁对 Н.И. 布哈林《过渡时期的经济》的评论，纠正了否定社会主义政治经济学的错误观点，促进了经济学界对社会主义政治经济学的研究。但是，在20年代，持有各种不同观点的苏联经济学家，在几次重大经济问题的论战中，都牵涉到许多社会主义经济中的重要理论问题，并从不同角度提出了有益的或令人深思的经济观点。例如，在农民比重很大的落后国家如何积累社会主义工业化的资金这一问题上，"左"倾经济思想的主要代表 Е.А. 普列奥布拉任斯基提出了"社会主义原始积累"的理论，认为需要把小资产阶级（包括农民）的剩余产品、甚至一部分必要产品收归公有，作为发展社会主义经济的原始积累。布哈林批评了普列奥布拉任斯基的观点，反对以剥夺农民的办法积累社会主义工业化的资金，并且提出通过计划实现国民经济各部门、特别是工业和农业之间的平衡发展。布哈林还强调发展农民经济的重要性，主张在自愿的原则上，先从流通领域，然后在生产领域通过合作社逐步把农民组织起来，反对搞强迫集体化；并且主张通过市场竞争以经济手段排挤以至最后消灭城乡资本主义。20年代的论战还牵涉到如何看待社会主义计划经济以及制定经济计划的问题，有些经济学家在这方面作出了有益的成果。他们运用数学模型制定棋盘式国民经济平衡表，把年初和年末的物质财富存量与以社会产品和国民收入为形式的分配过程联结起来，这是投入产出法的前驱。

30年代初，H.A.沃兹涅先斯基提出创立社会主义政治经济学的必要性，认为社会主义具有自己的经济规律，提出了社会主义的基本矛盾是先进的社会生产关系与相对落后的生产力之间的矛盾。但是他又认为在社会主义条件下价值规律是经过改造了的，国家计划具有经济发展规律的力量。从20年代的下半期到50年代，由K.B.奥斯特罗维佳诺夫主编的政治经济学教科书反映了当时在苏联经济学界占优势的经济观点。

从50年代后半期开始，苏联经济学界研究的领域越来越广阔，某些社会主义经济问题的研究也比以往更为深入。需要特别指出的是对社会主义条件下商品生产、价值规律作用问题的探讨。60年代初、中期，苏联为进行经济体制改革曾围绕这个问题进行过大讨论，并有所突破：既承认消费品是商品，也承认生产资料是商品；承认价值规律既在流通领域，也在生产领域发生调节作用；商品生产存在的条件不仅是由于存在两种所有制，而且是因为各经济单位存在着各自的经济利益，在进行交换时必须遵守等价交换原则。少数学者还明确提出社会主义也是商品经济的观点，但大多数学者只承认社会主义经济中存在着"特种商品生产"，即是它的"计划性"。值得注意的是量的分析越来越受到重视。Л.В.坎托罗维奇（1912—　　）在30年代末对线性规划作出的贡献长期受到冷遇，50年代后半期逐渐被部分经济学家所肯定。B.C.涅姆钦诺夫大力倡导在经济研究和计划工作中应用统计和数学方法，并且在运用线性规划和建立经济模型方面都提供了有益的成果。

从 20 年代开始直到 60 年代前半期，苏联经济学家研究世界资本主义经济作出贡献的首推 E.C. 瓦尔加。瓦尔加及其合作者不但分析了 20 年代世界资本主义的相对稳定，而且比较准确地预测到 1929 年爆发的资本主义世界经济大危机，还对紧接这次危机的特种萧条，作了有意义的分析。对于第二次世界大战后世界资本主义经济中出现的新现象，瓦尔加也提出了不少发人深思的观点。

80 年代以来，随着经济改革的进一步发展，苏联理论界又活跃起来，对一些重大理论问题进行了大胆探索，出现了新的突破：(1) 对苏联当前所处的社会发展阶段的提法逐渐接近苏联社会实际。1959 年苏共二十一大上，H.C. 赫鲁晓夫（1894—1971）宣布苏联已进入"全面展开共产主义社会建设的时期"。1967 年 Л.И. 勃列日涅夫（1906—1982）则称"苏联已经建成发达的社会主义社会，今后的任务是向共产主义过渡"。1982—1984 年 Ю.В. 安德罗波夫（1914—1984）则认为苏联目前只是"处于发达社会主义漫长的历史阶段的起点"。而 M.C. 戈尔巴乔夫（1931—　　　）在苏共二十七大上则强调目前的任务是"有计划地和全面完善社会主义"，并不是完善发达社会主义。(2) 对社会主义条件下生产力和生产关系矛盾的提法有变化。几十年来，苏联传统观点认为，社会主义生产关系是"完全适合"生产力发展水平，并"自动得到保证的"。戈尔巴乔夫在苏共二十七大上批判了这个观点，指出在社会主义条件下生产关系和生产力之间存在着"非对抗性矛盾"，"生产关系应当经常加以完善"。(3) 对社会主义所有制理论有了新的认识。苏共二十七大上首次提出社会主义所有制"具有丰富的内容"，它包含着"人与人之间、集体与集体之间、部门与部门之间、地区与地区之间在利用生产资料和生产成果问题上的一整套多方面的关系和一整套经济利益"。这就突破了过去长期以来把所有制主要视为生产资料归属关系的教条，而突出了经济利益关系。还指出，要以"新的眼光"研究"社会主义所有制及其实现这种所有制的经济形式"。认为国有制不是无需再调整的高级形式，而是要进行"经常调整"；集体所有制的潜力"还远远没有全部发挥出来"，反对急于向全民所有制过渡；"个体经济与社会主义原则并不矛盾"，它是社会主义经济的一个组成部分和派生形式。(4) 在商品货币关系理论方面虽无大的进展，但已承认"商品货币关系是社会主义固有的"，"是有机地纳入社会主义经济关系的"，企业是"社会主义商品生产者"。

东欧及亚洲的社会主义国家的重要经济思想

20世纪40年代后期，在东欧建立了一些社会主义国家，当时，由于苏联是最先取得社会主义革命胜利的国家，而这些国家邻近苏联，其中有的国家又曾是借助苏联的军事力量获得解放的。因此，从40年代后期到50年代前期，东欧许多国家都接受了在苏联占统治地位的经济思想和经济模式。这种经济思想和经济模式，在苏联的特殊资源环境和特定历史条件下起过积极作用，但在实践中也带来了许多弊端。对于资源环境和历史条件都与苏联不同的东欧国家，则更难说是适合的。首先是南斯拉夫在1949年开始走自己的社会主义道路，1956年，东欧的其他国家也出现了不同程度的经济改革和不同见解的经济学说。

南斯拉夫最早脱离苏联经济模式和理论的支配，提出了工人自治的理论。E.卡德尔强调国家职能逐步社会化，认为应当由工人管理社会财产，用社会所有制代替国家所有制，实行自治经济。在南斯拉夫经济学界中，主张实行社会计划时要更加重视市场机制的作用，劳动组织的社会所有制必须取代国家所有制，是经济思想的主流。但即使在主流经济思想中，也存在分歧。如 B. 霍尔瓦特（1928—　 ）就激进地主张经济的非国家主义化。他认为，计划和市场是配套的，计划有效，市场才能很好地起作用，另一方面，市场也是实现经济平衡的一种机制。

波兰在 1956 年开始进行一系列的政治和经济改革。波兰的经济学界，也较早地出现了不同于在苏联流行的经济学说。O. 兰格早在 30 年代就提出过社会主义经济中可以进行合理经济计算，1956 年后继续写出一系列论著，分析社会主义经济中应如何利用市场，以便中央计划能够建立在成本和效益的正确核算和正确的价格体系的基础上。另一个在 30 年代对资本主义经济周期已作出独特分析的 M. 卡莱茨基（1899—1970）则提出了社会主义的经济增长理论，并认为社会主义计划的核心问题是必须确定经济发展的战略目标，处理好积累和消费的关系。他重视控制投资并反对高积累。50—60 年代在波兰的 W. 布鲁斯（1921—　 ）较诸兰格和卡莱茨基，更多地考虑了分权和利用市场。他研究了计划经济中中央、企业、个人三层决策的关系并据此划分为三种类型，提出了含有市场机制的运行模式。

匈牙利在 1956 年以后逐步进行经济改革，并容许提出不同的经济改革方案和经济观点。1968 年开始实行涅尔什 R. 提出的新经济体制，比以往更为重视市场机制，实行分散的计划，并强调经营管理。但是，在推行新经济体制过程中也有曲折，在经济理论方面则出现一些不同的见解，其中科尔瑙伊 J.（1928—　 ）以研究"短缺"为特色的经济学说颇引人注目。科尔瑙伊以分析经济现实中存在的短缺现象为基础，认为东欧社会主义国家虽然实现了充分就业，但普遍存在与国家对企业的软预算制约相联系的扩张冲动和"投资饥饿症"。

罗马尼亚、捷克斯洛伐克、民主德国、保加利亚、阿尔巴尼亚在不同程度上和不同范围内，也有过经济改革，并且也有各自不同的和本国政治经济情况相适应的理论观点。其中，比较引人注意的是，保加利亚共产党总书记 T. 日夫科夫（1911— ）在80年代初提出"国家是所有者，劳动集体是经营者"这一使所有权同经营权分离的论断。

在亚洲，除中国以外，40年代后期以来，还建立了朝鲜民主主义人民共和国等社会主义国家。这些国家的经济学界，也有各自的经济观点。

东欧和亚洲的社会主义国家，在经济学方面，既有各自不同特色的理论观点，又都或多或少地建立了新的经济科学分支，从而丰富了马克思主义的经济科学。

近代和当代西方的马克思主义经济思想

1889年第二国际建立后，马克思主义在整个西欧主要是由相继成立的各国社会民主党进行宣传和解释。但是，第二国际只是各国社会主义集团的松散联盟，除了在批判 E. 伯恩施坦的修正主义时形成某些一致的观点以外，实际上容纳着许多不同的理论观点。在经济学方面，R. 卢森堡、K. 考茨基、R. 希法亭等，在批判修正主义和分析帝国主义经济时，都提出过一些有益的理论。卢森堡分析了资本积累的实际过程，揭露了帝国主义国家争夺殖民地、控制不发达国家和实行军国主义政策的反动性。考茨基曾写过一些宣传马克思主义的著作，并为马克思的一部分遗稿做了整理工作。希法亭的《金融资本论》得到列宁的好评，认为这是对资本主义发展的最新阶段作了一个极有价值的理论分析。但由于他们不能始终坚持无产阶级立场，因而在他们的理论中也包含了一些错误的论点。

1917年俄国十月社会主义革命取得胜利后，各国的社会民主党发生了分裂，第三国际取代了第二国际。属于第三国际的各国共产党，当时都是以苏联的理论作为指针。其他的社会民主党及其成员，虽然仍自称相信马克思主义，但从国际组织说，则更加松散，一再更易名称或分或合。在这种情况下，西方的马克思主义经济学说的发展，出现了复杂的情况。一方面，从属于第三国际的理论，呈现出同源的一致性；另一方面，不属于第三国际而自称为马克思主义者的理论，则因观点不同而出现混杂纷纭的局面。

第三国际在第二次世界大战中解散后，以斯大林的思想为中心的苏联的经济学说，在各国共产党中仍占优势。1956年是一个转折点。意大利共产党认为苏联的模式已经没有约束力，提出了"结构改革论"和"多中心"的观点。其他各国共产党中也或多或少地出现了不同的理论观点，甚至发生组织上的分裂，因此，也出现了理论观点混杂纷纭的状况。

第二次世界大战以后，特别是50年代以来，西方的马克思主义经济学说，呈现出以下一些复杂的特点：

(1) 西方各国的马克思主义经济学家，越来越多地倾向于依据本国的国情，提出各具特点的经济学说。在50年代，P. 陶里亚蒂（1893—1964）已经在西欧开其端，60年代末兴起的"欧洲共产主义"，强调的是西欧的特点，但内部也不完全一致。但是，各国的马克思主义政党，越来越重视结合本国的实际，力求提出独立自主的政治经济观点和革命道路。

(2) 既存在把马克思主义经济理论同本国实际相结合以促进工人运动的倾向，又存在脱离有组织的工人运动而偏重理论研究的学院性的倾向。前一种倾向，从50年代后期以来，在各国共产党党内和党外的马克思主义经济学家中表现得越来越明显，这是进步的倾向。后一种倾向则从一些大学教授或理论工作者等知识分子的著作中表现出来。这些著作中包含一些有价值的成分，对马克思主义经济学说是有贡献的，但其中也有对马克思主义的曲解。但是，学院性的研究仍然有社会影响，特别是对西方社会的激进青年具有强烈影响。

（3）西方的马克思主义经济学家中，有一部分人着重研究30年代以来新发现和发表的马克思的许多手稿。新发现的手稿的出版，自然引起经济学家的研究兴趣。加上世界经济发展、国际工人运动和社会主义国家内部出现的一些新现象，促成一些西方的马克思主义经济学家把这种研究和解释新的政治经济现象相结合。在这种结合现实的研究过程中，有一些经济学家把"异化"等概念引入经济理论，或者认为可补充"剥削"这一概念，有的研究者甚至认为"异化"概念优于并且可以替代"剥削"概念。这些研究者大都强调人在经济发展中的地位和作用，并且认为"民主的或人道的社会主义"是最符合理想的社会主义。

（4）西方各国的马克思主义经济学家中，有一部分人，着重把当代西方的一些经济分析方法引入马克思主义经济学说。在这些经济学家中，有的着重把马克思的分析方法和当代西方经济分析方法相对比来阐发马克思的经济学说，如英国的 M.H. 多布（1900—1976）、B. 罗桑；有的着重用当代西方经济分析来补足马克思的经济学说，甚至提出自己认为更为切合经济现实的新概念，如美国的 P.A. 巴兰（1910—1964）、P.M. 斯威齐（1910—　）；有的则着重用西方经济分析方法同资产阶级经济学家进行论战，如联邦德国的 E. 沃夫斯泰特利用系统论和其他数学方法来批判从奥地利学派到萨缪尔森对劳动价值论的攻击。这一类型的经济学家难免提出错误的观点，但都自认为是相信和发展马克思主义经济学。

（5）西方的某些经济学家认为，在反教条主义的同时必须发展马克思主义的经济学说。这些人中，有主张完全回复到马克思的学说的，如英国的 L. 哈里斯、原在联邦德国的 B. 法恩等；有按照自己的观点改造马克思的体系的，如日本的宇野弘藏（1897—1977），他在日本的影响相当大，以至形成了所谓"宇野学派"；有与不同的哲学观点相结合而重建马克思经济学说的体系的，如联邦德国的法兰克福学派，法国的存在主义马克思主义，发端于法国并流行于西欧、北美、日本及某些第三世界国家的结构主义马克思主义，唯科学倾向的新实证主义马克思主义等等，都有经济理论的论述。

此外，第三世界国家的马克思主义经济学家中，有相当一部分人能结合国情提出自己的独立的观点，但也有相当一部分人受到其他国家的不同派别的影响。因此，第三世界的马克思主义经济学说，也呈现出混杂纷纭的状况。

马克思主义经济学说是开放的而非自我封闭的科学理论，它必须面向不断发展变化的经济现实作出新的分析和论证，它也必须面向当代各种不同的经济学说的成果作出批判、否定或吸取的抉择，因而在它的发展的某些阶段中必然出现众说纷纭、百家争鸣的状况，从而必然出现彼此争辩、互相补充的状况，而这些不同的观点都要经过实践的检验，筛选出符合客观经济发展规律的论点。这是任何一种科学理论发展过程必经的正常状态。马克思主义经济学说也应当经历这样的过程，只有这样才能避免停滞和僵化，从而恒久地保持具有生命力的更新和发展。

马克思主义经济学在中国

20 世纪初马克思主义经济学在中国的传播

20 世纪初，马克思主义政治经济学开始在中国传播。例如，同盟会机关报《民报》从 1905 年起曾陆续刊登一些介绍社会主义和马克思的文章。1906 年出版的《民报》第二号刊载了朱执信的《德意志社会革命家列传》，介绍了《共产党宣言》的要点，并提到了《资本论》。不过，在这一时期介绍和传播马克思及其经济学说的人，还是一些资产阶级的和小资产阶级的知识分子，他们对马克思的经济学说的了解和介绍是非常肤浅的，还谈不到自觉地以马克思的经济学说作为分析中国社会经济和观察中国发展前途的思想武器。但是，应当看到，他们对马克思主义在中国的传播，还是起了一定的作用。

　　1917 年俄国十月社会主义革命胜利以后，马克思主义经济学在中国的传播进入了一个崭新的时期。最先接受马克思主义的重要人物之一是李大钊（1889—1927）。他在 1917 年冬把"五四"运动中的左翼分子集合起来，成立了中国第一个秘密的"马克思学说研究会"。1918 年他发表的《庶民的胜利》和《布尔什维克的胜利》两文，明确地论证了中国只有沿着俄国十月革命的道路，才有光明的前途。他在 1919 年发表的《我的马克思主义观》一文中，首先宣传了马克思的剩余价值理论（余工余值说），并且认为十月革命的胜利，世界革命的高涨，"完全是受马克思经济学说的影响"。在他的影响和倡导下，一批革命知识分子通过各种组织和形式，扩大马克思主义的宣传。1920 年，周恩来（1898—1976）因爱国被捕，在天津狱中开办讲演会，系统地讲授了"马克思主义——经济论中的余工余值说"、"经济论中的《资本论》"以及"资产集中说"等专题。1920 年 8—9 月，与国内酝酿筹建中国共产党的同时，蔡和森（1895—1931）在法国两次给毛泽东写信，主张创建布尔什维克式的中国共产党，并且提及马克思主义的经济学说。李大钊、周恩来和蔡和森等人的努力，对于马克思主义经济学说在中国的传播，具有重要的推动作用。

1921—1949 年马克思主义经济学在中国民主革命中的运用和发展

从中国共产党在 1921 年诞生到 1949 年中华人民共和国建立，是中国新民主主义革命时期。在这个时期，中国共产党党内和党外的马克思主义经济学家，除了学习和宣传马克思、恩格斯、列宁等人的重要经济著作外，还结合中国实际，对马克思主义经济学说加以运用和发展。这种运用和发展集中地表现于中国的马克思主义者逐步认识了旧中国的社会经济性质及其发展规律。

明确认识中国的社会经济性质，是决定中国革命应当走什么道路的重大问题。1925—1927 年第一次国内革命战争的失败，是和革命阵营中对这个重大问题存在不同的认识相关联的。1928 年 6—7 月，中国共产党召开了第六次代表大会，确认中国革命性质是半殖民地半封建社会的反帝反封建的民主主义革命，并批判了中国革命目前阶段已转变到社会主义性质革命的错误论断。中国的革命的社会科学工作者，也结合对马克思主义的学习和研究，具体分析了从古代到现代的中国社会经济结构，取得了有意义的经济科学成果。由此引起了非无产阶级的阶级和派系的人们，从各自的利益出发，提出并宣传各自的论点，展开了 1929—1933 年的中国社会性质问题论战、1934—1935 年的中国农村社会性质论战。在 30 年代，马克思的经济理论的代表作《资本论》和恩格斯、列宁的最重要的经济理论著作，都陆续翻译成中文出版，促进了中国经济科学理论水平的提高，对于论战的深入和以后抗日战争时期这方面研究的进一步发展都起了巨大作用。这些论战和以后研究的有益成果，集中地体现在毛泽东的著作中。在《〈共产党人〉发刊词》一文中，毛泽东概括这些成果后作出结论："由于中国是半殖民地半封建的国家，政治、经济、文化各方面发展不平衡的国家，半封建经济占优势而又土地广大的国家，这就不但规定了中国现阶段革命的性质是资产阶级民主革命的性质，革命的主要对象是帝国主义和封建主义，基本的革命的动力是无产阶级、农民阶级和城市小资产阶级，而在一定的时期中，一定的程度上，还有民族资产阶级的参加；并且规定了中国革命斗争的主要形式是武装斗争。"①

20 世纪以后，帝国主义世界的矛盾尖锐化，驱使帝国主义国家加紧了对中国的侵略。这时，一部分封建军阀和官僚与帝国主义相勾结，逐步形成了中国买办资产阶级；20 年代末到 30 年代，中国的官僚资本主义经济，在规模上和力量上达到空前程度。这是中国的大资本，它与国家政权相结合，逐步垄断了全国经济命脉，成为国家垄断资本主义。这样，中国资本主义经济分为两部分：官僚资本主义经济和民族资本主义经济。在 40 年代，官僚资本主义问题引起了中国进步的经济学家的注意。他们运用马克思主义经济理论对它进行了剖析和探讨。在这种探讨的基础上，毛泽东在 1947 年发表了《目前形势和我们的任务》一文，揭露了旧中国的官僚资本的实质，指出"这个垄断资本，和国家政权结合在一起，成为国家垄断资本主义。这个垄断资本主义，同外国帝国主义、本国地主阶级和旧式富农密切地结合着，成为买办的封建的国家垄断资本主义。这就是蒋介石反动政权的经济基础。"②毛泽东依据这种分析，提出了新民主主义三大经济纲领，即没收封建地主阶级的土地归农民所有，没收蒋（介石）、宋（子文）、孔（祥熙）、陈（果夫、立夫）为首的垄断资本为新民主主义国家所有，保护民族工商业。中华人民共和国建立前夕，毛泽东还进一步对实行上述纲领以后的经济形态作了以下的概括："国营经济是社会主义性质的，合作社经济是半社会主义性质的，加上私人

① 《毛泽东选集》，人民出版社 1964 年版，第 595 页。
② 同上书，第 1253 页。

资本主义，加上个体经济，加上国家和私人合作的国家资本主义经济，这些就是人民共和国的几种主要的经济成分，这些就构成新民主主义的经济形态。"①

　　毛泽东和中国的其他马克思主义经济学家，从中国的具体实际出发，对半殖民地半封建经济和新民主主义所作的理论分析，对于马克思主义经济学，特别是对于社会经济形态的更替和演变的学说，是一种创造性的发展。因为这种分析说明：在不同地区或国家，五种社会经济形态的更替，不会呈现出单一的、彼此相同的状态，在不同地区或国家的具体的内部经济根源和外部经济条件下，会呈现出多样的、互有差异的状态。由此也就决定了革命会采取不同的斗争形式。

1949—1976年马克思主义经济学在中国社会主义革命和建设中的运用和发展

　　从1949年中华人民共和国建立，到1956年的社会主义改造基本完成，是中国由新民主主义向社会主义转变的时期。这一时期，国家面临的任务是逐步实现国家的社会主义工业化，并逐步实现国家对农业、对手工业和对资本主义工商业的社会主义改造。毛泽东和中国其他的马克思主义者周恩来、刘少奇（1898—1969）、朱德（1886—1976）、陈云、邓小平等，明确地提出这一任务，把变革生产关系和发展生产力结合起来，把社会主义改造和社会主义建设结合起来；并且区分了对农业、手工业的改造和对资本主义工商业的改造，指出这是两种不同性质的改造，但都采取一系列逐步前进的过渡形式，以发挥两种不同性质的改造在整个国民经济运动过程中的相互促进作用。建国初期，为了把建设和改造

---

①　《毛泽东选集》，人民出版社1964年版，第1434页。

相结合，国家从整个社会经济着眼，采取了一系列有力的措施。这主要是指：统一全国财经工作，稳定市场物价，确立社会主义的国营经济在流通领域中的领导地位，并在农业方面逐步实行粮食、棉花和其他主要农副产品的统购统销，以切断城市资本主义和农村的经济联系。在这样的条件下，对资本主义工商业的改造，采取了统购包销、加工订货、经销代销、公私合营和全行业公私合营等一系列从低级到高级的国家资本主义的多种过渡形式。资本主义工商业由于对日益壮大的国营经济的依赖性愈来愈大，不能不接受社会主义改造，1956年实现了全行业公私合营。1966年取消"定息"，公私合营企业便成为社会主义国营企业。这就使马克思、恩格斯和列宁设想过但未能实现的和平赎买，第一次在中国变成了现实。对农业的社会主义改造，除了实行自愿互利的原则和典型示范以及国家财政援助等措施外，也采用一系列逐步前进的形式：首先是推行只带有社会主义萌芽性质的农业生产互助组，进而发展成为以土地入股分红和统一经营为特点的半社会主义性质的初级农业生产合作社，再进一步发展成为土地等主要生产资料归集体所有的完全社会主义性质的高级农业生产合作社。这种逐步前进的方法，促使农民在切身体验中逐渐提高加入合作经济的积极性。对手工业的改造，也采取由手工业小组到手工业供销生产合作社，进而组织手工业生产合作社等过渡形式。中国的社会主义改造，特别是在前期，总的说来，是成功的，它避免了生产关系大变动时生产大幅度下降的现象，对于发展中国国民经济起了积极的作用。但是在这一过程中，也逐渐出现了一些缺陷，主要表现是急于求成，改变过快，工作过粗，形式越来越简单划一，以致遗留了一些不利于日后发展生产力的隐患和问题。农业合作化方面，在1955年夏错误地用"小脚女人"批判"右倾机会主义"以后，损失更为突出。然而在一个六亿多人口的大国实现了如此重大、如此艰巨、如此复杂的社会经济变革，确是前所未有的。尽管存在某些缺点和错误，更重要的是取得了许多开拓性的有益成果。这些成果鲜明地体现了马克思主义经济理论和中国具体实践的结合，对于发展马克思主义经济学说具有重大的意义。

生产资料私有制的社会主义改造基本完成后，1956年中国进入了全面的社会主义建设时期。这时，毛泽东和中国其他的马克思主义者，提出了许多具有重要意义的关于社会主义建设的理论观点。毛泽东认为社会主义社会仍然存在着生产关系和生产力之间、上层建筑和经济基础之间两种基本社会矛盾。毛泽东等还分析了社会主义经济中的各种矛盾，提出了正确处理农业、轻工业、重工业之间的关系，正确处理国家、集体、个人三者之间的利益关系等一系列理论原则。他指出：社会主义在中国建立起来以后，国内的主要矛盾已经不是工人阶级和资产阶级的矛盾，而是人民对于经济文化迅速发展的需要同当前经济文化不能满足人民需要的状况之间的矛盾。因此，全国人民的主要任务是集中力量发展社会生产力。周恩来强调经济工作中必须实事求是，超过现实可能和没有根据的事不要提，应该根据需要和可能，合理地规定国民经济的发展速度，保持国民经济比较平衡的发展。刘少奇特别重视社会主义改造中的各种过渡形式。他和邓小平、陈云都针对中国的发展水平和人口众多的特点，较早提出了节制生育。他还认为生产资料也可以作为商品流通。朱德强调发展手工业合作社的必要性，并且较早反对"大锅饭"的平均主义。陈云提出建设规模要和国力相适应，必须重视研究国民经济的比例关系，强调国民经济应当进行按比例地综合平衡。这些论点和原则都是马克思主义经济理论在中国社会主义建设实践中的发展。

但是，这些正确的理论观点和原则并没有得到真正的贯彻。

1956 年以后，错误的经济思想逐渐占居主导地位，以致在 1958 年出现了违反生产力发展要求的"大跃进"，严重地破坏了正常的经济比例关系；继而又出现了搅乱农村生产关系的人民公社化运动，使农业生产遭受巨大的损失。与错误的经济实践相呼应，出现了错误的经济理论：在生产资料所有制方面，完全脱离实际地宣扬"一大二公"；在分配和交换领域，否定按劳分配和等价交换，宣扬平均主义和无偿调拨；在国民经济的发展速度和比例关系上，片面地宣扬高速度而否定平衡的比例关系；在生产关系和生产力的关系上，片面地宣扬变革生产关系的重要作用而贬低甚至否定发展生产力的决定作用。与此相联系的是：否定经济效果的重要意义，反对算"经济账"，等等。这些错误的论点，必然会遭到一部分中国经济学家的反对。50 年代末到 60 年代初，经济学界出现了对一些重要问题的争论。争论的问题集中在：是肯定还是否定商品生产、价值规律和按劳分配在社会主义经济中的作用？是只重视经济发展速度而忽视必要的比例平衡关系，还是必须兼顾二者？是重视还是忽视甚至否定发展生产力的决定作用？是重视还是忽视经济效果？等等。当时，"左"的错误的经济思想仍然占据优势，理论问题的争论并未获得健康的发展。"文化大革命"中，许多马克思主义的基本理论和社会主义的基本原则，也都被当作修正主义和资本主义而受到粗暴的批判。十年"文化大革命"不但造成思想上、理论上的极大混乱，并且使国民经济遭到极其严重的破坏。

1977 年以来马克思主义经济学在中国的运用和发展

"文化大革命"的结束，使得中国经济学界能够逐步开展正常的学术讨论。人们很自然地要求探讨一度在社会上形成认识混乱的重大理论问题，如当代中国社会处在社会主义社会的哪一阶段？

怎样看待社会主义经济中按劳分配、商品生产、价值规律的地位和作用？怎样看待生产力和生产关系之间的关系？怎样看待经济发展速度和保持比例平衡之间的关系？等等。在理论问题的讨论中，不仅突破了长期居于优势的"左"的思想的束缚，而且开始进一步探讨现实中提出的新问题，如社会主义公有制是否应有多种形式？社会主义的计划是否应与市场调节相结合？社会主义国家作为政权机构和作为全民所有制财产的所有者这两种职能应当如何分开？等等。

1978年底中国共产党第十一届中央委员会第三次全体会议重新确立了马克思主义的实事求是的思想路线，对于正确总结社会主义经济建设中正反两方面的经验，纠正"左"倾思想，起了关键性作用。在这次会议上及以后的九年中，邓小平强调中国社会主义建设必须实现工业、农业、国防和科学技术现代化，而实现现代化的根本前提是坚持社会主义道路，坚持人民民主专政，坚持共产党的领导，坚持马列主义、毛泽东思想，改革不适应生产力发展的经济体制和政治体制。他指出，社会主义阶段的最根本任务就是发展生产力，贫穷不是社会主义。他着重阐明中国的现代化建设必须从中国的实际出发，建设具有中国特色的社会主义。他还提出了肃清封建主义影响的问题。陈云强调经济建设要脚踏实地，坚持按比例原则调整经济。他还认为，经济工作没有时间概念、没有利润概念是不行的。他长期重视关于计划指导和市场调节的研究，认为搞活经济既要计划指导，也要市场调节，计划的范围也要根据实际情况经常调整。

中国共产党十一届三中全会以来形成的路线，推动着中国的马克思主义者和经济学界，勇于面对经济改革和经济发展的实践，探讨多方面的新的经济理论问题和建立新的经济学科。在建立充满生机和活力的社会主义经济体制以促进社会生产力发展的过程中，特别是在首先以农村为重点逐步转向以城市为重点的经济体制改革过程中，中国的马克思主义者和经济学界作出了一系列创造性的贡献，它们集中地体现在 1984 年 10 月中国共产党十二届三中全会作出的《中共中央关于经济体制改革的决定》和 1987 年11 月中国共产党第十三次全国代表大会通过的《沿着有中国特色的社会主义道路前进》的报告中。这两个对社会主义体制改革和经济社会发展具有重大意义的文献以及经济学界紧密结合经济改革和经济发展的实践进行探索所取得的理论成果，丰富和发展了马克思主义经济学。这个时期在社会主义经济理论方面的主要贡献，可以概括为以下几个方面：

（1）形成了社会主义初级阶段理论，确认当代中国正处在社会主义的初级阶段。中国的社会主义社会脱胎于半殖民地半封建社会，生产力水平远远落后于发达的资本主义国家，这就决定了它必须经历一个很长的初级阶段，去实现别的许多国家在资本主义条件下实现的工业化和生产的商品化、社会化、现代化。对中国这种最基本的国情的认识，为中国的经济体制和政治体制改革提供了基本的理论依据，奠定了具有中国特色的社会主义建设的理论基础，也为经济学领域对社会主义社会的所有制结构以及生产、分配、交换、消费等环节的研究开拓了新的视野。

（2）重新确立了衡量经济、社会进步的生产力标准，确认生产力是包括社会主义社会在内的一切社会发展的最终决定力量，社会主义社会的根本任务是发展生产力，在社会主义初级阶段尤其要把发展生产力作为全部工作的中心。这就明确了制定经济政策的基本出发点和探讨经济理论的基本立足点。

（3）突破了把计划经济同商品经济对立起来的传统观念，明确提出社会主义计划经济是公有制基础上的有计划的商品经济，必须把计划工作建立在商品交换和价值规律的基础上。同时，对社会主义的计划和市场也形成了新的观念，从过去只承认指令性计划是计划经济的主要标志发展为强调指导性计划和政策性计划的新的计划概念；从过去只承认单一的消费品市场发展到确认把生产资料及资金、劳务、技术等生产要素也包括在内的完善的社会主义市场体系。这样，就为深入地探讨实行计划经济和运用市场机制之间的有机结合，开拓了新的视界。因此，对社会主义经济运行和发展的研究，已经不再限于研究垂直联系的计划机制，而是明确地加强了对于横向经济联系和充分运用市场机制的研究，并树立了价格、利率、租税、汇率等作为经济调节杠杆的新观念。这对于社会主义经济中充分而有效益地利用人力资源和物力资源，促进生产力的发展，具有重要的意义。

(4) 在国家经济职能方面，确认国家作为政权机构的职能和作为全民所有制财产所有者的职能应当分开，从而肯定了社会主义经济中所有权同经营权可以适当分开，全民所有制企业的经营权应交给企业，政府则按照法规、政策为企业服务并进行监督。

(5) 在所有制理论方面，突破了单一公有化特别是单一国有化的观念，认识到在社会主义公有制为主体，全民所有制经济占主导地位的前提下，可以允许多种经济成分和多种经营方式存在，可以允许和鼓励个体经济、私营经济、中外合资和合作经营企业以及外商独资企业有不同程度的发展。对社会主义所有制形式的研究，也已经不再局限于简单地归结为全民（国家）所有和集体所有两种形式。当前，从纵深的发展看，对社会主义公有制内部能否包含不同决策层次和不同经营类型的具体形式，正在进行探索和实践，并已取得了进展（如承包、租赁经营的试验和推广等）。从横向的联系看，已进入探索各地区、各部门、不同的国营企业、集体企业、个体企业、私人集资能否在或大或小的范围内

形成紧密程度不同的经济联合体（如企业相互参股等）。社会主义
合作经济的理论也得到了发展。对农业联产承包责任制这个农村
合作经济的新形式正在继续探索进一步完善的途径。合作经济的
研究，不像以往那样局限于农业、副业，已经扩展到包括工业、
商业、服务业等多种行业；也不像以往那样局限于生产，已经扩
展到消费、流通、信贷等各个领域。

（6）在价格理论上，改变了过去把价格仅看作计算工具和再
分配工具的传统观念，承认在社会主义经济中价格仍然具有调节
经济、配置资源的职能；改变把稳定物价看成物价固定不变的传
统观念，确立了把物价基本稳定与灵活调整结合起来的新观念；
改变了单一国家定价、国家调价的观念，确立了逐步扩大市场价
格作用范围的观念。

（7）深化了关于社会主义经济中贯彻按劳分配原则以及个人
收入分配的研究，明确地提出社会主义社会成员的共同富裕不
能理解为平均主义或同步富裕。只有允许一部分地区、一部分
企业和一部分人先富起来，允许劳动者的富裕速度和富裕程度有
所差别，而又注意劳动报酬的差距不过分悬殊，从而确立以按劳
分配为主的多种分配方式并存的制度，这样才有利于社会生产
力的发展和整个社会的富裕，才能逐步实现社会成员的共同富
裕。

（8）在世界经济联系日益密切的条件下，探索了在坚持社会
主义经济优势的同时，如何以不同形式利用各种非社会主义经济，
包括利用国外的资本主义经济来发展本国社会生产力。这方面的
探索，不但发展了关于社会主义经济中国家资本主义的多种形式
的研究，而且开拓了超越出传统的国家资本主义概念来利用多种
经济形式以发展社会主义经济的新的研究领域。

中国的马克思主义经济学家经历多年的经验教训，深切地认

识到：必须在实践中坚持和发展马克思主义，必须立足于本国国情坚持和发展马克思主义，必须突破并舍弃某些不适应经济发展需要的旧观念，才能坚持和发展马克思主义。而且，"在马克思主义里绝没有与'宗派主义'相似的东西，它绝不是离开世界文明发展大道而产生的固步自封、僵化不变的学说。"[①] 因此，必须摒弃自我封闭的态度，力求汲取当代文明中有益的成果来丰富和发展马克思主义，包括丰富和发展马克思主义的经济科学。

当前，中国正在继续探索一条从中国国情出发，符合社会主义经济规律，具有中国特色的社会主义道路。中国的马克思主义经济学家也正在循着这条道路研究新现象和新问题，力求取得新的理论成果并建立实践所需要的新的学科。一些重要课题，如：怎样认识社会主义经济结构，促使微观经济有活力而又保持宏观经济能获得有效的管理和控制；怎样确立社会主义经济发展战略目标来引导整个国民经济的运行和发展；怎样做到既提高经济效率以加速发展生产力，而又不损害社会主义生产关系和社会主义平等原则；怎样促使各种经济杠杆互相配套，形成能有效地调节经济运行和发展的体系；怎样更切合经济实践发展的需要，把质的分析和量的分析结合起来等等，以及与上述宏观课题密切有关的其他重大课题，诸如社会主义初级阶段不同于高级阶段的质的特征；有计划的商品经济模式中计划与市场的关系和结合方式；实现全民所有制经济的所有权与经营权分离的各种形式的比较研究；所有制关系的改革与经济运行机制改革的关系；企业改革与价格改革的关系；经济改革与经济发展的关系；改革的环境问题；合理拉开收入差距、克服平均主义与消除不合理差距问题，等等，都已引起经济学界的高度重视和认真研究。更多的新的经济学科

---

① 《列宁选集》第 2 卷，人民出版社 1972 年版，第 441 页。

分支也在逐步建立。随着中国社会主义经济建设的发展，随着中国经济体制改革的进展，中国的马克思主义的经济科学必定会有新的发展。

（原载《中国大百科全书·经济学卷》

中国大百科全书出版社 1988 年版）

有关农业经济的几个问题

一 关于农业是国民经济基础的问题

要把农业搞上去，首先必须认识农业在国民经济中所占的地位。

马克思在分析农业的剩余劳动的时候指出，具有一定劳动生产率的农业，是一切社会的基础。他说道："如果人在一个工作日内，不能生产出比每个劳动者再生产自身所需的生活资料更多的生活资料，在最狭窄的意义上说，也就是生产出更多的农产品，如果他全部劳动力每日的耗费只够再生产他满足个人需要所不可缺少的生活资料，那就根本谈不上剩余产品，也谈不上剩余价值。超过劳动者个人需要的农业劳动生产率，是一切社会的基础，并且首先是资本主义生产的基础。"[①] 马克思的《资本论》是以分析资本主义生产方式作为任务的，因此，他在这里强调了农业在资本主义生产中的基础作用。同时他也指出农业在社会生产中的基础作用，是一切社会制度所共通的。

---

① 《马克思恩格斯全集》第 25 卷，人民出版社 1974 年版，第 885 页。

　　生活资料（特别是食物）的生产，是人类生存与一切生产的先决条件。因此，使用在这种生产上的劳动，经济学上最广义的农业劳动，必然成为整个国民经济的基础和前提。社会分工明确地证明了这一点。如果社会一部分人用在农业劳动上所生产的全部劳动产品，不够为农业以外的劳动者提供必要的生活资料，那么，社会分工就没有可能。马克思在《资本论》中明确地说道："因为食物的生产是直接生产者的生存和一切生产的首要的条件，所以在这种生产中使用的劳动，即经济学上最广义的农业劳动，必须有足够的生产率，使可供支配的劳动时间，不至全被直接生产者的食物生产占去；也就是使农业剩余劳动，从而农业剩余产品成为可能。进一步说，社会上的一部分人用在农业上的全部劳动——必要劳动和剩余劳动——必须足以为整个社会，从而也为非农业工人生产必要的食物；也就是使从事农业的人和从事工业的人有实行这种巨大分工的可能；并且也使生产食物的农民和生产原料的农民有实行分工的可能。"[①] 人类的社会分工的历史，以及农业对于工业生产的制约，处处都在证明：农业是社会生产的基础；处处都在证明，如果没有农业的一定发展，那就谈不到手工业的独立发展，从而，也就谈不到现代工业的发展。

　　毛主席发展了马克思列宁主义，不但肯定了农业在社会主义社会里，还是国民经济的基础；而且辩证地把社会主义农业同社会主义工业结合起来，提出了"以农业为基础、工业为主导"的发展国民经济的总方针。

　　马克思没有活到社会主义社会，他只能从考察历史上各种生产方式（特别是资本主义生产方式），得出农业是社会生产的基础的一般性的结论。事实上，在实现了生产资料公有化和社会生产

---

　　① 《马克思恩格斯全集》第 25 卷，人民出版社 1974 年版，第 715—716 页。

计划化的社会主义社会里，农业是国民经济的基础这一规律，是更加明确地显示出来的。实践告诉我们，要发展工业，矿石资源、原料、辅助材料、机器设备以及技术力量，等等，当然是不可缺少的条件。但是，从整个国民经济的全局来看，对于工业的规模和发展速度，起着最终的决定作用的，却是农业。实践证明，要发展社会主义工业，不仅要从农业取得工业劳动者所需要的生活资料，特别是商品粮；而且要从农村获得扩大生产规模所需要的劳动力。要发展社会主义轻工业，除了工人群众的生活资料之外，还需要有足够的植物性和动物性的原料，而这些，是必须仰给于农业的。实践证明，不但轻工业的产品，要以购买力不断增长的集体农民，作为销售对象，而且重工业的相当大的一部分产品，更要以具有巨大购买力的农业作为重要市场。国营重工业部门所制造的农业机械、化学肥料、电力设备、运输设备、民用燃料以及民用建筑材料，等等，如果离开社会主义农业，出路就会大大地受到限制。实践证明，"为了完成国家工业化和农业技术改造所需要的大量资金，其中有一个相当大的部分是要从农业方面积累起来的。"[1] 这就是说，农业发展了，才能提供发展工业所需要的劳动力、商品粮、副食品和工业原料，才能扩大重工业和轻工业的产品的市场，为工业积累更多的资金，促进工业更快的发展。这一切，都在说明，农业是国民经济的基础。在我国目前情况下，工业的发展，无论在规模上，或者在速度上，尤其要受到农业的制约。因此，毛主席教导全国人民，"农业生产是我们经济建设工作的第一位"。

　　但是，这个作为国民经济基础的农业，是不能离开工业而孤立地存在、孤立地发展的。所谓农业现代化，在内容上，指的就

---

[1]　《毛泽东选集》第5卷，人民出版社1997年版，第182页。

是农业生产的机械化、电气化以及化学化等等。而所有这一切，如果离开现代化工业的发展，那是不可思议的。在实现了生产资料的集体所有制之后，要进一步提高农业生产力，要进一步发展社会主义的农业生产，根本出路，只有实现机械化；而实现农业机械化所需要的拖拉机、收割机、脱粒机等农业机器、现代化的运输工具、电力排灌设备、农药和化学肥料，等等，无一不是要仰给于重工业。因此，钢铁、机械、化工、电力、燃料等许多生产部门，都是发展农业生产所不能缺少的。有了这些现代化的装备，集体农业才能进一步提高自己的劳动生产率，才能腾出更多的劳动力，进行多种经营和农田水利建设。国营工业，特别是重工业，越是发展，集体农业就越有条件发展自己的机械化，并提高自己的劳动生产率。工业在国民经济中的主导作用，在这里，就明显地显示出来了。实践已经在证明，并且继续在证明，实现四个现代化，也就是"以农业为基础、工业为主导"的发展国民经济的总方针的具体化。

农业与工业之间的相互关系，更具体地说，就是农业、轻工业和重工业之间的相互关系。我国的实践，充分地证明了它们三者是互为条件，互相促进的。轻工业与人民的日常生活，关系极为密切，这是一目了然的。社会主义轻工业发展了，它就会以日益增多的轻工业品，支援农业；同时，又使更多的农副产品成为轻工业的原料，用来增加集体农业和农民的收入，进一步促进农业生产的发展。轻工业越发展，重工业就越能获得更多的资金和更多的生活日用品。同时，轻工业越发展，它就更加需要重工业提供原料和机器设备。这样，就必然会促进重工业的更加发展。实践证明了客观存在着这样一个必然性，这就是，先有农业的发展，才有轻工业的发展；先有农业和轻工业的发展，才有重工业的发展；而重工业的发展，又转化为农业、轻工业的发展。这是农业、轻工业和重工业三者之间发展的辩证法。正确地处理它们三者之间的相互关系，就能够使它们互相转化，互相促进，使社会主义的国民经济迅速地得到全面发展。用多发展一些农业和轻工业的办法来发展重工业，从一时一事孤立地看，用在农业和轻工业方面的劳动力、资金、设备、材料，好像占得多一些；而用在发展重工业方面的，就好像占得少一些，从而，重工业的发展速度，就好像走得慢一些。事实并不如此。从长远来看，农业和轻工业发展了，重工业就能够更好更快地发展。重工业的发展速度，并不是更慢，而是更快了。如果无视它们三者之间的辩证关系，而认为从农业和轻工业挤出劳动力、资金、设备和材料，会快点发展重工业，那是一种形而上学的干法，近视眼的干法。这种干法的结果，必然是：农业和轻工业的少，将会转化为重工业的少；农业和轻工业的慢，将会转化为重工业的慢。实践和理论都在证明：加速发展农业和轻工业，是重工业进一步发展的条件。

反映发展国民经济总方针的农业与工业之间的比例关系，是社会主义国民经济各生产部门之间的主要比例关系；除此之外，在农业和工业内部，也都各自存在着重要的比例关系。

"以粮为纲，全面发展"，是我国发展社会主义农业生产的方针。这个方针，是社会主义农业经济有计划按比例发展的客观规律的具体反映。粮食的重要性，那是极其明确的。如果说，农业是国民经济的基础，那么，粮食是基础的基础，因此要以它为纲。有了粮食作为纲，纲举目张，农、林、牧、副、渔之间，以及粮、棉、油、麻、丝、茶、糖、菜、烟、果、药、杂之间的布局，就有了依据，这样，落实国家种植计划，使农业和林、牧、副、渔各业之间，以及粮食作物和经济作物、经济作物与经济作物之间，有一个适应客观要求的比例关系。在农业内部，这两个布局的安排情况，不仅对农业本身的发展，有着直接的影响，而且对于工业，特别是对轻工业的发展，也有着直接的影响。我国当前轻工业原料大约有 70％来自农业；粮、棉、油、麻、丝，等等，都是极为重要的工业原料。林业、牧业、副业、渔业的产品，有的是直接的工业原料，有的是发展工业所不可缺少的物资。在以粮为纲的前提下，积极发展多种经营，既可以为工业提供更多的原料，又可以增加集体经济的积累和社员收入，为工业提供更广阔的市场，更快地促进农业和工业的携手并进。那种把"以粮为纲"理解为孤立地发展粮食，而否定其他农作物的做法是完全错误的。毛泽东同志说过，纲是不能离开"目"的，如果没有"目"，怎能有"纲"呢？孤立地去对待"以粮为纲"，不仅破坏了农业的全面发展，而且在实质上恰恰是否定了"以粮为纲"的这个纲。这是一种反马克思主义的形而上学的思想方法。

毛泽东同志制定的"以农业为基础、工业为主导"的发展国民经济总方针，是正确处理工农两大劳动阶级的关系的方针，同时，也是反映客观存在的有计划按比例发展规律的方针。毛泽东同志关于发展国民经济的总方针，不仅为我们的社会主义生产和社会主义建设指出了方向，而且深刻地发展了马克思主义政治经济学。

二　关于承认农民集体所有制的问题

关于农民集体所有制，在我国，本来是不成为一个问题的。

我们国家的宪法，在《总纲》的第七条规定："农村人民公社经济是社会主义劳动群众集体所有制经济，现在一般实行公社、生产大队、生产队三级所有，而以生产队为基本核算单位。"《总纲》第八条又规定："社会主义的公共财产不可侵犯。国家保障社会主义全民所有制经济和社会主义劳动群众集体所有制经济的巩固和发展。国家禁止任何人利用任何手段，扰乱社会经济秩序，破坏国家经济计划，侵吞、挥霍国家和集体的财产，危害公共利益。"宪法是我国的根本大法。宪法规定，国家保护社会主义的公共财产，是把全民所有制同集体所有制都包括在内的。当然，从公有化程度来说，集体所有制没有全民所有制那么高，但是，集体所有制经济，还是社会主义经济。这是极其明确的。祸国殃民的"四人帮"把我国的社会主义公有制，特别是集体所有制诬蔑为私有经济，这完全是反马克思主义的谬论。他们对于社会主义公有制的诬蔑无非是为了篡党夺权，搞资本主义复辟。

集体农业有自己的特点。这些特点，大体可以归纳如下：

（一）它的生产资料只属于本集体所有；本集体范围内的劳动力，归本集体支配。这就是说，本集体以外的任何人，都无权来处理它的生产资料，都无权来支配它的劳动力。

（二）生产资料既然是集体所有的，那么，它就必然有权独立经营，自负盈亏，独立自主地组织本单位的生产、收益分配和产品交换。当然，它的生产经营是必须在国家的政策、法令和计划的指导下来进行的。

（三）在上交了农业税，在提取了公积金和公益金之后，对本单位成员，实行"按劳分配"。分配总额的多少，取决于本单位实际收入的多少。从社员个人来说，那是取决于本人所提供的劳动数量和质量的。

实践证明：集体农业的经营，如果摆脱国家的计划指导，如果违背国家的政策法令，那就会走上邪路。同时，实践又证明，如果地方、公社以及大队，任意平调集体所有的生产资料，任意调动生产队的劳动力，任意以种种名义，向生产队摊派资金和物资，那就是在否定我国农业的集体所有制，那就是在破坏国家宪法《总纲》第七条和第八条的规定。而在实际上，这个本来不应该成为问题的问题，现在却成了一个全国相当普遍的严重问题了。

问题的焦点，集中在生产队的集体所有制上。现在有些地方，有些干部，在事实上是不承认生产队的所有制和自主权的。有的地方任意对生产队摊派，搞一平二调；有的地方，不根据当地具体情况，不根据生产队的具体实际和社员的意见，从上面来一个一刀切，大搞瞎指挥；有的地方，由于摊派和平调，使许多生产队增产不增收，分配不兑现，按劳分配成为"镜花水月"。有的地方，完全忽视农业生产的发展水平和社员群众的意见，上级说一句话，生产队就一下子过渡到生产大队。从而，引起一些卖牛、砍树等现象。在这些情况下，农民的集体所有制还有什么内容呢？

对生产队任意摊派，任意平调，不仅是在否定生产队的财权，而且是在否定它的生产资料所有权；对农业生产搞瞎指挥，不仅是在搞主观唯心主义和唯意志论，而且是在剥夺生产队的生产经营权；对生产队的收益任意支配，任意摊派，不仅否定了生产队的分配权，而且使社会主义的按劳分配的原则化为乌有。从生产队所有制向大队所有制过渡，又从大队所有制向公社所有制过渡，最后从公社的集体所有制向全民所有制过渡，实现全国单一的全民所有制，那是社会主义发展的必然规律，是我们必然要走的道路；但是，过渡必须具有一定的条件，即农业生产力水平的提高和社员群众政治觉悟水平的提高。如果离开这些条件，如果像张春桥在上海附近搞"穷精神过渡"，那样，除了欺世盗名、破坏农业生产力、损害农民群众的社会主义积极性之外，还有什么好处呢？

有人认为赶快把生产队所有制过渡到大队所有制，有利于农业实现现代化，理由是生产队并成大队之后，有财力购买现代化的农业机械。我们必须知道，农业仍然是我国国民经济中的薄弱环节，必须大力加快它的现代化。农业上不去，整个经济就不可能迅速发展，也就不可能现代化。但是，农业机械化一定要因地制宜，根据各地不同条件，先化什么，后化什么，不能千篇一律，不能一哄而上。要实现农业机械化，方式可以有多种。一部分由社、队自由出钱买；一部分民买公助，由国家提供低利贷款；一部分由国家成立国营拖拉机站，为农民耕作，收取少量费用。因此，以购买农业机械作为理由，把生产队所有制一下子过渡到大队所有制，在理论上，是不完全站得住的；在实践上，是不完全行得通的。难道"穷过渡"是解决实现农业现代化的唯一关键问题吗？如果不搞好农机的管理，如果不搞好科学种田，如果不搞好集体农业的经营管理和经济核算，如果在条件尚未成熟之下，就急于过渡，对于发展农业生产和实现农业现代化，能够带来积极的效果吗？

还要谈一下农业的按劳分配问题，按劳分配，是以生产资料的社会主义公有制作为前提的。也就是说，按劳分配是社会主义公有制在分配关系方面的具体表现。现在，大家在理论上，对于按劳分配的社会主义原则，看来是没有人出来反对的。问题是劳动定额与报酬的联系问题。在理论上，既然是"按劳"分配，那么，劳动报酬，就必然以劳动所提供的劳动量来计量。马克思在论及自由人公社的时候说道："劳动时间又是计量生产者个人在共同劳动中所占份额的尺度，因而也是计量生产者个人在共同产品的个人消费部分中所占份额的尺度。"[1] 在谈到工资的时候，马克思又说道："在实行计时工资的情况下，劳动由劳动的直接的持续时间来计量；在实行计件工资的情况下，则由在一定时间内劳动所凝结成的产品的数量来计量。"[2] 马克思在分析资本主义工资时，戳穿了资本家对劳动者的榨取；但从工资形式来说，马克思关于

---

[1] 《马克思恩格斯全集》第23卷，人民出版社1972年版，第96页。

[2] 同上书，第605页。

工资形式的分析，是适用于社会主义社会的。根据马克思的科学分析，我认为把劳动定额同工资报酬联系起来，是科学的，是合理的。如果不完成劳动定额的人，同完成劳动定额以至超额完成定额（当然要保证质量）的人，拿同样工资，那还有什么按劳分配之可言呢？

实践证明，农业生产中的定额管理、定额记工的方式，是合理的方式，因为它能够比较准确地反映劳动的数量和质量，并且把劳动和报酬直接联系起来，把个人利益、集体利益和国家利益统一起来。而那种没有劳动数量，没有质量标准，干活无验收的记工法，"简便"诚然是"简便"，但在许多地方并没有行得通，结果还是一律按底分记分，实行平均主义的"大概工"。这种"大概工"，不能体现按劳分配的原则。

三　在流通过程两个同农业经济有密切关系的问题

在流通过程方面，有两个问题需要重视，这就是关于缩小工农业产品交换价格的剪刀差和有关农村集市贸易的问题。

（一）工农业产品交换的剪刀差，解放以前就存在。这个问题，同城市商业资本剥削农民，特别是同帝国主义的经济侵略有密切关系。解放后，情况逐步在起着变化。毛主席在《论十大关系》中指示我们，"工农业品的交换，我们是采取缩小剪刀差，等价交换或者近乎等价交换的政策。我们统购农产品是按照正常的价格，农民并不吃亏，而且收购价格还逐步有所增长。我们在向农民供应工业品方面，采取薄利多销，稳定物价或适当降价的政策，在向缺粮区农民供应粮食方面，一般略有补贴。"事实上，我们是按毛主席的指示办事的。20多年来，我们国家曾几次提高农产品收购价格，提高了一倍；而工业品的零售价格只上升 28%，农产品的价格提高得多一点；工业品的价格提高得少一点，这说明：剪刀差逐步在缩小。

但是，工农业产品交换价格剪刀差仍然偏大，就是说，农产品收购价格偏低，而不少支农产品的销售价格偏高。如何进一步缩小工农业产品价格的剪刀差呢？从根本上说，必须努力搞好农业生产，提高农业劳动生产率，降低农产品的成本。这方面问题很多，要巩固集体农业经济，要有效地发挥三亿农业劳动力的作用，要加快实现农业机械化的步伐，要搞好科学种田，要设法增加并合理使用农业投资，要搞好基本经济核算单位的财务管理，杜绝贪污浪费以及严格禁止任何领导机关对农业生产的瞎指挥和对农业收益的乱摊派。所有这些，都是搞好农业生产，提高劳动生产率，降低农产品成本，增加集体和社员的收入所不可少的。

但是，还有另一方面的问题，那就是逐步调整工农业产品价格的问题。现在一些支农产品价格相当高，质量相当差，型号相当乱，甚至买个零件也很困难。买不到必要的零件，一辆还可以使用的拖拉机，便从铁牛变为"死牛"。这不仅是一个扩大工农业产品价格剪刀差的问题，而且是一种对农民的变相剥夺。对于这种变相剥夺农民的办法，党中央已经严厉地给予批评并且着手在进行整顿，限期提高农机质量，统一规格，形成系列。

要进一步缩小工农业产品之间比价，首先是解决提高粮价的问题。调整价格是一个涉及全国各方面的综合性问题，涉及国家、集体和个人三者之间的关系的问题。因此，必须妥善地考虑好几个方面的平衡。以粮价来说，一是以粮食价格为中心的各种农副产品价格之间的平衡；二是农副产品价格和以农副产品为原料的工业产品价格之间的平衡；三是商品供应和社会购买力之间的平衡；四是国家财政收支的平衡。粮食价格提高多少比较合适？其他农副产品价格如何作相应的调整？销售价格要不要提高，提高多少？销售价格提高后，为了保证职工生活的稳定，职工工资如何调整？所有这些问题，都必须进行周密考虑。

（二）在我国现阶段的流通过程中，还存在着农村集市贸易。有些同志坚决主张关闭这种市场贸易。要回答这个问题，必须看看农村集市现在有没有存在的必然性？从下列情况来看，答案应该是肯定的。第一，农村集市的商品大都是零星而分散的东西；有一部分还是时间性很强的鲜活产品，如菜秧、小鸡、小鱼等等。这些东西，目前还不能全部纳入有计划的流通渠道。第二，社员从集体分配到的生活资料，品种和数量都不相同。有的自用有余，有的所需不足。这就需要互通有无，调剂余缺；第三，生产队或大队所生产的某些品种，是国营商业、供销合作社商业一时不经营或者经营得不多的，如耕畜、饲草之类。这也需要在队与队之间互相调剂。所有这些，说明农村集市贸易在现在还有其存在的必然性。目前各地副食品站（如菜蔬）的收购价格，不怎么合理，不是按质论价，其结果，社员当然把好的菜蔬拿到集市贸易去卖较高的价格，国营商店的菜蔬，不但品种很少，而且只是一些老芹菜、老茄子之类。在这种情况之下，把集市贸易都关闭了，问题能解决吗？当然，集市贸易是一个历史范畴，它在一定历史条件下存在，也要在一定历史条件下消亡。问题是创造条件。在条件还未具备的时候，马上取消它，结果只能是化整为零，化明为暗，使原来品种多样的农副产品，越来越减少。

互通有无，调剂余缺的集市贸易，同投机倒把活动，不能完全混为一谈。投机倒把是买进卖出，抬价杀价，弃农经商，搞无证商贩。投机倒把利用集市贸易搞活动，那是事实；但是，进入集市贸易的人，并不都是投机倒把分子。怎能把产销见面、调剂余缺的人，看成是投机倒把分子呢？

　　承认集市贸易存在的客观性，并不等于说，国家可以放手不管。对于集市贸易必须严格地限制在国家政策许可的范围内，只准自产自销，产销直接见面，制止弃农经商，取缔无证商贩，打击投机倒把。

　　有人认为集市贸易的存在，会使物价抬高。大体说来，同样的农副产品，集市价格是比国营牌价来得高的。集市贸易的价格，明显地受到供求关系的影响，供应少了，价格当然上升；供应多了，价格当然下降。实践证明，不少有集市贸易的地方，在供应增加的条件下，集市价格往往同国营牌价差不多，有时甚至于比国营牌价还要低一点。而有些关闭了集市贸易的地方，不但没有把农副产品、小土产等消费品的价格降低下来，反而使黑市价格高得惊人。

四　经济规律对于发展农业生产的要求

　　马恩列斯和毛主席都曾多次教导我们，必须认识经济规律的客观性，必须按照经济规律的要求来进行我们的社会主义生产和社会主义建设。要发展我国的社会主义集体农业，也必须按照经济规律办事。

　　社会主义基本经济规律是客观地存在于社会主义社会里的。对于这个基本经济规律的在文字上的表达，现在还未有一致的意见，但是，发展社会生产以满足社会和个人的需要的要求，那是极其明确的。从农业生产来说，这个基本规律的要求，具有更加重要的意义。如果农业没有充分的发展，如果粮食、农副产品以及林业、牧业和渔业等等，没有充分的发展，那么，社会需要和个人需要，怎能得到满足呢？而要进一步发展农业生产，那就非实现农业的现代化不可，那就非把我国的农业生产放在一个新的技术基础上不可。所有这一切难道不是社会主义基本经济规律对于农业生产的要求么？

其次，我们在前面说过，正确地处理农业、轻工业和重工业之间的相互关系，就是国民经济有计划按比例发展规律的一个重要方面，一个重要要求。国民经济有计划按比例发展规律要求我们在做计划的时候，在处理国家投资的时候，必须牢牢地抓住农业是国民经济的基础这一点。在农业内部，国民经济有计划按比例发展规律，不但要求我们把粮食搞上去，而且还要求我们，必须因地制宜，安排好农、林、牧、副、渔之间以及粮、棉、油、麻、丝、茶、糖、菜、烟、果、药、杂之间的关系。实践证明，那种忽视当地具体条件，孤立地种植粮食，而破坏许多能够发展、必须发展的农副产品的生产的做法，是反马克思主义的形而上学。那种做法，不仅破坏了国民经济有计划、按比例发展规律的要求，而且破坏了社会主义基本经济规律的要求。

第三，关于按劳分配问题，前面已经提及。按劳分配的对立面是平均主义，而在当前农业分配中，主要倾向正是平均主义。平均主义，不是无产阶级思想而是小资产阶级的一种思潮；加上林彪、"四人帮"的流毒，问题就更加严重了。林彪、"四人帮"宣扬什么"平均工分就是共产主义"，什么"平均主义多一点，共产主义因素就多一点"。他们的这种胡说，对于共产主义是一个极其恶毒的诬蔑。怎能把平均主义说成是共产主义呢？到了生产高度发展、产品极大丰富的共产主义高级阶段的时候，必然要实现各尽所能、按需分配。在那时，张三对于某种消费品，需要得多一点，他就从社会多领取一点；李四对于某种消费品，需要得很少，甚至不需要，他就从社会少领取一点，甚至完全不要。在那种情况之下，哪有什么平均主义呢？在社会主义阶段，实践证明，平均主义是实现按劳分配的严重障碍，是发展社会主义工农业生产的严重障碍，因而是我国实现四个现代化的严重障碍。如果不批倒平均主义，按劳分配的客观规律就没法实现。在那种干与不干、干多干少、干好干坏都取得同样报酬的情况之下，有什么按劳分配可言呢？实践证明，在农业分配中那种没有劳动数量，没有质量标准，干活无验收的"大概工"，就是平均主义的一种表现形式。这种"大概工"对于社员群众的生产积极性，带来了相当大的不良作用。因为它没有按劳动的数量和质量的差别付给报酬。只有在无产阶级政治挂帅的前提之下，实行定额管理、定额记工，社会主义集体农业的生产，才能有较快的发展。

第四，关于价值规律。它的基本点是每一商品的价值都决定于生产它的社会必要劳动时间；在这个前提下，商品的交换必须等价。在我国，商品生产和商品流通将继续地存在下去，因而，价值规律对于商品等价交换的要求，就必然存在下去。从集体农业来说，比较严重的问题是工农业产品价格的剪刀差的存在。现在，广大农民辛辛苦苦，往往增产不增收，或者增产少增收，甚至增产反而减收。（至于减产，那就当然要减收了。）这些问题的原因很多，而剪刀差的存在，则是一个带普遍性的重要原因。中央已经明确，缩小剪刀差是党的一项既定政策。从理论来说，实现工农业产品等价交换，消灭两者之间的剪刀差，就是价值规律的基本要求。要实现工农业产品的等价交换，就必须自觉地运用价值规律的这个要求，逐步地调整工农业产品的价格。而这些工作，又必须与提高农业劳动生产率，增加农业生产，降低农业成本等工作结合进行。

总而言之，在社会主义时期存在的这几个经济规律，都是同集体农业的发展息息相关的。要发展我国的农业经济，要实现我国农业的现代化，那就不能不顾这些客观规律，更不能违反这些客观规律的要求。

　　在对待客观经济规律的问题上，唯意志论是同马克思主义对立的。马克思主义教导我们，必须认识客观经济规律的存在，必须自觉地运用经济规律于社会主义生产和社会主义建设；反之，唯意志论的人们却只看见无产阶级国家的威力，而不承认无产阶级国家的威力是以社会主义制度下的客观经济规律作为条件的。唯意志论的人们，甚至于只看见自己手中掌握的权力。"一朝权在手，便把令来行"。但是，到头来，客观经济规律是不会饶恕他们的。不管是谁，只要他违反客观规律，他必然要受到客观规律的惩罚。林彪，特别是"四人帮"，在这方面是干得很出色的。他们在政治挂帅的幌子下，做尽了坏事，做尽了破坏客观规律的勾当。到底如何呢？他们能逃避历史的审判么？他们能逃避人民的唾骂么？

　　为了实现农业的现代化，除了要用现代技术来装备我国的集体农业之外，还必须实现社会主义法制，还必须建立一套有效的经济措施，如改革企业的经营管理、推广合同制度，加强银行的作用，实行经济立法和经济司法，等等。而所有这一切，同客观存在的经济规律，都是有关系的。在党中央领导下，在举国人民一致为实现新时期总任务而努力奋斗的前提下，我国农业的现代化，是一定能够实现的。

（载《经济研究》1978 年第 12 期）

关于畜牧业的几个问题[*]

怎样理解农业是国民经济的基础

    农业是国民经济的基础，在资本主义社会是如此；在社会主义社会也是如此。实践证明，以农业作为国民经济的基础，那是没有疑义的。问题是怎样去理解马克思列宁主义的这个科学论断。在过去若干年中，是怎样去理解这个作为国民经济基础的农业呢？

    我们曾经把农业简单地理解为大米、小麦等粮食生产，曾经用粮食生产去排挤、代替其他有关作物的生产，去代替、去排挤林牧副渔的生产。理论根据就是"以粮为纲"。这种理解，看起来的确很干脆，但是多年的实践却证明这种提法是有片面性的。纲是对目而言的，突出了纲，就把目视为无足轻重，对于国民经济的发展必然带来灾难。社会主义生产的目的是为了满足人民物质和文化的需要，如果单单只有粮食和钢铁，怎能满足人民生活和社会生活的需要呢？马克思在提到农业劳动的时候，指出："农业不仅指采集、狩猎、捕鱼，而且还包括畜牧。"马克思有时甚至把

---

  * 这是作者 1980 年 8 月 9 日在第二次畜牧业经济理论讨论会上的发言。

小麦和牲畜作为农业的代表。他说，"社会用来生产小麦和牲畜等等所需要的时间愈少；用来进行其他生产——物质和精神生产的时间就愈多。"① 这就可以看出，马克思所指的作为国民经济基础的农业不仅包括生产小麦、大米的种植业，而且包括养猪养羊等的畜牧业。粮食为人们提供淀粉和蛋白质等，那是不可忽视的。但是，肉类食物对人们脑髓的影响，乳类食品对人类的发展和体质的增强，那是单吃粮食所做不到的。目前，在一些经济发达的国家的食物构成中，肉、蛋、乳、鱼占的比重相当大。他们让畜禽吃草、粮食和配合饲料，而人则吃肉、吃蛋、吃奶。提高食品的营养水平，已经成为大势所趋。从我国的实际出发，现在我们还未能做到这一点；我国人民的大多数还是吃粮食过日子！但是，我们必须端正对于那种孤立地发展粮食、不顾当地具体条件"一刀切"地只许生产粮食的认识的问题。痛定思痛，20 多年的这个苦头，使我们必须在认识上看清"以粮为纲"的错误的严重性。

过去若干年，在"以粮为纲"的方针指导下，全国各地几乎都来了一个"一刀切"。既不考虑因地制宜，更不考虑在"以粮为纲"前提下的全面发展。在牧区，先后提出了"以农代牧"、"牧民不吃亏心粮"等口号。其结果就带来了"以农挤牧"，开垦草原，破坏牧场；出现了"农田吃牧场，风沙吃农田"，农牧两败的局面。在这种极左思想的指导下，原来牧区的农业，哪里有一点增长？而畜牧业的停滞、倒退却是无可否认的客观事实。

实践证明，农、林、牧、副、渔，是密切地联系在一起的，而不能分割地、片面地去对待。可惜的是，过去若干年，我们的同志，却是把它们分割得十分彻底。在大炼钢铁的时候，许多地方的林木都被砍去炼钢铁而变成荒山了，在学大寨风行全国的时

---

① 《马克思、恩格斯、列宁、斯大林论共产主义社会》，人民出版社 1958 年版，第 67 页。

候，有些地方竟做到砍林种粮的地步。人人都要吃饭，谁有理由反对种粮食？但以粮为纲必须因地制宜，多种经营，必须同牧畜、种菜、种糖、造林等等结合起来，才能有所发展。历史上是牧区，自然条件也适宜于牧畜，继续搞畜牧并且大力发展畜牧，这难道有什么错误吗？这难道不是适应客观自然规律和经济规律的要求吗？还是老老实实服从科学吧。在牧区就要把经济建筑在牧业的基础上，以牧业为基础，还可发展以畜产品为原料的加工工业，还可以发展牧区的商业贸易。那么，牧区以牧为主，牧民的粮食哪里来呢？牧畜所需要的一部分饲料又从哪里来呢？大家都很明白，社会主义经济还是商品经济。在这种情况下，用牧畜去同粮食或饲料交换，不是解决了问题吗？发展牧业，出口合格的冻肉、乳类、皮毛等产品，能够获得外汇，为引进新式技术，实现四个现代化做出贡献。

若干年来，"以粮为纲"的片面提法，不仅大量毁林开荒，而且以农挤牧，这种做法给整个国民经济带来严重的危害，给生态经济的平衡带来了严重的破坏，给人民生活带来极大的困难。进一步批判这种片面性做法，对于发展畜牧业是必不可少的。

我们要发展农牧业，要实现农牧业的现代化，就是要使我们的农牧业经济政策同自然生态、地理环境相互结合。所谓从实际出发，就是从当地的自然条件、区域生态特性以及经济水平的实际出发。按自然规律办事，就是按生态学的规律——生态平衡办事，而这些问题都是同经济的实际密切相关的。

有关畜牧业的生产与流通的几个问题

同农业和工业一样，畜牧业的所有制是一个根本性的问题。在我国，集体所有制是牧业方面生产关系的基础。1956 年生产资料改造高潮之后，全国牧业同农业一样，都实现了集体所有制。集体所有的牧业，在一些地区是办得不错的；但是在许多地区，却不是如此。事实证明，这些牧区的集体牧业之所以搞得不好，主要原因是不顾客观条件，破坏草场，种植粮食。把原来较好的草场，改成了农田，把原来的牧群赶到水草较差的地区去。这样，使牧区的生态平衡起了变化，牧群所需要的饲草和其他自然条件起了变化，在这种情况下，欲求集体牧群之不退化，其可得乎？不仅如此，如果农业能在牧场的废墟上发展起来，一亩地一年能出几百斤谷子，那是天大的好事。可惜的是，牧群被赶到自然条件较坏的地区而发生退化；而原来适宜于牧畜的牧场，改成农田之后，并不出现欣欣向荣的农业，反而出现收成比种子多不了多少的亏本经营。这种极左路线的干法，既违背了自然规律，又违反了经济规律，如果这样继续干下去，牧民群众当然要吃大苦；国家呢，何尝不遭受巨大的损失？听说盐池县本来是个牧业区，由于执行了"以粮为纲"、开荒种地的政策，全县870万亩牧场，有500万亩沙化。1965年有羊60万头；1976年下降为33万头。集体牧场的经营管理，假定做到有条有理，无懈可击，但在这种情况下，牲口因为吃不到草料而消瘦，而死亡，那还有什么好转的可能呢？盐池只是一个例子，如果把全国各个牧区由于实行以农挤牧的政策而招致的财富损失，计算在一起，那就更惊人了！

集体畜牧，三级所有，但是经过20多年的经验，公社大队一级是否有良好的作用，是值得怀疑的。保障生产队自主权的问题，解决不好，生产队是不可能搞好的。与此同时，按照60年代初期中央的规定，每家牧民是有自留畜的。"四人帮"篡夺党和国家权力的时候，自留畜同自留地都被作为"资本主义的尾巴"被割掉了。打倒了"四人帮"之后，中央的政策逐步得到贯彻，农区的自留地和牧区的自留畜，也在各地逐步恢复。在农村，自留地被视为集体农业的补充，在认识上大体是一致的。在牧区恢复自留畜，在认识上就成为问题了。集体农业分给农民的自留地，所有权还是属于集体而不能出卖的；至于自留畜的所有权，则是属于牧民私有的，他们不但能够吃掉它，而且还能出卖它。因此不少同志对牧民的自留畜的性质，发生了许多不同的看法。有的同志认为分自留畜，就是倒退，就是恢复个人私有。从理论来说，这个问题，是值得认真研究的。自留畜同自留地各有其特点，那是没有争议的。自留畜能出卖，而自留地则不能出卖，这是它们各自的特点。但是，我们断不能孤立地去看问题。首先自留畜是以公有的牧地作为条件的。如果离开公有（或集体）的牧地，自留畜怎能长大起来呢？其次，农村公社社员的家庭副业，如竹制品等等，也是能够拿到集市上去出卖的，这同拿到市场上去出卖的自留畜有什么不同呢？至于社员拿到市场出卖的鸡、鸭、仔猪等，同牧民出卖的自留畜，一致之点那就更多了。第三，从自留畜属于牧民私养并且能够出卖这一点来说，自留畜的私有性质是显然的；但是，这种私有性质是以集体牧业之存在作为前提的。可以说，自留畜是集体畜牧的补充。

我国畜牧业经过极左路线和"四人帮"的破坏，现在处在一个相当困难的境地。但是，我们并不能因此就看不见整个集体畜牧业的光明前途。关键在落实政策，而落实政策就是党的社会主义路线的贯彻。在集体牧业底子较好的地区，落实了政策，保障了牧民的私养畜，不但使牧民关心自己的私畜，而且会使牧民对集体牧业更加关怀。在这里，政治思想教育必须结合经济工作来进行。如果不搞思想工作，那么，私养畜有可能转变为单干；如果不在经济上为牧民谋得利益，那么，政治思想工作就难于取得牧民的信仰、就难于发挥应有的力量。

我国的畜牧业，在生产经营上，是相当落后的。我国生产资料所有制变革之后，全国牧区也先后从单干改造为集体，但是，在实现了集体化之后，我们的畜牧事业，基本上还是靠天养畜，沿袭着古老的"逐水草而居"的"游牧方式"。牧民们在畜牧业生产上，是掌握不了自己命运的。牧群还没法摆脱"夏壮、秋肥、冬瘦、春死"的困难局面。根据同志们所提供的材料，30 年来，青海的牧畜下降就有 6 次；平均每 5 年就有 1 次；新疆下降就有 8 次，平均不到 4 年就有 1 次；内蒙下降过 11 次，平均每 3 年就要下降 1 次。老天的一喜一怒，都可以对牧民和牲口带来灾难！春夏两季如果无雨，草就长不起来，就要发生旱灾；冬天无雪，叫做"黑灾"，雪如下得太多，把草覆盖住，牲畜吃不上草，叫做"白灾"。一年四季形成了无法避免的周期性循环，这怎能使我国的畜牧业能够不陷入简单再生产的泥坑呢（甚至简单再生产也保不住）？在这种情况下，要有计划地扩大再生产显然是有困难的。

牧区的牲口，除了自食的部分以外，较大的部分是作为商品进入流通过程去和其他商品交换。现在最使人注目的是工业品同畜产品之间的剪刀差。工业品同畜产品之间的剪刀差，在解放以前就已经存在。这个问题必须解决，但是，短期内，特别是在牧业处于停滞不振的今日，更难实现。粮食收购价格提高之后，猪粮比价、牛粮比价、羊粮比价、肉粮比价、皮粮比价、毛粮比价等等的调整，接踵而至。这是不能置诸不理的。在处理合理的比例关系的时候，数量当然很重要，所谓比例关系就是两种商品之间在价格（本质上是价值）上的数量关系。但是，单单注意这一方面，是不够的，实现优质优价，是缩短工业产品和畜产品在价格上差距的首先受到重视的问题。

商业部门对畜牧产品的购销工作，是在流通过程中进行的。工农牧产品的购销工作，相当复杂。生产方面许多矛盾，就是在流通过程暴露出来的。不仅如此，由于收购人员的复杂，其中就难于不出现营私舞弊的人物。例如收购人员私自取消过秤，只凭肉眼定等级、定价格。这种做法是收购员对牧民和农民的变相的"压级压价"的合法方式。据辽宁某农场的典型调查，压价的程度有时竟达到16%。这种破坏价值规律的干法，实质上，这并不仅是一个资本主义剥削问题，而且是一个超经济的封建剥削问题。如果要查究我国新社会中的封建残余，对农民、牧民的"压级、压价"，就是其中的一个值得重视的方面。

改进畜牧经营与现代化的问题

我们知道，农林牧副渔之间客观地存在着比例关系，而不能孤立地经营的。不能孤立地发展一个业，只看见人民的眼前利益，而忘记了人民的长远利益。就以粮食与畜牧之间的关系为例吧，畜牧业并不是完全不需要粮食的。首先，从事畜牧的劳动者，不可能只依靠食肉、饮乳过生活，他们还需要消费一定粮食的；其次，牧畜除了吃草之外，也需要补充一定量的精饲料、多汁饲料。反过来，城镇居民为了身体的需要，为了保持一定的热量，也不可能只吃粮食而不吃肉食。曾经有过几年，城市居民的肉食是限量供应的。有的城市，发了肉票而买不到肉，居民们很有意见；因为食肉是他们生活中一个不能忽视的问题，这就证明肉食的重要性，这也在证明畜牧业在整个国民经济中的重要性，忘记了因地制宜，忘记了多种经营，而单打一地用粮食去代替一切，去否定一切，20年来的事实，不是证明这种做法是在违反了客观规律，违反了生态平衡而受到了惩罚吗？

发展牲畜，在这个行业的内部，也是存在着一定的比例关系的，也是存在着一定的生态平衡的。例如牲畜同饲草、牲畜的数量与质量、畜群中母畜与其他畜种等方面都存在着一定的比例关系。饲草不足，就没法保证牲口的消费。母畜不足，就没法繁殖多量的小牲口。在某些地区由于盲目追求牲畜的存栏头数，就必然使草场载畜量超过所能许可的限度，引起草场的退化，进一步就必然引起牲口的体重减轻、质量退化。要发展我国的畜牧业，这些比例失调是不能置诸不理的。

实践证明，搞好草原、发展草原，是发展畜牧业的基础。根据同志们的调查，有不少地区存在着超载畜量的放牧；有不少地区不分春夏秋冬都存在"过牧"的现象，在这种"竭泽而渔"的干法之下，草原哪里有休养生息的机会？有的地方甚至把草籽或草根都啃光了。这种只看见眼前利益、看不见长远利益的干法，我国的畜牧业要顺利地得到休养生息，是很难办到的。没有良好的草原，当然谈不到畜牧业的发展，而发展草原，现在却成为一个严重在问题。至于牧畜不能吃的毒草，却任其蔓延，这就要求我们致力于改造天然草场，扩大人工草场，增强牲畜对自然灾害的抵抗力。

还有一个必不可少的牲畜越冬的饲料贮备和棚圈建设的问题。牲畜露天过冬并且缺乏饲料，不仅会大大降膘，而且会造成大量的死亡。年年在冬春两季都会遇着周期性的牲畜死亡。在这种情况下，畜牧的扩大再生产当然办不到；畜牧的简单再生产也几乎成为不可能。过冬和饲料的问题，如果我们继续采取官僚主义的态度，后果是不堪设想的。

现行畜牧业的指标，只考核牲畜的年末存栏头数以及总增数和纯增数。这些指标是简单易行的，但若从经济效果来看，我认为这种做法带来的并不是好结果，因为这种指标只不过是一种形式主义的做法。（1）既然只追求牲畜的头数，那么，牲畜的体重和质量，就可以不被重视了；（2）既然只追求牲畜的头数，那么，牲畜的品种退化，成本提高，也就不成为问题了；（3）既然只追求牧畜的头数，那么，畜群的结构就会不被重视，母畜和其他产品畜的比例关系，也就不被当成一回事，比例失调也就不可避免了；（4）既然只追求牧畜头数，那么，畜群放牧对牧场合理使用，也就认为无足轻重，这个问题，如果不及早处理，必然会加深了牧场过牧、草地退化、沙化扩大的严重化。谁也不反对牲畜的存栏头数的增加，牲畜存栏数越多，城乡居民的肉食供应，就会更加丰富，这还有什么疑义吗？问题是在于我们的牲口要做到体壮膘肥，而且消灭疾病，优质优价，能够取得较高的价格，能够增加牧民的收入。如果要做到这个程度，只看见一年末存栏数，那是办不到的。

党和全国人民，都有决心实现农业、工业、国防和科学技术的现代化。作为农业一个重要部门的畜牧业，自然不能放在现代化之外。但是，我国畜牧业的现代化同农业一样，必须从实际出发。对畜牧业的现代化，指的就是要首先把那些不利于畜牧业发展的问题，踏踏实实地加以解决。

（一）要坚持因地制宜，发展优势的方针。有些既宜农又宜牧的地区，可以有计划地种植粮食，但从总的说，牧区还是以牧为主。那种“一刀切”地取消放牧，是不可能有好结果的。决定放牧的地区，就必须坚决贯彻以牧为主的方针，不能随意改动。马克思曾经说“连续性就是生产力”。如果今年放牧，明年改为种田，这个具有连续性的生产力，不是被破坏了吗？

（二）关于以年末存栏数作为指标，我在这里，还要说几句话。搞经济当然要注重数量，但是，数量是以一定的质量作为前提的，没有质量就没有数量。使用价值如果被否定，提供的只是废品、次品，那么，价值的数量还能存在么？

（三）整顿草原的建设，至少要从人工草场着手，有计划地让草原得到休养生息，大力消灭牲畜不能吃用的毒草，这是整顿人工草场的起码工作。还要整理草原的过冬工作，逐步建立必要的牲畜越冬的贮备和棚圈建设，使牲畜不再露天过冬，避免周期地缺乏饲料而造成的牲畜大量死亡。

（四）要整顿和改进对牲畜的经营管理问题。要求干部能掌握畜群的结构规划，做到多繁殖，做到存栏牲畜不降膘、不害病、不死亡，从而能够向国家提供产量高、品质优、成本低的畜产品。目前的情况，国营畜牧业和集体畜牧业的亏本占大多数，看来管理不善，是一个重要的原因。不管牲畜如何降膘，不管牲畜如何死亡，当经理的还是经理，队长还是队长，有谁去搞好经营管理呢？而对于工作人员的工资多数并没"按劳分配"，这怎能提高工作人员的劳动积极性呢？

我国的畜牧业必然要实现现代化。但实践告诉我们，这是必须从实际出发的。不可能在条件未成熟的时候一哄而上的。就是以现在情况来说，我们在畜牧业方面，不能说一点现代化都没有，当然，那是可怜得很的。据统计，每41万亩草场，才有打草机1台；每6.6万只绵羊，才有机动剪毛机1台（实际上还有不少机动剪毛机，空有其表，只用几下就损坏弃置了）。屠宰场和冷冻设备，不但少，而且布点不合理。由于缺乏冷冻设备，更由于缺少公路和现代运输设备，只好千里赶羊，集中到屠宰场屠杀；而由于长途跋涉，疾病、降膘以至死亡，那就没法避免。有的地方只好等到冰天雪地，才开刀屠杀，让上帝去自然冷冻，白白地使许多膘满、肉肥的牲畜，变成皮包骨头，这对国家是一个很大的损失，对于牧民，对于城市居民，也何尝不是一个很大的损失？原毛运到城市的工厂选洗，在运输中要包含40%～50%的灰土杂质。这些杂质部分，既浪费国家资金，也耗费运输能力。这样的耗费，年年如此，是算不清的。如能就地制成半成品，把原毛变成毛条，或变成净毛，城市工厂只搞加工，则国家、地方的工厂都可减少成本、增加收入。总而言之，我国的畜牧业，从兽医治疗、从打草机、机动剪机，屠宰工厂冷冻设备、罐头制造、奶粉制造、皮革制造以及毛杂加工等等的现代化已经在开始了。现在的问题就是要从这个现实情况逐步前进。大规模的现代化，正在前面等着我们。但是，一哄而上，是办不到的，只有量力而行，只有实事求是，才能使我国的落后的畜牧业，一步一个脚印的向前赶上去。

畜牧业经济的研究工作

要搞好我国的畜牧经济学，问题是相当多的。作为一个外行的我，只能提出一个建议，请大家考虑。

这就是要把工矿生产和农、林、牧、副、渔等业的经济问题，同生态学结合起来。我对生态学也是一个门外汉。生态学的任务是在研究生命与环境系统之间的相互作用的理论。要搞好对农、林、牧、副、渔等经济部门的研究，很有必要把它们同生态学结合起来。根据生态学，生命系统和环境系统在特别空间的组合，构成了"生态系统"，举一个例，要发展农业，如果毁林开荒，虽然在一个短期内能得到多数的粮食，但是，林木的破坏必然带来水土流失，带来气候不调，带来大片山丘变成荒山，大片平原变成沙地。建国以前，军阀破坏林木是家常便饭的；建国以后，为了大炼钢铁，不知道多少成材的木材变成炊烬。林业部门只管砍树，不管种植，在统计表上，砍木的指标是硬的，超额还可得奖；而植林的指标是软的。许多被采伐后的山林，都变成为"童山濯濯"了，在这种情况下，水土流失的危害，山洪泛滥的危害，林业部门是束手无策的。这些做法，用中国一句老话来说，就是"竭泽而渔"，就是"杀鸡取蛋"。这难道不是破坏生态平衡吗？难道不是在使生态体系失去了平衡吗？同志们想一想，我们能够在

"童山濯濯"、"大地沙化"的情况下，实现现代化的社会主义建设吗？我们能对得起我们的子孙后人吗？最近《人民日报》发表了几位专家的一篇反对纺织部门在"四季青"公社建立纱厂的抗议书，结果北京市有关当局，只好把这个已经上马的纱厂的基建停下来。

以畜牧业来说，一个地区的畜牧，也就是自然生态和社会经济相结合的综合体系，它不仅要有肥美的草地，而且也要有一定量的林木。林当然不能与牧争地；但只要林牧配合好，林木不但通过牲畜粪便及吃掉林间杂草，可以提高林地肥力；而且对于调整牧区气候，助长草原的生长，也是很有益的。所有这些，不是在说明畜牧与林木之间存在着生态平衡的关系吗？因此，我建议同志们（研究经济学的同志们），要把自己的研究同生态学结合起来，自觉地对于工矿生产，对于农林牧副渔，不仅要从经济学的角度，而且要从生态学的角度去进行研究，这是实现社会主义现代化建设所不可少的。

最近《人民日报》、《青海日报》都报道了中国林木大量下降的消息，真是使人惊心动魄。希望大家响应《人民日报》和《青海日报》的号召，大声疾呼起来宣传，救救林业。如果林业得到恢复，生态平衡的一个重要方面就可能有所好转，而农业、畜牧业也会同时得到恢复。

四个现代化对畜牧的要求很高，希望同志们能够利用自己所掌握的科学武器，——畜牧业经济学，为四个现代化服务。通过调查研究，反映现实，提出办法；并且根据材料，写成文章，写成有系统的中国化的畜牧经济学。可能你们对这些工作，已经列入规划，那么，我的话就成为马后炮了。

（载《农业经济问题》1980 年第 10 期）

论社队企业和农工商联合企业的作用及其关系

社队企业是在农村集体经济的基础上建立并发展起来的。在我国国民经济中，这种企业虽然已经有好几年的历史，但事实上，它们还是新鲜事物。为了推动这种建立在农村集体经济基础上的社队企业的发展，国务院在 1981 年 5 月 4 日公布了《关于社队企业贯彻国民经济调整方针的若干规定》。此后，全国社队企业的发展，就有了一条明确稳妥的轨道。

在全国社队企业走上正轨的同时，不少地区的农村，出现了农工商联合经营和农工商联合企业。社队企业同农工商联合企业各自的作用是什么？它们彼此间的相互关系又是什么？这便是本文所要探索的问题。

一

社队企业已经成为农村经济中一支不可忽视的力量。

1979 年底，全国社队企业有 148 万个。经过调整，1980 年底减为 143 万个。但从业人员却从 1979 年底的 2900 多万人增至 1980

年底的 3050 万人。以总收入来说，1979 年底是 504.7 亿元，1980
年底增至 614 亿元，比上一年增长 22%；社队企业的总收入约占
农村公社、生产大队、生产队三级经济总收入的 34%，有的地方，
如无锡、常州等地还超过这个比重。

社队企业对于农村集体经济的作用，可以从下列几方面看得
出来：

一、一般说来，社队企业是劳动密集型的行业，因而，能够
吸收农村多余的劳动力。在八亿人口的农村中，劳动力约为 3.1
亿人，在这三亿多的劳动力中，约有 1/3 是农业生产吸收不了的。
也就是说，有一亿左右的劳动力，在农村中是多余的。而社队企
业的从业人员，在 1980 年是 3050 万人，约占农村剩余劳动力的 1/
3；约占农村总劳动力的 9.4%。这证明：社队企业的发展，是适
应我国人口多、耕地少的情况的。

二、社队企业能够增加集体农业的收入。根据许多地方的经
验，由于种植粮食的成本相当高，因此，单靠种植粮食的收入，
社员的工分值是有限的，只有发展社队企业，用企业利润去支援
生产队，才能提高工分值。如上所述，1980 年底社队企业总收入
是 614 亿元，除扣向国家交纳税金 25 亿元和支农资金 22.6 亿之
外，还有 566.8 亿元。这就使社队有条件去积累公益金和提高社
员的工分值。因此，社队企业对于巩固集体农业的作用，是相当
重要的。

三、发展社队企业对于农业建设资金的作用也是极其重要的。
众所周知，要改变农业生产条件，就必须有大量的投资。国家对
农业生产的拨款是有限的，因为国家不可能把大量资金投之于农
业。即使把国家投资全部集中在农业上，也没法解决问题。以
1980 年来说，全国生产队共有 566.2 万个，是得不到充分的资金
的。单靠生产队在农业（粮食）生产所得积累来扩大生产规模，

也极有限。粮食的成本相当高，就是在收购价格提高之后，也仍然有限。无论从那一方面来说，发展社队企业，从企业利润分一部分去支农，是一个值得重视的途径。上面说过，1980 年社队企业利润用于支农的就有 22.6 亿元，等于国家用于农业基建投资的 47.2%。举一个具体的例子来说，无锡是粮食高产县，1971—1977 年平均每亩地的农业积累只有 11 元 6 角。由于社队企业的发展，1978 年用于支农的资金，平均每亩达 92 元 5 角，这与以前的 11 元 6 角相比，增加了好几倍。这难道不是在证明办好社队企业是取得支农资金的重要途径吗？

四、社队企业能就地取材，增加各种土特产的供应，有利于活跃市场，发展商品经济。

五、发展社队企业，把种植业、养殖业同加工业结合起来，能够逐步改变历史形成的全部农产品运到城市加工，再把商品运回农村的状况。这就是说，社队企业特别是加工业的发展，能够逐步改变农村的经济结构，为将来消灭城乡差别、消灭工农差别准备条件。

社队企业的作用是不可忽视的。要发展我国的农村经济，如果忽视社队企业的作用，那是一定要犯错误的。但与此同时，我们对社队企业在发展中存在的问题，也不能不加以注意。

第一，社队企业是在国家计划之外，由各地社队自己决定设立的。由于是在国家计划之外，并且各自为政，因而它的发展盲目性相当突出。社队所办的农业、交通运输、商业、服务行业，为当地所需要，盲目性还不显著。社队企业的盲目发展特别表现在工业方面。现在各地社队所办工业包括煤炭、电力、石油化工、土法炼焦、冶金、建材、机械、纺织、皮革、造纸、卷烟、陶瓷、食品等十多个行业。在这里，同城市现代化大工业重复的相当多。社队企业就地把原料用了，这就不能不影响到大工业的生产。有一个时期，上海的制烟工业因为得不到许昌等地的烟叶，而陷于停产。社队企业的盲目发展，在同城市工业企业争夺原料上，显得特别突出。

第二，一些社队企业的经济效果并不理想，有的甚至出现得不偿失的现象。小煤窑在北方各省的社队企业中占有重要地位，但是，社队小煤窑的回采率是相当低的。不少矿井只有30%的煤被采上来，这就是说，采一吨煤要丢弃二吨多。山西小煤窑的回采率不到20%，即采一吨煤要丢弃四吨多。这样的浪费，怎能不说是得不偿失呢？土焦也有类似的情况。1980年我国土焦产量845万吨，其中，冶金工业系统产量97万吨，其余绝大部分是由地方社队企业等系统生产，是用于小化肥等方面的。生产这些土焦要消耗二千多万吨原煤。社队企业的技术落后，把好焦煤炼成劣质焦炭，煤气和大量焦化产品无法回收；煤气放空，熄焦酚水流散，造成大气和环境严重污染，危及人民健康和工农业生产。这是一个值得注意的问题。福建木材比较多，不少社队工厂就砍树做燃料。有一个公社办陶瓷厂，1980年制造瓷器赢利60万元，而所烧掉的木柴，竟值120万元。这就是，用120万元的木柴，去换得60万元的陶瓷利润。这难道不是得不偿失吗？至于石油加工业，石油的利用率如何？机械制造业，造出来的机器精密程度如何，能不能使用？这都是值得注意的问题。我并不否定社队企业的作用，我所关心的是社队企业的经济效果。社队企业应该从实际出发，从当地的技术能力出发。好高骛远，是没法谈到经济效果的。

第三，不少社队企业，在经营管理上，还是土办法，什么成本会计，什么经济核算，根本就谈不到。因而，成本无底、财务混乱，必然无可避免。为了社队企业能够实现应有的经济效益，必须改革这种落后的经营管理办法。与此同时，社队企业一般是政企不分的，某些社队领导干部利用其手中的特权，多支多用，不正之风，相当严重。要取消社队干部的特权，根本办法是使社队企业的政企分开。看趋势，政企分开将成为必然的事。

第四，在利润分配上，社队企业所得利润，公社和大队所占比重偏大，而生产队和社员直接得到的经济利益偏少。这个问题，同社队企业的政企不分也有着密切关系。

总之，应当肯定社队企业在农村经济中的积极作用，也应当肯定社队企业是集体经济的重要构成；但是，对于它的盲目发展，对于它的经济效果不高（甚至得不偿失），对于它的管理和财务的混乱，对于它的利润分配上的不合理等方面，不能避开不说。掩盖这些弱点，对于社队企业的调整和整顿是极其不利的，对于社队企业今后的发展也是极其不利的。

发展社队企业必须因地制宜。在农副产品丰富的地区，社队企业有条件以农副产品加工为主，在这种情况下，社队企业转化为农工商联合企业，是势所必然的。但是有些地区，农副产品在交售国家之后，所余不多，这样，社队企业就很难以农副业产品为加工对象。如果这些地区同工业城市毗邻，它们能从城市取下脚料以至取得技术力量，那么，这种社队企业就有可能成为城市工业的拾遗补缺的辅助企业。无锡、常州一带的社队企业就是例子。

二

"以粮为纲"给农业生产以严重的束缚，社队企业的出现，冲破了农业单一经营的束缚。农工商联合经营以及农工商联合企业的出现，可以说是社队企业在经营范围上的进一步发展。

现在的农工商联合经营和农工商联合企业同社队企业，在生产资料所有制的性质上，是不完全相同的。社队企业是农村集体所有制的公社和生产大队两级经营的企业；而农工商联合经营或农工商联合企业则不限于集体所有制，而且有全民所有制的国营企业以至社员个人的参加。社队企业的经营，加工业占有极大的比重，而在这些加工工业中，属于农副产品的加工，1980年仅占社队企业总收入的16.4％，绝大部分是以非农产品为原料的加工工业和商业，而农工商联合企业是搞以农产品为原料的加工工业和商业。单单就这两点来说，社队企业同农工商联合企业之间，两者是有区别的。但是，两者所用的土地、劳力、资金都大体来自农业，经营所得利润有相当大一部分是用于农业的。因此，我认为，社队企业发展，是农工商联合企业的先行。

农工商联合经营和农工商联合企业是近年来在党中央"保护竞争、推动联合、发挥优势"的号召下发展起来的。这是对于过去若干年来左倾政策严重地束缚农村生产的重大突破。人要吃粮食，粮食的重要性是不可忽视的。但左倾错误政策，却孤立地突出粮食。"以粮为纲"的方针，不但否定林业、牧业，而且也否定了经济作物和家庭副业。在那个时期，果、鱼、禽、畜在许多地方都被当作资本主义的尾巴砍掉了。那种单打一的做法，给农民带来的是收入下降，生活困难。社会主义决不是要使农民贫困，而是要使农民走上共同富裕的道路。发展农工商联合经营和农工商联合企业，正是为了要使农民大众走上共同富裕的道路。

农工商综合经营的组织形式是多种多样的。如按经营的品种来划分，除农工商之外，还有林工商、牧工商、渔工商，等等。这些综合经营是合同式的经营，组织比较松散。我国多数社队可先从这种合同式的综合经营办起，在积累了经验之后，再向企业式的高级形态——农工商联合企业发展。

农工商或牧工商等联合企业，从业务说，是原料生产、加工工业和产品销售三个环节的统一。在这里，搞好原料生产是农工商联合企业的基础。以农工商联合企业（或联合经营）来说，如果不把种植和养殖业办好，如果没有充足的农副产品，那么，加工工业就会成为无米之炊。这是很明白的事情。社队企业和联合企业都不能像城市工厂一样，用钱去购进原料，而必须因地制宜，发挥生产的优势，或者种植水果，或者从事养鱼，或者饲养家禽，或者从事林业或牧业（牛羊等）。种养业搞得好，加工工业就有充足的原料可以进行生产，否则，用什么东西去进行加工呢？而且种养业同加工工业是互相促进的，种养业的发展，促使加工工业的发展，而加工工业的发展，企业有了利润，有了积累，就有条件去扩大种养业的再生产的规模。在这里，我们必须看到加工工业的作用及其重要性。加工工业能使原料制成产品，能增加产品的价值。众所周知，使用价值是价值的物质基础。产品的质量如果不好（或者说，产品如果没有使用价值），产品的成本如果太高，那么，在销售的时候，就会发生问题。产品质量不好，就会卖不出去；产品成本太高，就会使企业做赔本生意，这是联合企业能否生存下去的问题。因此，加工工业在联合企业的三个环节中，居于极其重要的地位。

加工出来的产品，为了保证质量，必须抓好如下问题。1. 对职工做好保证质量、提高质量的思想工作，让他们知道产品能否保证质量，是联合企业能否保持"信誉"的问题，是它们能否存在下去的问题。这同职工本身利益是密切相关的。2. 抓好技术培训。采取"派出去"、"请进来"的办法，建立自己的技术骨干队伍。3. 严格执行技术标准和操作工艺规程，否则，产品的质量便得不到保证。对于原材料的保管，在温度、湿度、时间上，都要按技术的要求进行检查；对于产品更要进行严格的质量检查，不合格的，决不出厂。4. 讲求卫生。做到：原料清洁，厂房清洁，设备清洁，个人卫生以及产品清洁。由于历史的关系，农村的清洁卫生问题，是一个必须重视的问题，是一个必须逐步加以解决的问题。加工工厂如果不注意卫生，那就会使产品失去使用价值，或者成为丛集细菌的废品，那就会给企业带来巨大损失。

农工商联合企业自己进行加工，可以改变过去农村只提供农副产品或牲畜初级产品的落后状况，使农副产品或牲畜产品的加工能够在当地进行。这样，可以缩短农村和城市之间、农业同工业之间的差距，也能够节省原料和产品在城乡之间的往返运输费用。根据过去的经验，必须注意：除了少数毗邻大工业城市的农村之外，联合企业的加工工业不能去搞非农副产品的加工，如机械制造等，否则，会遇到许多难以克服的困难。因为技术水平不够高，生产出来的机器，就很难精确，很难有使用价值。其次，在农副产品加工方面，粮棉油必须在完成国家的征购、派购任务之后；而果、鱼、禽、畜则没有这种限制。因而，果、鱼、禽、畜等的加工，路子较宽。

农工商联合企业的销售，能够减少流通环节，因为它可以不再经过国营商业或供销社的收购而直接同消费者见面。现在的流通渠道是不通畅的，因为收购和运销只由供销社商业和国营商业经营，而且供销社商业和国营商业之间环节很多，每一个环节都要支出费用，都要提高商品的成本，对于消费者是极其不利的。农工商联合企业的销售本身，在一定程度上改变了流通渠道狭窄的状况，也就在一定程度上改变了环节过多的状况。

农工商联合企业是一个新生事物，它把农业生产、加工工业和销售三个环节密切地结合在一道，对于我国国民经济将会发生深刻的影响。首先，如上所述，改变了农村经济的结构。今后的农村将不仅仅是农副产品的原料基地，而且把加工工业和销售业务结合在一起；第二，由于农村经济结构的变化，城市与农村的

距离将会有所缩短；第三，农工商联合经营和农工商联合企业的
发展，不仅会促进社员家庭副业生产的发展，而且会促使社员的
家庭副业逐步由一般性、附带性的生产，向重点户、专业户的方
向发展；第四，农工商联合企业的发展，将会在流通过程中打破
供销社商业和国营商业的独家经营的局面，就是说，它将会扩大
流通渠道，并减少流通环节；第五，农工商联合企业的发展将会
打破多年来条条块块交叉的局面，因为它把农业生产、加工工业
和产品销售三个环节结合在一起，这也就是在打破农业、工业和
商业三方面的条条的分割，同时也在打破地区（块块）的分割。
如果"条条""块块"的局面被打破，那也就意味着多年来部门所
有制和地方所有制间相互对峙、相互扯皮的局面将被打破。

　　这只是对于农工商联合企业对国民经济的影响的一个轮廓的
看法。很有可能，这种影响将比预计深刻得多。

三

　　那么，社队企业和农工商联合企业之间，将存在着什么关系
呢？

　　上面说过，社队企业是以农村公社和生产大队的集体经济作
为基础的；而农工商联合经营则可能以农村的生产责任制的承包
户为主体，农工商联合企业则可能有国营企业的参加。社队企业
会不会同农工商联合企业结合起来呢？从目前的情况来看，多数
地区的社队企业和农工商联合企业很有可能是平行发展的。但是，
随着农村农副业生产的发展，社队企业同农工商联合企业的结合，
可能性是不小的。

　　如果全民所有制的国营企业参加农工商联合企业，而社队企
业又逐步被吸收到农工商联合企业中去，那么，若干年来，存在

于我国的条条块块的矛盾，即部门所有制同地方所有制之间的矛盾，将会得到解决。因为所谓"条条"的部门所有制企业，一经同地区性的农工商联合企业成为一体，那么，它们原来的"条条"形式，将会逐步受到削弱；而农工商联合企业的规模的扩大，很有可能跨越地区界限，突破地方所有制的"块块"的局限。如果这种看法合乎将来发展的事实的话，我国国民经济的构成，在组织形式上将会出现深刻的巨大的变化。

（载《江海学刊》1982 年第 2 期）

手工业集体经济的几个理论问题

一　手工业集体经济存在的必然性和长期性

劳动群众集体经济是由城镇集体经济和农业集体经济两大部分构成的。劳动群众集体经济同全民所有制一样，都是生产资料的社会主义公有制。社会主义公有制消灭人剥削人的制度，实行各尽所能，按劳分配的原则。这是全民所有制和集体所有制的共同点。

但是，集体所有制同全民所有制是各有特点的。以工业来说，全民所有制的国营工业企业，在历史上，是从没收国民党官僚资本的工业而形成的；手工业集体经济则是由独立生产的个体手工业改造而形成的。全民所有制的公有化程度，较诸集体所有制的公有化程度要高，因为集体所有制的公有化只存在于本集体之内。公有化只限于本集体之内这一点，使集体企业必然要独立核算，自负盈亏，使集体企业具有同国营企业相区别的特点。同志们强调要按集体经济的特点办企业，从理论上说，就是因为集体经济的公有化程度只限于本集体之内。

集体经济的公有化程度只限于本集体之内这一点，曾经被

"左"倾指导思想，作为"低级形式"、作为"过渡性经济"的论据，因而抹煞集体经济，特别是集体手工业存在的必然性和长期性，因而认为集体经济，特别是集体手工业，只是一种权宜之计，过渡得越快越好。这样，"转厂过渡"、"升级过渡"等作法，便反复出现了。事实上，集体经济的公有化程度只限于本集体之内这一点，是客观地存在的，是生产关系一定要适合于生产力性质的规律的必然的具体表现。从独立生产的个体手工业者改造为集体所有制，按照生产资料所有制性质来说，那是一个很大的进步。既然手工业集体经济的前身是独立生产的个体手工业者，那么，它的公有化程度，当然不可能同由没收官僚资本而形成的，归于全民所有的国营企业的公有化程度一样高。这就是说，集体经济，特别是手工业集体经济的公有化只限于本集体之内这一点，是一种客观存在的必然性。既然手工业集体经济的前身是独立生产的个体手工业者，而在社会主义改造完成之后，还在手工业的操作中继续生产，那么，要提高它的生产力发展水平，只有逐步地长期地进行技术改造。这就是说，集体经济，特别是手工业集体经济要提高它的公有化程度，是一项艰巨的长期的工作，因而，集体经济，特别是手工业集体经济的存在，必然具有长期性。不仅如此，在拥有 10 亿人口的我国，单靠全民所有制的国营企业的生产，是不能完全满足全国人民的日益增长的物质文化的需要的；它需要集体的手工业生产作为补充。这也在说明：集体经济，特别是手工业集体经济之存在，是长期的；这也在说明：全民所有制和劳动群众集体所有制的并存是长期的。这种长期性是生产关系一定适合生产力性质规律所决定的。

所谓"转厂过渡"，所谓"升级过渡"，都是手工业方面"穷过渡"的具体形式。"穷过渡"是一种无视生产力发展水平的客观情况的主观主义干法，是一种无视生产关系一定要适合生产力性质规律的唯意志论的干法。客观规律是通过人们的行动而实现的。认识了客观规律，并根据客观规律的要求去处理经济问题，我们就能顺利地发展生产，顺利地发展我国的社会主义国民经济，否定客观规律的唯意志论，固然可以在一个时候为所欲为，大干其违反客观规律的做法，但是客观规律是决不会放弃其对于这种行动的惩罚的。"穷过渡"所带来的集体财产受到损失，社员群众生产积极性受到打击，手工业生产受到破坏，手工业品特别是日用小商品市场供应全面紧张，难道不是客观存在的生产关系一定要适合生产力性质规律对于"左"倾错误的惩罚么？

二　集体手工业生产关系的特点

我国的手工业集体经济是以生产资料的劳动群众集体所有制作为基础的。

既然是以劳动群众集体所有制作为基础，那么，职工入股就必然成为集体手工业资金的来源。现在集体手工业的资金中，职工入股的部分比重并不大；随着集体手工业的发展，职工入股资金可能逐步增大。职工入股就带来了一个分红问题。这个问题，在农业初级合作社转入高级合作社的时候，是被否定了的，理由是分红同按劳分配的原则相矛盾。现在看来，这种观点是值得研究的。如果在一方面允许职工入股，而另方面却否定了分红，那是同居民在人民银行存款而合法地取得利息的事实相矛盾的。居民在人民银行存款既然能够合法地取得利息，那么职工对手工业集体企业入股为什么不能取得分红呢？难道不可能把分红作为集体企业纯收入的一种"扣除"，在"扣除"之后再按劳付酬吗？马克思在《哥达纲领批判》中，不是明明白白地指出，劳动者在社会主义分配中，不可能是"不折不扣的劳动所得"，而只能是"有折有扣"之后的按劳分配吗？

　　既然是以劳动群众集体所有制作为基础，那么，集体的财产所有权、经营管理权和人事任免权，就必然要受到尊重，要受到保护。这三大自主权突出地表现了手工业集体经济的实质；这三大自主权说明了它同全民所有制的国营企业在性质上的区别。"左"倾错误否定了这种区别，否定了劳动群众集体所有制这个基础，因而，否定了集体的财产所有权，否定了集体企业的经营管理权和人事任免权。否定财产所有权的结果是集体资财的无偿平调，把自负盈亏改为统负盈亏；否定集体经营管理权的结果抹煞集体企业长期形成的一整套行之有效的制度、办法、经营方式，而简单地照搬国营企业的管理模式；否定人事任免权的结果是改变干部选举制为委派制，削弱了民主管理，大摆"大厂"架子，大增非生产人员，在企业内部普遍地发生"吃大锅饭"、"端铁饭碗"的情况。从理论上说，这种"左"的干法归根到底，也是违反生产关系一定要适合生产力性质规律的客观要求的。实践早已证明：手工业集体机构的经常撤并，资财的经常被平调，必然使手工业的生产阵地一再受到削弱，必然使职工思想经常发生动荡，必然使日用工业品生产下降，市场供应趋于紧张，这对于我国国民经济的发展是极其不利的。尊重并保护集体手工业的三大自主权是稳定和发展集体手工业的重要前提，是生产关系一定要适合生产力性质规律的客观要求的具体表现。

　　既然是以劳动群众集体所有制为基础，既然公有化只存在于本集体之内，那么，集体手工业的经营只能是自负盈亏，而不能搞统负盈亏。就是全民所有制的国营企业，在原则上，也应该自负盈亏，而不能靠"吃大锅饭"过日子，何况"公有化只存在于本集体之内"的手工业集体经济呢？其实，"吃大锅饭"并不是真正的社会主义，因为它保护落后而不是在鼓励先进，因为它损害企业的主动性和积极性，使企业负责人可以不对国家和企业承当应有的责任，而这种保护落后和毫不负责的精神，同社会主义的各尽所能的要求，是矛盾的，是不能相容的。"左"倾错误把集体手工业的自负盈亏改为统负盈亏，不仅破坏了集体手工业的集体所有制的特点，不仅损害了集体手工业的发展和积累，而且也在更大的范围内损坏社会主义的光辉形象。

既然是以劳动群众集体所有制为基础，那么，职工群众就必然具有双重身份。他们在生产过程中既是直接劳动者，同时又是企业的所有者。在这个前提之下，集体手工业生产过程中人们之间的相互关系，显然是一种平等的、互相协作的关系。在这个前提之下，集体经济组织，依照法律规定，实行民主管理，由它的全体劳动者选举和罢免管理人员，决定经营管理的重大问题，便成为必然的了。为了发展集体手工业的优越性，民主管理不仅要同群众性密切结合，以便调动群众的积极性和创造性，而且要吸收全民所有制国营企业在管理上、在技术上的良好经验，增强集体企业在管理上的科学性。

集体手工业的结构要合理，规模大小要适宜。实践证明：除有些定型产品、社会需要量大，可以办一些社会化程度高、规模较大的企业之外，一般规模不宜过大，行业不宜混杂，生产不宜过分强调集中。陈云同志早在 1956 年就指出："工业、手工业、农副业产品和商业的很大一部分必须分散生产，分散经营，纠正从片面观点出发的盲目的集中生产、集中经营现象。""如果我国的小工厂统统并成大工厂，那就不能适应人民消费方面的多种多样和经常变化的需要。"在手工业基本实现合作化之后，有些地方，曾经出现忽视集体手工业的特点，盲目并厂、过分强调集中经营的倾向。强调集中、盲目并厂的结果，不仅给群众带来"不方便"，而且使企业在经营上失去了灵活性，不能适应市场千变万化的需要。陈云同志的指示，对于办好集体手工业是极其重要的。

既然是以劳动群众集体所有制为基础，那么，集体手工业企业在分配上，必然要实行按劳分配的原则。为了实行按劳分配，就必须克服那种干多干少、干好干坏一个样的平均主义倾向。在分配形式上，有必要改变固定工资为浮动工资，实行计件、分成、大包干、"死分活值"等多种形式。管理人员要尽可能参加一定的生产劳动，尽可能实行半脱产以及不脱产，以便节约费用，节约开支，增加集体企业的纯收入和积累。

集体手工业企业不仅要在抓好生产的同时，关心职工的生活，积极地解决职工生活中存在的实际问题。有条件的要抓紧解决；条件不成熟的，要积极创造条件，设法逐步解决。不仅如此，还要重视解决职工的"老有所养"的问题。同志们提出，凡是实行按企业在营业外列支退休费用，能解决问题的，可维持原办法不变；有困难的，同当地财税部门商定，在集体企业职工工资总额10%～20%的幅度内，提出一定比例的退休金。只有妥善地解决职工的"老有所养"的问题，才能显示社会主义集体经济的优越性。

三　市场调节与集体手工业的经营方式

我国是社会主义国家。在我们的国民经济中，计划经济是主体，而市场调节则是补充。手工业集体企业的生产经营活动，从总体上说，应当纳入国民经济的统一计划，进行统筹安排，才能做到："计划有户头，物资有指标，生产有阵地"。但是，根据手工业生产的特点和多年的实践，对手工业集体经济要实行按产品分级管理，统筹兼顾，合理安排。指令性计划产品应是极少数，而大多数产品应实行指导性计划。对于同国计民生关系密切的产品，全国调拨的产品，主要出口的产品，少数民族特需用品以及同基本建设有关系的物资，要纳入国家和部管计划，其余则纳入地方各级计划。至于日用工业品，特别是日用小商品，因为花色品种多，产品批量小，市场情况经常变化，则应在国家计划指导下，充分发挥市场调节的作用，允许企业根据市场的需要和变化，灵活地安排生产。

市场的调节作用是同价值规律的要求有密切关系的，集体手工业如果要使自己的生产经营，能适应市场的需要，那就必须懂得如何掌握价值规律的客观要求。价值规律的要求在一定意义上，同国民经济有计划发展规律的要求，是一致的。那就是，社会总劳动时间，必须根据社会需要按比例地分配在各个不同的生产领域之间。不过，国民经济有计划发展规律是从正面反映这个客观存在的比例要求；而价值规律则是从反面表达这个客观存在的比例要求。价值规律通过市场的供求关系，对于供过于求的商品，抑低其市场价格；对于求过于供的商品，提高其市场价格。所谓市场调节，指的就是这种由于供求变化而出现的价格变化的现象或滞销和脱销的现象。这种市场调节作用，在我国国民经济中，只具有补充的作用。但是，对于集体手工业的经营来说，却是一个极其重要的问题，因为它们所生产的小商品，大多数是实行指导性计划，甚至是实行由价值规律所支配的市场调节的。这就要求我们对于手工业产品，特别是日用小商品，在价格管理上不应管得太死，定价不宜过分集中，而应让其根据市场供求的变化，上下浮动，随行就市，有升有降。

集体手工业要做好生产经营，要适应市场调节的作用，那就必须掌握着准确的商品信息，因地制宜、因时制宜去进行生产。市场缺货了，就应迅速增产；市场滞销了，就应迅速减少生产。手工业的生产经营，要在积累经验中，逐步提高其对于市场变化的预测。在这里，不仅有同一品种、同一规格的商品供应量的问题；而且有不同品种、不同规格的商品供应量的问题。集体手工业所生产的小商品，花色品种特别多，规格特别复杂，从而，供求也就经常发生变化。总的说来，我国的社会购买力，由于农村经济的发展，由于城市就业人数的增加，对手工业产品的需要存在着日益增加的趋势，加上一些集体手工企业不愿生产批量小、价格不高的商品的倾向，这就使某些手工业品缺货的现象更为突出。集体手工业既然是社会主义企业，那么，它就应当以满足社会和人民的日益增长的需要，作为自己的任务和生产的目的。

为了适应人民的需要，集体手工业的经营方式就要灵活多样，不应拘泥一格。既可以搞成批生产，也可以搞小批量、多品种的生产；既可以接受来料加工、带料修理，也可以按样订做，以旧换新；既可以搞成品生产，也可以搞修理服务；既可以固定设置网点"前店后厂"，也可以走街串巷，流动经营，服务上门；既可以在不同所有制的单位之间联营，也可以采取补偿贸易、来料加工、来料装配等灵活多样的形式。这样做，既能方便人民，也能发展集体手工业的业务。

四　技术改造与经济效益

胡耀邦同志在党的十二大报告中指出："在全面开创新局面的各项任务中，首要的任务是把社会主义现代化经济建设继续推向前进。"实现四个现代化的关键是科学技术的现代化，因此，必须有计划地推进大规模的技术改造，推广各种已有的经济效益好的技术成果，积极采用新技术、新设备、新工艺、新材料。在机器工业生产方面要进行技术改造；在手工业生产方面，也要吸取现代科学技术成就，发展机械化、半机械化生产，逐步改变手工业生产的落后状态。

当然，集体手工业的吸取现代化科学技术成就同机械工业的采用新技术、新设备、新工艺、新材料，在程度上，在形式上，我看是有区别的。机械工业的技术改造，是从机器生产的基础出发的；而集体手工业的技术改造，是从手工业生产的基础出发的。有些手工业通过技术革新和技术改造，通过发展机械化、半机械化，而"自己否定自己"，使自己变成现代化工业；有些艺术性较高的传统手工艺品，除了某些辅助工序可以改用机器生产、改造工具以外，主要是改进创作设计增强产品的艺术性，使产品更加适销对路。

集体手工业的技术革新和技术改造，要密切结合生产的具体情况，因行业、因企业的具体情况，针对突出的矛盾，设法解决。离开本行业、本企业的具体情况，用一刀切的做法，去搞技术革新和技术改造，那就很难取得良好结果。手工业的技术改造和技术革新，包含改进产品设计、改进工艺、工具和设备等内容，其作用是在提高劳动生产率，是在减轻笨重劳动的笨重程度，这是极其必要的。在这里，特别要提起注意的是技术革新和技术改造，必须把提高产品质量作为重点来抓。

产品质量指的就是产品的使用价值。产品的质量如果不好，那就是说，产品的使用价值被打折扣，甚至完全被破坏了。产品如果丧失了使用价值，那就不仅浪费了活劳动，而且浪费了作为原料、材料的物化劳动。邓小平同志极其重视产品的质量。他说道："质量第一是个重大政策。这也包括品种、规格在内。提高产品质量是最大的节约。在一定的意义上说，质量好就等于数量多。"实践证明：生产如果不保证产品的质量，那就是极大的浪费，那就谈不到提高经济效益。当然，保证质量并不等于说在生产过程中可以"不计工本"地浪费原材料和劳动时间。因此，必须把减少消耗降低成本同保证产品的质量结合起来，而以保证产品的质量作为主导的一面。每一个生产部门、每一个生产企业都存在着保证产品质量和降低成本的问题，集体手工业自然不能例外。

提高技术水平是提高集体手工业企业素质的重要内容，手工业产品的特点之一是工艺性特别突出，技术水平提高了，产品的质量提高了，那么，企业就能生产出受人欢迎的产品，就有一个过硬的物质基础。为了发挥这一优势，集体手工业企业必须重视厂内的能工巧匠，必须合理使用厂内的这些手艺高超的能人，必须有计划地做好对职工的技术培训工作。除了提高技术水平之外，还要提高企业的经营管理水平。提高企业的管理水平，是合理使用技术人才、合理使用原材料、合理使用资金的保证，也是减少消耗、降低成本，提高产品质量、促进产品更新换代和提高企业的经济效益的前提。集体手工业的生产规模越大，企业经营管理的重要性就越突出。当然，这并不是说，搞好经营管理，对小型的集体手工业不重要。如果工业企业实现了"转轨"、"变型"（即实现了企业把中心工作转移到提高经济效益的轨道上来和实现了把单纯生产型改变为生产经营型），那么，企业经营管理的重要性，就会显得更加突出，对于大型企业是如此，对于小型企业也是如此。只有把技术改造同机构的改革和经营管理的改善结合起来，才能有力地促进集体手工业的发展。

五　为建设有中国特色的社会主义而努力

邓小平同志指出："中国式的现代化，必须从中国的特点出发。"我国最突出的特点是人口众多。1982年的调查，我国人口已超过10亿。由于解放后人民的生活条件大大改善，死亡率不断地在下降，出生率在 1978 年以后，虽然开始有所下降，但由于全国人口的基数很大（101541 万），每年出生的人口，总在一千几百万的水平上。人口在增长，人丁在兴旺，是一件好事。但是，人口增长过快，会给我们带来很多困难。党和国家对这个问题十分注意。宪法第 25 条明确地规定"国家推行计划生育，使人口的增长同经济和社会发展计划相适应。"

人口众多，每年要求就业的人数在 600 万以上。对于这个问题，党和国家是做了最大努力的。城镇就业人数，1978 年是 544.4 万人，1979 年是 902.6 万人，1980 年是 900 万人，1981 年是 820 万人，1982 年是 665 万人。如果把最近的数字加进去，国家在这几年中安排的城镇就业人数，超过 4700 万人。这个人数相当于西欧一个国家的总人口。在这里，城镇集体企业在安排青年就业方面，做出了重大贡献。据统计，1978 年比 1965 年城镇集体所有制单位增加职工 821 万人；1979 年比 1978 年，城镇集体所有制单位增加职工 226 万人；1980 年比 1979 年增加 151 万人；1981 年比 1980 年增加 143 万人；1982 年比 1981 年增加 83 万人。这几个数字说明这样一个事实，这就是城镇集体所有制单位，在安排就业方面，是做出了可喜的贡献的。

安排劳动力就业的问题，同现代化生产是有密切关系的。我们知道，工农业生产越现代化，技术构成的水平越提高，则所需要的劳动力就会相对地减少下来。邓小平同志指出："现代化的生产只需要较少的人就够了，而我们人口这样多，怎样两方兼顾？"小平同志提出的这个问题，是应引起我们的高度重视的。

为了发展我国的社会主义经济，为了进一步改变旧中国遗留下来的落后状况，中国人民必须把社会主义现代化经济建设继续推向前进，在不断提高经济效益的前提下，力争在本世纪末实现全国工农业的年总产值翻两番。实现社会主义现代化经济建设的关键是科学技术的现代化。这就要求我们今后必须有计划地推进大规模的技术改造，推广各种已有的经济效益好的技术成果，积极采用新技术、新设备、新工艺、新材料。在这里，我们必须用最大的力量在许多关键生产部门和企业中，发展技术密集化的生产。只有如此，我们才能使我们的国民经济的现代化过程较快地取得重大的进展。

但是，我们并不能因此就认为劳动密集化的工业企业，今后就不复在我国存在。理由很明白：第一，在技术上，在人才上，在资金上，我们不可能在短期内，全面地在各个生产部门发展技术密集化的生产，而只能有计划、有重点地发展技术密集化的生产。这就是说，劳动密集型的企业，在一个相当长的期间里还是要存在的。第二，如上所述，我国人口众多，每年要求就业的人数，约在 600 万以上。为了解决就业问题，维持劳动密集型或劳动比较密集型的企业，是不容忽视的。这就是说，我国集体手工业生产的发展，在一个相当长的期间里，不仅是必要的，而且是必然的。第三，为了满足我国人民日益增长的物质文化需要，生产消费资料的第二部类的各部门，有必要发展生产，保证供应。因此，我们有必要发展机械生产的轻工业品；也有必要发展手工业生产的日用消费品。集体手工业在这方面已经发挥了它的重要作用，已经成为日用消费品工业的重要基地之一。这就是说，从满足日益增长的社会需要和人民需要来说，发展手工业生产的重要性，是不容忽视的。第四，我国的传统手工业是驰名于世界的。为了开展对外贸易，具有中国民族特点的传统手工业，必须加以发展。对于国内各兄弟民族的需要来说，也是如此。如果完全用机器生产，去代替具有中国民族特点的传统手工业品，在效果上是很难设想的。

由此可见，发展城镇集体手工业同邓小平同志提出的"走自己的道路，建设有中国特色的社会主义"这一战略目标之间，是存在着密切关系的。积极发展城镇集体手工业是社会主义现代化建设的需要，是搞活市场、丰富人民生活的需要，也是安排劳动就业、促进安定团结的需要。那种对集体手工业的政治歧视、经济限制以及任意平调资财的做法是错误的，是必须加以纠正的！

（载《中华全国手工业合作总社理事会

扩大会议文件汇编》1983 年 11 月）

个体经济问题

个体经济发展迅速

目前全国城乡个体工商业户已发展到 598 万户、771 万人，与过去几年比是成倍成倍的增长。这反映了生产关系适合生产力发展的一个侧面。我国是社会主义国家，我们必须通过改革使全民所有制和集体所有制的社会主义经济继续巩固和发展。但是，目前，我国生产力发展水平还不高，商品经济还不发达，以社会主义经济为主体的多种经济成分同时并存是必然的。中央提出国营、集体、个体一齐上的方针就是从这个客观实际出发的。个体经济的迅速发展，有利于商品生产的发展，有利于服务群众、方便生活，有利于劳动就业，因此，它自然受到群众拥护。

1979 年至 1983 年全国增加个体商业、服务网点 474 万个，占增加网点总数的 88%。这些增加的个体网点，不要国家投资，不用招工指标，分布在城乡大街小巷，走村串户，方便群众。安徽省六安地区有 8700 多个个体货郎担，活跃在大别山区，平均每月把 100 多万元的商品送到农村千家万户。河北省 1982 年收鸡蛋8438 吨，其中有 60% 以上是通过个体户收上来的。从这些事实看，个体经济拾遗补缺的补充作用，是十分显著的。做经济工作的同志切不能忽视这支力量。

积极支持不要乱加限制

据反映，目前发展个体经济在某些地方还存在着阻力。排斥、刁难、歧视、打击个体经济正常经营的情况，时有发生。各有关部门都要执行中央的政策，从支持个体经济发展出发，采取积极态度，创造条件，给予方便，不要乱加限制。

50年代对私改造时，在所有制方面过早地搞升级过渡，把一些个体工商业组织起来，进而实行"统负盈亏"，进而又变成地方国营企业或组成合作组、合作商店，并且在这个过程中，实行"裁并改合"，这么一来，不但网点大大减少，而且产品的花色、品种也大大减少，过去许多具有特色的商品消失了，商店服务态度也变得坏了。顾客越多，服务态度就越坏！陈云同志在八大一次会上有个发言，主张要保留一批自负盈亏的合营商店、合作小组、小手工业和小商贩；并指出对它们不要改得太彻底了。陈云同志看得多么远啊！

要解决好认识问题

发展个体经济要解决好认识问题。要认识到建设社会主义是不容易的。马克思主义明明指出社会主义是为了劳动者的共同富裕。要实现共同富裕，必须贯彻各尽所能，发展我国的生产力，必须实行按劳分配的原则，使一部分人先富起来，其他部分跟着前进，就是有的先富，有的后富，先富的要注意帮助扶持贫困户。我国经济不仅还不发达，而且发达程度相当不平衡。如沿海与边远地区经济生活水平的差异是客观存在的，因而从全国看那是不可能同时一齐富裕。在劳动致富的过程中，有先有后，有快有慢，这是客观的必然性。左倾错误把这种不能同时富裕，硬说成是"两极分化"，硬说成是资本主义自发势力在"冒尖"。他们对待"冒尖"的办法就是"砍"。把所有先富起来的劳动人民都砍个精光，那怎么有"共同富裕"之可能呢？那怎能不使大家都过着共同贫困的日子呢？难道社会主义的内容是共同贫困吗？在马列主义中，这是哪里来的根据呢？

个体经济和共同富裕

发展个体经济，同共同富裕的道路，是有密切关系的。只有明确社会主义走的是大家共同富裕的道路，我们才能对个体经济采取正确的态度。

第一，新中国的前身是半殖民地半封建的中国，在那时，国民经济的命脉掌握在帝国主义和国民党垄断资本的手里，广大劳动人民只有 300 万人进入资本主义工厂，为中外资本家生产剩余价值，其他还有几千万的劳动人民只好搞个体经济。在农村以佃农为主体的个体经济，每年把封建地租献给地主之后，食不果腹，只好就地取材，生产一些自己的消费资料。在这种情况之下商品经济是没法发展起来的，人们没有什么东西可以出卖，更没有什么货币可以购买。这种自然经济成为中国封建社会长期停滞的基本原因之一，成为商品经济不发达的基本原因之一。这是社会生产力发展水平低下的必然。个体经济的大量存在和商品经济发达不起来，是旧中国作为遗产留给新中国的。这个遗产之存在也是客观的必然性。1956 年实现资本主义工商业全行业的改造之后，我们为了消灭这个"遗产"，曾经下了不少工夫。在左倾错误的指导下把他们组织起来，第一步变成集体，第二步实行"统负盈亏"，第三步变成地方国营。这些做法的实质是要在我国实现纯而又纯的全民所有制和集体所有制的社会主义经济。但是客观经济规律并不忘记给我们以惩罚，那就是产品品种大大减少，那就是人民所需要的小商品无踪无迹，那就是广大人民在物品的修理上、在日常饮食上都感到极大的困难。社会主义生产的目的，是为了满足人民的日益增长的需要，但是左倾错误却想要在短期内消灭这些作为社会主义经济补充的个体，使国民经济只存在着全民所有制和集体所有制两种纯而又纯的社会主义经济，这不是同社会主义生产的目的相互矛盾吗？我们的主观愿望，不是同客观的实际对立起来了吗？

第二，个体经济是私有制，这是明明白白地无可争论的。个体经济的私有制同社会主义的公有制，显然是存在着差别的。从唯物辩证法来说，差别性也就是矛盾性。个体经济同社会主义的矛盾性表现在什么地方呢？表现在它们的盲目生产，表现在它们的以次充好，欺骗消费者，表现在它们的在一定条件下的哄抬市价，扰乱市场。要辩证地认识个体经济同社会主义经济的矛盾，它们的这些特点，是不能视而不见的。但是，矛盾是对立的统一。在社会主义条件下，无论是手工业、零售商业、修理业、服务业、饮食业等等大都是从社会主义经济取得其所需要的原料和货源的。它们的产品，有的卖给消费者，有的卖给社会主义企业单位，有的以劳务形式为社会主义公有经济服务，在这里，不但可以看出在社会主义条件下的个体经济受到前者的制约，而且在两者之间还在一定程度上存在着一致性。至于它们经营国营和集体所不经营的业务，那是一种对社会主义经济的补充。从整个国民经济的角度来说，这种补充，也是个体经济同社会主义经济之间的一定的一致性。我们的同志，特别是从事工商行政工作的同志，如果只看见个体经济同社会主义之间的差别性、矛盾性，而看不见它们之间的一致性，那就会犯"左"的错误；如果只看见两者之间的一致性、统一性，而看不见它们之间的差别性、矛盾性，那就会犯右的错误。在这里我们应致力于发挥它的积极性，克服它的消极性。

第三，个体经济是私有制，资本主义经济也是私有制，总而言之，它们都是私有制。这是两者之间的一致性。但是，两者之间是有差别的。在原则上个体经济是以劳动者的个人劳动（包括他们的家庭成员）作为产生使用价值的源泉的。用马克思的话来说，他们的生产过程是劳动过程同价值形成过程的统一。在这里并不存在剥削，而在资本家的生产过程中，那是劳动过程同价值增殖过程的统一，在这里，存在着资本对劳动的剥削，存在着剩余价值的剥削。在我国，在经济特区的中外合资企业和外资独营企业，都是存在着剩余价值的剥削的。这种剩余价值的剥削是得到国家的许可的，是对于它的引进先进技术和引进资本的赎买。因为这种赎买有利于促进我国国民经济的发展，有利于促进我国的社会主义现代化建设。对于个体经济来说，有极少数人是因为雇工剥削发了财的，而他们的发财对于促进我国的经济繁荣是有关系的。这当然要引起我们的注意。有的同志一看见个体经济发财，就大叫"不得了"。为了繁荣我们的经济，为了增加商品花色品种，为了货畅其流，为了便利广大消费者（基本上，消费者本身也就是生产者），我认为让个体经济有个发展，利害相权，是利多于弊的。同志们试想一想吧！如果我们怕个体发财，而把大门关死，回到左倾错误时期的市场静悄悄，很多商品的品种不见于人间的状况。这能行吗？这难道不是在重复"四人帮"的"共同贫穷"破坏生产力的道路吗？

第四，我国是世界上人口增长得很快的国家，每年要就业的青年就达 400 万到 500 万人。国营和集体能够年年都安排这 400 万到 500 万人吗？开一个门，让及龄青年从事个体经济，以谋生活，这不仅是一个经济问题，而且是一个政治问题。试想想吧，如果年年都在增长待业青年，如果大批青年找不到生活出路，我们怎能在政治上实现安定团结呢？

个体经济的问题，是一个极其复杂的问题。希望有关部门，特别是工商行政部门的同志，要遵守国家宪法的规定（宪法第 11 条："在法律规定范围内的城乡劳动者个体经济，是社会主义公有制经济的补充。国家保护个体经济的合法的权利和利益。国家通过行政管理，指导、帮助和监督个体经济"），要遵守党的政策，坚决地执行国家宪法的规定，认真地做好对个体经济的管理、指导和帮助，防止那种对个体经济抱着"左"的或右的看法。

（载《经济日报》1984 年 8 月 9 日）

实现四化与生态经济学

　　生态经济学是生态学和经济学密切结合的科学。我们经常提到要搞好社会主义生产和社会主义建设，必须遵守自然规律和经济规律。关于经济规律，我们是比较了解的；关于自然规律那就要涉及许多自然科学。其中，生态规律（关于生态系统和生态平衡的规律）是比较基本的规律。

　　所谓生态经济学是从经济学的角度来研究生态学，是在生产建设的实践中来研究这门科学的作用，来研究它同经济学有着怎样的关系。

一

　　生态学研究的是生命系统与环境系统之间的相互作用的规律及其原理。从生态学角度看，在经济学领域里，生命系统主要是指人类与环境的相互关系；当然，此中也包括有经济价值的动物和植物，同它们的环境相互关系的问题。所谓环境系统，根据生态学的含义，指的就是自然界的光、热、空气、水分以及各种有机和无机元素，彼此间的互相作用所共同构成的空间。动植物以及人类的生存和发展，是不可能离开这个环境系统的。我们的社会主义生产和社会主义建设，也是不可能离开这个环境系统的。

生命系统和环境系统在特定的空间组合，构成了"生态系统"。单就陆地来说，森林、草原、荒漠、山地，是自然生态系统；而农田、城市工矿区等，则构成人工生态系统。不论是自然生态系统也好，还是人工生态系统也好，作为主体的生物，只有与环境系统保持一定的平衡，才能生存，才能发展。

人类为了生存，需要粮食、畜产品、鱼类和菜蔬（还有衣着、用具等等）。在这里，不仅人类同环境之间有生态平衡的问题，而且森林、庄稼、牲畜以及鱼类的生存，也有一个生态平衡的问题。

过去若干年的实践，证明那种不从当地的自然条件出发，不从当地区域生态特性的实际出发，而孤立地单打一地种植粮食，就会严重地破坏生态平衡。有的地方，在山腰上开荒，不但草根刨光，而且树木也砍尽，造成童山濯濯，形成水土严重流失和土地严重沙化，从而带来了灾难性的干旱和山洪的恶性循环。有的地方，为了增加耕地围海造田，其结果，田是造出来了，但没有解决淡水灌溉的问题，而海水是种不了田的。而且原来沿海的鱼类海产，也就濒于灭迹。没有考虑经济效果的盲目围海造田，是破坏生态平衡的一种形式。有的地方，进行了围湖造田，如作为长江吞吐口的洞庭湖，由于造了不少田，它的吞吐作用逐年降低了，这就使每年夏秋之间，上游洪峰一到，危险万状；两湖、安徽等地人民的安全岌岌不可终日。

只知道要扩大种田面积，从而抹煞农业与林业的相互关系，现在已成为一个全国性的重大问题。森林科学告诉我们：林木有繁茂的枝叶，能截留雨水，又有庞大的根系盘结土沙，因而有较强的保持水土、防风固沙的性能。森林是地球上生态系统中最重要的部分，是自然界物质和能量交换的重要枢纽。它能够调节气候，使天上水、地表水、地下水正常循环。下雨时，森林通过林冠和地面枯枝落叶层的截流，使天上降下的雨水缓缓渗入地下，五万亩森林所含蓄的水量相当一座容量为100万立方米的小水库。因此，从长远的眼光来看，造林就是造粮。那种砍树种粮的做法，是一种反科学的蛮干。因为它破坏了生态系统，破坏了森林对于农业生产所起的积极作用。这种做法，口头上说是要增产粮食，而事实上，却在破坏生态平衡，从长期来看也在破坏粮食的增产。试问水土严重流失的地方，能够种出高产的庄稼来吗？

畜牧业的发展不仅有赖于肥美的草地，而且也有赖于林木的发展。林木发展了，气候和雨水得到调节，牲畜就有水可饮，有草可食。因此，森林不仅成为农业的天然屏障，而且成为畜牧业的天然屏障。农林牧之间的相互关系，是生态系统的重要问题。如果不从生态系统的原理出发，联系地去处理三者之间的关系，林木被砍光，牲畜得不到水草，而要求粮食在赤地千里上获得丰收，那只能是一种自欺欺人的幻想。

二

环境污染现在已经成为各大中城市的严重问题。由于工业的"三废"和噪声，环境系统中所增加的物质和能量超过了一定的限量，使生态系统的结构受到破坏，导致功能的失调。如果不及时处理，就有可能导致正常结构的瓦解，就有可能破坏生态体系的平衡。大家已经认识到城市污染的严重，但还要进一步认识到保护环境是以生态系统的理论作为它的最根本的依据。这也就是说，只有从生态系统理论出发，才能更加深刻地认识到环境污染的严重性。

工业化越发展，"三废"的问题越严重。许多城市，大气中充满着二氧化硫和二氧化碳，人们吸入肺部，融进血液，对于身体的健康，是极其有害的。这次在第五届全国人民代表大会第三次会议讨论中，上海就有一位代表大声疾呼，关于大气污染的问题。1977 年该市市区降尘量每月每平方公里 40 吨；1979 年降至 33.7 吨。但还是超过国际标准的 2.5 倍，最高地区超过国际标准 100 多倍。癌症的发病率，上海、北京、天津等七个城市相比，上海最高，将来宝钢建成之后，全厂每天要排放二氧化硫 200 多吨，一年 7 万多吨。这么一来，上海市的大气污染就更加严重了。

关于废水的问题，对居民的危害也是极其严重的。上海水源污染严重，每天排出工业废水 500 多万吨，生活废水 120 万吨，两项共 620 万吨；全市每天未经处理的废水直接排入黄浦江及其支流的有 400 多万吨。黄浦江上游下来的水量平均每天达 800 多万吨。这位代表用形象的语言说：上海人每喝两杯水便有一杯水是污水。这还不包括 4300 多条船只每天排出的粪便 1030 吨。这些排入黄浦江的废水，流到长江下流，污染了下流的水，从而使下流水中的生物，也没法不受到影响。同时，随着潮汐的变化影响，这种污染的水，有可能溯流而上，流到镇江和扬州去。上海如此，天津等城市也都存在着"三废"污染的问题。

大城市是一个由多种成分构成的生态系统。大城市的人口问题不仅有文化、教育、社会活动等因素，而且还涉及物质、能量的生产、消费，它们的输入、输出和环境质量。在这里，有许多生态平衡和经济平衡等问题。这些问题客观存在，必须结合起来进行研究。上述的大气污染使作为主体的居民同适宜于生物的空气失去了平衡；河水的污染使作为主体的居民同他们所需要的供水失去了平衡；受到了污染的青菜、鱼类、鸡鸭等等，同作为主体的居民，在合理地摄取食物营养上也失去了平衡。这不仅表现在这些副食品等物品的数量上，而且也表现在它们的质量上。因此，使人们的生产和生活受到相当大的影响。

三

我国多年来的基本建设计划，因为层层加码，计划外项目也没有控制，战线拉得过长，成为国家和人民的一个沉重负担。如果这些基建单位，能够按期生产产品（使用价值），那也不错；可惜的是，有不少基建项目成为"胡子工程"，长期耗费国家的人力、物力和财力。有不少基建单位因为厂址选择不当，对环境起了不良作用。例如北京的纺织部门准备在四季青人民公社建立纺纱染印厂，这个厂如果建成投产，北京居民就得饮用那些从处于西北高地的纺织印染厂流下来的含毒废水。因此，基本建设的厂址选择是一个关系到生态平衡的问题。厂址如果选择得不好，将来建成开工之后，"三废"就会大量增加，环境系统中所增加的物质和能量，就会超过一定限度，生态系统的结构，就没法不受到破坏；工厂四周的空气和河水湖水就要受到污染；附近居民就要每天吸满含毒的空气而致病。

为了实现社会主义的四个现代化，有计划地进行基本建设是必不可少的，而且年年将会有增加。现在的问题，首先，是要实实在在地缩短基建战线，集中精力打歼灭战，加快建设速度，使基建工程项目能按期投产；其次是要设备配套，才能发挥作用；第三，是加强组织管理尽快达到生产能力，早日为国家生产物质财富；第四是设计生产的产品都要合乎市场需要，不至于建成后产品遭到淘汰而不能生产。除以上所述之外，更重要的是厂址选择要考虑到生态系统平衡的原理，避免选点不当，破坏生态平衡。这样也就可以不犯浪费国家财力、物力和人力的错误。

四

生态平衡的规律同经济领域中的一些规律，是息息相关的。实践证明，生态平衡规律如果遭到破坏，许多经济规律便没法不受影响。首先，生态平衡遭受破坏，必然会使社会主义基本经济规律受到影响。因为社会主义基本经济规律的基本点，就是要高度发展生产，以满足人民和社会的需要。生态平衡如果遭受破坏，人体所需要的空气和食品就会受到污染，原来为人民所需要的物品也会感到奇缺。其次，破坏生态平衡的结果，必然会使社会各个生产部门的比例关系受到影响，因为生态平衡在实质上具有要求各部门的比例关系保持平衡的意义。如果生态平衡被破坏了，各部门间的比例关系就不能保持。就要影响到国民经济有计划、按比例发展的规律。再次，破坏生态平衡的结果，也会使社会生产某种产品所需要的社会必要劳动量（从整个部门来说）起变化，使这个部门的商品的价值或价格，因货源减少、供应紧张而发生波动。

生态经济学要求我们在社会主义生产和社会主义建设中不仅要从生产建设自身的经济效果方面看问题，而且要从生态系统与环境系统的相互关系上处理问题。这就是说，生产建设必须从全局着眼，从长远打算；不仅为了当前的利益，而且也为了长远的利益。生态经济学要求我们合理利用生物资源，必须保持生物的基本数量及一定的年龄和性别的比例，无论在森林采伐上，还是在渔业捕捞、草场放牧和有经济价值的鸟兽狩猎上等等，都必须遵循这个生态经济学的基本原则。对于种田，也存在着这个问题。多年来不适当的密植、粮食生产不顾条件的一季改二季或二季改三季等等，使加进去的肥料抵不上土地肥力的支出，地力长期不得休息，生态平衡受到破坏。在此情况下，要希望以较低的耗费，长期取得最大的经济利益，那是难乎其难的。

生态学家的话是合乎事实的：生物依赖环境系统源源不断地供给它所需要的营养物质和适宜的空间。有了这些条件，生物才得以不停地生长、发育和繁衍。作为主体的生物系统同环境系统之间存在着一种对立统一的辩证关系，它们是互相依赖、互相制约、互相作用、互相影响的。如果破坏了环境系统，那么作为主体的生物系统，也就无所依赖。生物特别是人类，从环境系统中取得其所需要的资料，以维持生存和发展。在保持生态平衡的条件下，两者是统一的，一致的。如果生物系统破坏了生态平衡，那就要出现矛盾。生物系统对于环境系统的利用，一般说是处于主动的地位。但是，这种主动是有限度的，如果过分地突出生物的主动作用，超过客观许可的一定限度，就会破坏生态平衡，就会在生物系统与环境系统间发生矛盾。但是实践也证明受了破坏的生态平衡，也是能够经过人们的努力而得到调整恢复的。英国泰晤士河在马克思时代是以其臭不可闻的特点闻名于世的。但是，最近二三十年这条河的河水因为得到治理而变清，以至河里可以养鱼了。

在生态平衡与经济平衡之间，主导的一面，一般说，应该是前者。因为生态平衡如果受到破坏，这种破坏的损失就要落在经济的身上。例如水土流失，粮食歉收、牲畜死亡、鱼类中毒或绝迹等等，都是经济上的损失。当然，那种不考虑经济规律的做法，也会引起生态平衡的破坏。例如毁林开荒，原来的目的是要增加粮食生产，但是实践的结果却是生态平衡的大破坏。生态保持平衡（作为主体的生物系统同它的环境之间的平衡）是自然界（不仅包括动植物，而且包括了人类）的客观规律。我们要进行社会主义建设和社会主义生产，要实现现代化，如果不遵守自然界的生态平衡规律，那就很难取得预想的效果。因此，生态经济学要求我们在社会主义建设和社会主义生产中，对于一个生产基地的建设，对于一个工厂的选址，对于一个城市的生产、流通以及消费的安排，都要进行周详的调查研究，都要考虑它的前后左右，并且如上所述，不但要看到它的眼前，而且要考虑到它的明天、它的后果。只有这样，我们才不会盲目地浪费国家和人民的人力、物力和财力，才能长期地用较少的耗费取得较大的收获，也才能对得起我们的子孙后代。

可能有人说，生态经济学对于生产建设提出的清规戒律那么多，岂不成为生产建设的障碍？我认为，自然界的生态平衡规律是客观存在的，经济方面的许多经济规律也是客观存在的。说明这些客观规律的存在，绝不是为了障碍社会主义的生产建设，而是为了正确地搞好我国的社会主义生产和社会主义建设，正是为了用最少的人力、物力、财力去取得最优的经济效果。

西方有些学者看到资本主义工业生产的发展，破坏了生态的平衡，因而提出了否定工业化、现代化的主张。他们认为大工业带来了一系列的公害，造成能源枯竭、环境污染、生态平衡破坏，等等。到如今，人们已经没有能力扭转这种平衡的破坏了。因此，他们就来一个向后转，主张回到手工业时代，以至回到自然生活的"原始组织"去。资本主义工业化引起能源日趋枯竭、环境日益污染，生态平衡破坏日益严重是客观存在的事实，这是谁也没法否定的。但是，难道世界的末日到来了吗？西方学者们是片面地去看待这个问题的。按照他们的说法，好像生态平衡的破坏是绝对不能恢复的，好像人类的前途只有悲观失望而无法改善。这是哪里来的根据呢？事实已经初步证明，今后还要证明，人是有能力、有条件通过科学技术的设施去削弱以至消灭"三废"危害的；人们是能够通过广植森林的方法，去制止水土流失以恢复天上水、地上水和地下水的顺畅循环的。至于能源，人们已经着手于原子能的应用了；太阳能和沼能的利用，虽然还在试验阶段，但是，成功的前途是不能够怀疑的。西方某些学者主张要保持生态平衡是值得赞许的。但是他们要把手工业作为医治生态平衡失调的药方，要人们的社会生活回到"原始组织"去，那是不能不加以反对的。因为这分明是一种开倒车的办法，是一种违背历史唯物主义，违背人类社会发展规律的思想。对于正在致力于实现社会主义现代化建设的中国人民，这种复古倒退思想是不能接受的，因为它会使我们的思想发生混乱，也会使我们实现四个现代化的步调发生混乱。

生态经济学在世界上还是一门年轻的科学。这门科学在国外已经进入数量分析和理论说明的阶段。为了实现四个现代化，我们必须赶上去。希望理论界的同志们和各生产部门从事实际业务工作的同志们，研究生物学、生态学的同志们和研究经济科学的同志们通力协作，把这门科学建立起来，积极开展研究工作，为四个现代化建设作出贡献。

（载《经济研究》1980 年第 11 期）

生态经济学要为社会主义建设服务

我们的党自十一届三中全会以来，号召全党和全国人民，为实现社会主义的现代化建设而奋斗。在这次党的第十二次全国代表大会上，胡耀邦同志在代表党中央作的《全国开创社会主义现代化建设的新局面》的报告中指出："把社会主义现代化经济建设继续推向前进"是全党和全国人民从 1981 年到本世纪末的 20 年中的首要任务。胡耀邦同志在党的十二大上作的报告，已经成为振奋人心的火炬。现在，促进社会主义经济的全面高涨，正在全国各个经济部门中一浪接一浪地前进着。

我在这里打算从生态经济学的角度，对于社会主义生产和社会主义建设，提出一些不成熟的看法。

一

要谈生态经济学必须先谈生态体系的问题。

根据生态学的说明，生态体系是由生命系统和环境系统在特定空间的结合所构成的。生命系统可以指人类与环境之间的相互关系；同时，也可以指动物和植物，同它们的环境之间的相互关系。至于环境系统，很明白，指的就是自然界的光、热、空气、水分以及各种有机和无机元素彼此间的相互作用所构成的空间。用比较简单的话来说，所谓生态，就是生物通过同化和异化，与环境之间，不断地进行物质交换和能量转化，从而，不断地实现代谢更新。自然界的历史和人类社会发展的历史，都在证明：这个由生命系统和环境系统在特定空间的结合而构成的生态体系及其活动，是客观存在的；而生命系统与环境系统之间的相互作用及其规律，也是客观存在的。

人类为了生存，为了发展，是不可能离开一定的环境体系的。人们不仅需要粮食，需要畜产品，需要鱼类和蔬菜，而且还需要衣着、住屋和工具，等等。人们为了满足这些需要，必然要从环境体系中取得其所需要的东西。人们在陆地上种植粮食，采伐林木，牧养牲口；人们在河流湖泊里捕获鱼类，采获水里植物；人们在矿区里采取矿石、煤炭、石油和天然气；人们在城市建立工厂和作坊，等等，所有这一切，都是要同自然界的光、热、空气、水分以及各种有机和无机元素发生关系的。在资本主义制度下，人们的生产活动，不能不同自然界的环境体系发生关系；在社会主义制度下，人们为了生产和建设，也不能不同自然界的环境体系发生关系。

根据生态学，在一定的时间和相对稳定的条件下，生态系统各部分的结构与功能是处于相互适应与协调的动态平衡之中的。这就是说，生命体系同环境体系的各种因素，在基本上是协调的。换句话说，当生态系统中的能量流动和物质循环过程，较长时间地保持平衡状态的时候，这个生态系统的有机体的种类和数量就能达到较大量或最大量，从而生物量也就达到较高的境地。反之，如果生命体系和环境体系的某个重要因素或重要成分受到削弱和破坏，那么，物质和能量的输出与输入，就会发生急剧的变化，就会超过一定的限度而得不到补充，就会使生态系统的平衡遭受破坏。用经济学的语言来说，较长期地保持生态平衡，就是保持社会的长远利益和整体利益。生态平衡如果受到破坏，那么，经济上的长期利益和整体利益，也就没法不受到严重的损失了。

生态平衡并不是绝对的稳定，而是在动态中维持着的。物质和能量的循环和交换，是生态平衡的内容；甚至可以这样说，基本的代谢功能，乃是生态系统的动态平衡形成的基础。事情很明白，如果没有代谢的功能，那就不成其为生态，那就不成其为动态平衡了。举一个例子，树木靠吸取土壤的营养物质而生活，而长大。但是，当树叶落下经微生物分解为腐烂物质时，土壤的肥力又得到了补充，又能对树木提供营养物质。在这里，代谢的功能就能够循环地进行下去。但是，这并不是说，森林不能采伐。森林是可更新的自然资源。砍伐森林，必须与抚育更新相结合，必须在原有生态平衡破坏之后，通过人工干预，建立新的生态平衡。如果能做到在相对稳定中保持生态平衡，这对于国民经济的稳步发展，是极其有利的；对于国家和人民的整体利益和长期利益，是极其重要的。

二

马克思在《资本论》中，不止一次地指出工业资本家在工业生产中所排出的排泄物对环境的严重污染；而且指出农业资本家在农业生产中对土地肥力的掠夺。在资本主义生产方式的前提之下，农业资本家是从地主那里租得土地的。在租约期间，资本家当然要向土地投资。租约期满，那一块土地便要归于地主所有。因此，农业资本家必然在租约期内，千方百计劫掠土地的肥力。马克思在谈到"大工业和农业"时这样说道："资本主义生产使它汇集在各大中心的城市人口越来越占优势，这样一来，它一方面聚集着社会的历史动力，另一方面又破坏着人和土地之间的物质变换，也就是使人以衣食形式消费掉的土地的组成部分不能回到土地，从而破坏土地持久肥力的永恒的自然条件。"[①] 不仅如此，"资本主义农业的任何进步，都不仅是掠夺着劳动者的技术的进步，而且是掠夺土地的技巧的进步，在一定时期内提高土地肥力的任何进步，同时也是破坏土地肥力持久源泉的进步。一个国家，例如北美合众国，越是以大工业作为自己发展的起点，这个破坏过程就越迅速。因此，资本主义生产发展了社会生产过程的技术和结合，只是由于它同时破坏了一切财富的源泉——土地和工人。"[②] 根据马克思的分析，我们可以这样说，资本主义生产的发展，是以生态平衡的破坏作为代价、作为牺牲的。

马克思的《资本论》第一卷是在 115 年前出版的。自从那时以来，各国资产阶级不但变本加厉地去榨取土地，而且疯狂地砍伐森林，疯狂地以工业的废气、废水等等去污染城乡环境。除此之外，还有其他各种"公害"，如噪声等等，这就使生态体系没法不恶化起来。以美国为例，这个国家的土地面积有 936 万平方公里，由于东北部和中部等处的森林的长期破坏，水土流失严重的面积达 114 万平方公里，占全国面积 12.18%。由于水蚀每年大约要冲走土壤 40 亿吨。由于风蚀每年还要损失土壤 10 亿吨左右（据 1982 年 10 月 11 日日本《朝日新闻》所载，美国每年表土的损失，几达 60 亿吨之多）。1934 年曾发生了一场举世闻名的"黑风暴"，连刮三天三夜，越过美国 2/3 的大陆，把足以装满 100 万趟列车的地表土刮进大海。因此，《朝日新闻》把美国这个"大谷仓"的表土流失，惊呼为"崩兆"。不但如此，欧美一些国家和日

---

① ②　《马克思恩格斯全集》第 23 卷，人民出版社 1972 年版，第 552 页。

本，70 年代以来，纷纷推行"高烟囱政策"，对工业区以外的自然环境造成了严重污染。雨水的酸度日益提高（据 1982 年 6 月合众国际社的报道："在苏格兰和宾夕法尼亚，雨的含酸度比餐桌上的醋还要高"）。由于酸雨的侵袭，大片森林枯死了，人民的健康也受到严重的损害。

生态体系的恶化和生态平衡的破坏，现在已经成为世界性的一个严重问题。有些国家的人们，为了恢复生态平衡，组织了政党（如英国和法国的生态党），提出各种各样的主张，如防止工业的发展，减少化学药品（特别是化肥）的使用，反对火力发电站的建立，主张不再修建公路干线，主张限制小汽车的制造和使用，劝说第三世界"不要追求全面工业发展和经济增长"等等。从生态平衡的角度来看，英法生态党的动机是可以理解的。他们的某些主张，如保持土地肥力，反对浪费能源，提倡步行和骑自行车，保持水产，提倡造林，等等，是切中时弊的。但是，反对工业化，特别是劝说第三世界国家不要追求全国工业化等主张，那就值得考虑了。难道现在各国都回头去搞手工业工场吗？难道第三世界的国家只能成为工业发达国家的市场吗？难道我们能够否定一二百年来特别最近几十年来科学技术对于发展经济的作用吗？难道我们能够开倒车，反对人类社会生产力的发展吗？高度工业化的确给生态体系带来不利，生态平衡的确因为工业化的高度发展而遭受破坏。但是，生态平衡的这种破坏，并不是绝对不能扭转的。生态党的人们对于人类前途的悲观失望是没有根据的。事实已经初步证明：人们能够使用科学的方法，去削弱以至处理工业化所带来的"三废"问题；人们能够重新造林，使濯濯童山重新变成林木茂密的青山，使原来被砍得精光的林区恢复其郁郁苍苍的盛貌；人们能够使用科学的方法，逐步地从太阳取得能源而不带来污染，虽然在这方面现在还处在试验阶段，但是，这个问题迟早是一定能成功的。在削弱以至控制污染、削弱以至消灭水土流失、削弱以至控制对于生态平衡的破坏的同时，人类是能够在发展科学技术，发展现代工业的道路上迈步前进的。人类决不能回到使用石器的原始社会去！

三

上面说过，生态体系是由生命系统同环境系统在特定空间的结合所构成的。在这一点上，社会主义制度同资本主义制度是相同的。但是，在资本主义制度之下，由于生产资料的资本家私有制，由于生产在无政府状态中进行着，在生命系统同环境系统之间的结合，是自流地、在追求私利的条件下进行的；而在社会主义制度之下，由于生产资料的公有制居于强有力的主导地位，由于国民经济实现了以计划经济为主导，对于生命系统同环境系统之间结合，人们有条件根据客观存在的生态平衡的要求去进行生产建设。这是社会主义制度的优越性在生态平衡问题上的具体表现。党的十二大报告特别着重指出，必须"坚决保护各种农业资源、保持生态平衡"。这是一个具有深远意义的重大指示。

在党的十一届三中全会以前，由于左倾错误，由于急于求成的主观主义，无论在农业、林业、渔业以及工业上，不同程度地都出现了违反生态平衡规律的干法。

第一，是森林的破坏。我国的森林覆盖率在解放后是 12.7%；只占世界平均水平的一半。现在毁林的行为较诸 1958—1959 年和"文革"期间，虽然有所减轻，但是，这种行为现在还未停止。由于森林遭受破坏，它的调节气候、涵养水源、保持水土、防风固沙等生物效能，显著地受到了损害。这种损害，是很难用经济数字来表达的。

第二，是水土流失在发展。不少地方，边治理、边破坏，有些地方甚至破坏大于治理。全国水土流失面积150万平方公里，占全国土地总面积的16%。每年被冲走的泥沙相当于全国耕地肥沃表土一厘米厚。不仅西北黄土高原没有根本改变面貌，而且自然条件优越的长江流域的水土流失也日益发展。我们每年要用多少吨化肥和绿肥，才能补救这么大量被冲走的表土呢？水土流失不仅给农业生产带来不可估量的危害，而且也给交通运输带来了极其严重的损失。这几年好多处铁路的塌方，难道不是由于严重的水土流失所形成的吗？

第三，是对草原的破坏。草原退化的现象，现在仍未停止。草原的破坏，加剧了土壤的沙化。据兰州沙漠所的报告，在近50年内新发生沙漠化的土地5万平方公里。我国北方沙漠化面积达17万平方公里，现在潜在沙漠化危险的土地约15.8万平方公里。

第四，对水利资源的管理使用不当。除了毁林开荒、毁草开荒和陡坡开荒，造成水土流失和洪涝灾害之外，不少地方，不顾后果地围湖造田，缩小水面，洞庭湖就是一个例子。这种情况，减少了长江干流对洪水的吞吐能力，从而，增加了洪水对两岸人民的威胁。

第五，是一些地区的耕作制度不合理，对土地重用轻养。有的地区，不顾当地具体条件，大力推行一年三熟，使土壤的肥力得不到应有的补偿，使地力出现衰退；有的地区，在种植业中绿肥减少，豆科作物减少，从而，降低了土壤的肥力。有的地区，由于大水漫灌和排水不良，土壤的次生盐碱化有所增加。

第六，是一些地区的湖泊和港湾，由于过度捕捞，水产资源受到不同程度的破坏，水产品的数量和质量都有所下降。

第七，是水资源条件出现恶化。城市工业的"三废"，由于处理不力，而日益显示其公害。农村方面，由于大量使用杀虫药剂，也有日益加强其影响农业生产的作用。"三废"和农用杀虫药剂的发展，恶化了水利资源，使江河、湖泊的水体污染严重，不仅影响农业生产，而且影响人民的身体健康。不仅如此，北方有些地区，对地下水过度开采，地下水位日在下降。这不仅影响了农业生产，而且也影响了人民的生活用水。

第八，是盐渍化的土地并未缩小。解放后经过治理，有些地区已经取得了成绩，但多数地区，盐渍化的土地有着扩大的趋势。全国盐渍化的土地达一亿亩，其中，一半在海滨地区，一半在西北内蒙的黄灌区。

第九，是环境污染。现在全世界每年排入大气的二氧化硫，达1.5亿吨。我国是世界上排放二氧化硫等气体最多的国家之一。我国大气严重污染的城市，1978年有18个；在1979年增加到22个。国家规定：城市每平方公里每月降尘量为6～8吨，据1979年3月监测，北京市居民区达39吨；首钢工业区达285吨。有些工业城市的工业区高达1000多吨，超过国家规定的标准100多倍。城市的环境污染，除了大气之外，还有地下水和噪声。据统计，全国有40多个城市的地下水受酚、氰、砷等有害物质的污染。噪声是一种能量。人们睡眠时要求环境噪声在35分贝以下；工作、学习时，要求环境噪声在55分贝以下。而我国现在不少城市的噪声却在70分贝以上。强烈的噪声不仅会造成耳聋，而且会引起高血压，心动过速和心脏病。噪声给人们带来的损失，能用经济数字表达出来么？

第十，是人口增长过快。我国人口从鸦片战争后的1849年到1949年的100年间，由4.13亿增加到5.49亿，平均每年递增2.6‰；从1949年到1979年的30年间，从5.49亿，增加到9.792亿，平均每年递增20‰。今年的人口普查，大陆29个省市区人口和现役军人是1008175288人；自然增长率为14.55‰；自然人口生产率是下降了，但是，由于人口的基数过大，每年新生的绝对人数，还是惊人的！我国人口增加过快，使农业资源按人口平均的相对数，几乎逐年下降。不仅如此，随着人口的增长和人口的集中于城市，人们的生产活动和消费活动，也加重了环境的污染。

仅从上述几方面来看，我国的生态平衡，不仅在城市而且在农村，都不同程度地发生了问题。提出这些问题决不会影响社会主义经济的全面高涨。正相反，认清生态平衡失调，正是为了促进社会主义经济的全面高涨，正是为了保证子孙后代的长远利益，正是为了实现党中央关于保持生态平衡的号召。

四

要恢复生态平衡的正常循环，必须从多方面进行工作。在这里，我认为中心环节是造林护林（包括乔木、灌木和草地）。事实证明，造林就是保水；造林就是为农牧业的稳产高产提供必不可少的条件；造林就是为轻、纺工业和材料工业提供所需要的原料；造林就是为了创造清洁的环境（特别是城市环境）提供重要的条件；造林就是为了子孙后代的良好生活，提供一项必不可少的保证。可以这样说，社会主义制度为子孙后代提供必不可少的社会条件；而造林护林则为子孙后代提供必不可少的自然条件。森林是具有再生能力的自然资源。只要我们按照森林本身的规律办事，坚持以营林为基础，采育结合、造营并举、造多于采的方针，就能够做到越采越多，"青山常在，永续利用"。只要我们把造林护林的工作长期不懈地做好，那么，我国的森林覆盖率在本世纪末是一定能够从现在的12.7%，提高到20%以上的。只要把造林护林的工作做好，那么，生态平衡的问题，也就有了一个良好的基础。

做好造林护林的工作，是极其重要的，但是，这并不等于说，生态平衡的所有问题，就都因此解决了。举一个例，人是要吃饭的，如果缺少粮食，缺少肉类，缺少蔬菜，那么，人就活不下去。过去一个时期，各地曾经"单打一"地种植粮食，其结果，给生态平衡带来了严重的破坏。但是，我们却不能因此就否定种植粮食的重要性。应该种植粮食的地区，就必须种植粮食。自力更生是我国的立国原则。难道十亿人口的国家能够把需要的粮食，长期依靠从外国进口吗？为了发展农业，必须把生产效益同生态效果结合起来。为了适应不同地区的自然条件，必须注意种植业的种类和品种的搭配；同时，还要注意对作物茬口的合理轮换、间作、混种、套种；还要把绿肥与作物轮作，作为用地和养地的重要环节。通过精耕细作，争取持续高产，使粮食和其他农副产品的产量，也能持续增长上去。

有人认为要实现工农业年总产值在 20 年内翻两番，关键是在于提高农业的单位产量；而提高农业单产的关键则在于改良土壤，提高土地肥力，提高粮食单产，的确是我国发展农业的关键。我国提高粮食单产，是大有可为的。这就要求我们精耕细作，适当增加肥料，致力于提高土地肥力。但是，谈到土壤，就不能不同造林护林、保持水土，发生关系。如果让水土年年流失下去，如果让肥沃的表土年年在水土流失中被送进大海，那么，土地肥力怎么能提高呢？因此，要保持以至提高土地肥力，是不能不以造林护林作为条件的。

良好的环境是国家富强、人民幸福的标志之一。发展生产必须保护环境。搞好环境的保护，可以促进生产的发展。把保护环境同发展生产结合起来是必要的，也是可能的。许多工业企业的严重污染，其原因之一，是企业管理不善。在企业整顿中，要把加强环境管理、控制污染作为一项重要任务，作为检验整顿成效的一项重要标志。许多工业企业污染严重的另一原因，是工艺落后，设备陈旧，资源、能源消耗极高，"跑冒滴漏"极其严重。因而对现有工业企业进行技术改造，是解决工业污染的重要途径。通过技术改造和工艺改进，就能够提高资源、能源的利用率，使资源能源最大限度地转化为产品。对生产工艺上必须排放的"三废"，要认真进行净化处理，达到国家规定的排放标准。除此之外，好些地区的污染，跟工业布局不合理有着密切的关系。在工业调整、改组中，严格地按照城市总体规划，逐步搞好工业布局，也成为改善环境，恢复生态的良性循环的不可缺少的措施。在城镇居民稠密区、水源保护区、风景游览区都不准建立污染扰民的企业；对现有的布局不合理、污染严重而又难以治理的企业，要分别不同的情况，实行关停并转。还要严格禁止城市工厂将污染严重的生产，转移给没有污染防治措施的社队企业。

近年来，全国人民代表大会常务委员会和国务院，先后颁布了许多有关保护生态平衡的法律。1980年12月发出《关于坚决制止乱砍滥伐森林的紧急通知》，1982年10月又颁布《关于制止乱砍滥伐的紧急指示》。此外，还颁布了《环境保护法》、《水产资源繁殖保护条例》和《水土保持条例》等等，这对于发展国民经济和实现生态的良性循环，都具有重大意义，必须严格贯彻执行。江西人民在中共江西省委和省人民政府的领导下，在保持生态平衡的问题上，给予重大注意，并着手进行，这是使人感到高兴的！今年9月间在银川举行的全国农业生态经济学术讨论会，建议在调查研究之后，再制定《土地利用法》和《草原管理法》，这也是值得重视的。

处理工业污染，改善城市环境，这是没有什么争论的。但当前国家财政还有困难，一时不可能为此拨出大量资金，因而，现在必须执行谁污染谁治理的原则，主要依靠工业部门和企业本身的力量挖掘潜力，自己解决自己的污染问题。以废水为例，现在已经有一种工业供水的工艺，这种工艺能使工业污水经过生物净化处理以后，可以在密闭的系统中循环使用。对于废气的回收，对于噪声的降低，人们也不是无能为力的。在农村方面，发挥几亿农民的积极性来改善农业的生态环境，既有必要性，也有可能性。

为了促进社会主义经济的全面发展，为了在最近 20 年内实现我国工农业总产值翻两番，生态经济学的作用，是应该得到重视的。生态经济学能够促进国民经济各部门在生产建设中把经济效益同生态效益密切地结合起来。

五

随着社会主义生产和社会主义建设的发展，随着工业和农业的现代化的提高，生态平衡和生态经济方面的问题，日益被同志们所认识。从各个专业去研究生态经济的问题，如农业生态经济学、林业生态经济学、牧业生态经济学等等，正在日新月异地前进着。这是一个极其可喜的现象！

生态经济学是边缘科学，是生态学和经济学的结合，是自然科学和社会科学的结合。可以这样说，生态经济学是自然科学工作者和社会科学工作者合作的一种产物。在这里，还要明确的是，生态经济学是以生态学作为前提。如果离开了生态学，那么，生态经济学也就失去了它的存在的余地。这就要求研究生态经济学的同志，必须在生态学方面取得必不可少的基本知识，必须跟着生态学的发展而前进，必须从经济学的角度去研究我国的社会主义生产和建设中的生态效益问题，把经济效益同生态效益结合起来。而要在生产建设中有效地把经济效益和生态效益结合起来，那就非加强生态学工作者和经济学工作者之间的合作不可！

为了响应党的"全国开创社会主义现代化建设的新局面"的号召，我相信，从事生态经济学研究的同志，一定能够抖擞精神，深入研究，做出更多的贡献来！

1982 年 10 月 15 日北京初稿

1982 年 11 月 7 日修改于南昌

（载《争鸣》1983 年第 1 期）

社会生产与人类生活中的
生态环境问题

一 人类同自然之间的物质交换

　　人类为了生存，为了发展，是不可能离开一定的自然条件，是不可能离开一定的环境体系的。马克思《资本论》多次提出的人类与自然之间的物质变换，指的正是这一个问题。

　　人类不仅需要粮食，需要燃料，需要牲畜产品，需要鱼类和菜蔬，需要衣着、住屋和生产工具，而且还需要有清洁的空气和饮水，等等。人们为了满足这些需要，必然要从环境体系中取得其所需要的东西。人们在陆地上种植粮食，牧养牲口，采育森林；人们在河流湖泊里捕获鱼类，采获水里的植物；人们在矿区开采各种矿石、煤炭、石油和天然气；人们在城市里建立工厂和作坊。所有这些，都是要同自然界的动物和植物发生关系，都是要同自然环境的光、热、空气、水分以及各种有机和无机元素发生关系。在资本主义制度下，人们的生产活动，不能不同自然界的环境体系发生关系；在社会主义制度下，人们为了生产和建设，也不能不同自然界的环境体系发生关系。马克思对于人类与自然之间的物质变换，在一定的意义上，是作为人类生活的永恒条件来对待的。当然，社会主义制度同资本主义制度是有区别的。资本主义制度通行着资本家对雇佣劳动者的榨取，通行着生产的无政府状态。在资本主义社会里，人们追求的只是个人利益和眼前利益。社会主义制度否定了人对人的剥削。社会主义制度使人们有条件去认识整体利益和长远利益的重要性，从而对自然环境的利用，经常注意到个人利益与整体利益之间的关系，注意到眼前利益与长远利益之间的关系，从而必然会重视生态平衡的问题。

历史和实践已经证明：人们在同自然之间进行着物质交换的时候，在进行着生活资料的再生过程中，是会在不同程度上带来"副作用"的。为了追求粮食的增产，如果过度垦林开荒，如果过度破坏草原，如果过度围湖造田，如果在山顶和山腰上不顾具体条件，大量破坏土地植被，那就很难不造成严重的水土流失。关于耕地，还有一个土地肥力的保持的问题，如果每年从土地所吸取的肥力，超过补偿给它的肥力，那么，地力就没法不衰退。马克思不止一次地批判资本主义农业，不仅残酷地榨取农业雇佣劳动者，而且残酷地在劫掠土地的肥力。劫掠性地使用土地，土壤性质是没法不逐步衰退下去的。

人类社会是从牧畜、农业、手工业、工场手工业进入蒸汽机生产和电气化生产的。工场手工业较诸个体手工业，为人类带来较高的生产力；而蒸汽机和电气化的生产，较诸工场手工业，为人类带来更高的生产力。但是，蒸汽机生产和电气化生产都为人类带来了污染。现代化工业给人类所带来的污染，不仅有废气，而且还有废水和废渣。不仅有"三废"，而且还有噪音。废气主要是煤炭燃烧排放出来的烟尘、碳氢化合物和二氧化硫等有害气体。这种气体不仅严重地危害居民的健康，而且还能同大气中雨雪结合，成为"酸雨"。酸雨使耕地和平原的土壤变质，使江水湖水发生酸化，使森林和农作物出现枯萎和死亡，使人民的健康受到严重的损害。城市中的废水，主要是工业废水。一些工厂把未受到处理的废水放进江海湖泊，这就不但使江湖的水质变坏，而且也使工业废水所排放出来的酚、氰、镉、砷、汞等有害物质，沉到地下，使地下水也受到严重污染而成为有害的东西。废渣如果直接排入江河，它们所含的有害物质，也就会跟着江水河水四处流动，成为污染良田、污染流水以至成为毒害地下水的祸根。

这几个例子都在说明，人们在同自然进行物质交换的过程中，在取得人们所需要的使用价值的同时，也带来了一些不利于人类的副作用，也带来了一些有害于人民健康和不利于物质生产的因素。但是，所谓"三废"，并不是废。而是送到我们家门的、不需要开采的资源。如何在工矿生产中尽量减少"三废"，并进一步"变废为宝"，这是我们进行社会主义现代化建设的重要任务之一。这也是生态经济学所要研究的重要课题之一。

二　国外的生态环境问题

生态环境的恶化和生态平衡的破坏，现在已经成为一个世界性的严重问题。大体说来，严重的环境污染，主要出现在资本主义的发达国家；而严重的水土流失和沙漠扩大则主要出现在第三世界的发展中国家。

在发达国家中生态环境的问题，最突出的是酸雨。自 1950 年以来，北欧各国开始注意了降雨的酸化。在大气中形成酸雨的主要污染物质，如上所述，是二氧化硫和碳氢化合物等等。这些污染物质是由人类在进行物质生产（特别是在工业革命之后）的进程中，长期地向自然界大气中大量排放的。据测算，现在全世界每年排入大气而形成酸雨的主要要素——二氧化硫，达 1.5 亿吨。这种形成酸雨的物质，是跟着大气的移动而移动的。北欧的挪威、瑞典及芬兰等国的酸雨物质沉降量，分别有 90％，80％，70％，是由别国输送来的；而英国、西德均有 65％ 的酸雨物质飘向别国。美国的一部分酸雨则移送给加拿大；但是，美国本身也没法逃脱酸雨的袭击。1982 年合众社的报道说，宾夕法尼亚，雨的含酸量比餐桌上的醋还要高得多。瑞士的森林，是这个国家之所以成为旅游胜地的重要条件之一。据 1984 年 3 月美联社的报导，瑞士的森林在迅速死亡。有些地区有 1/3 的树受到病害，或者已经枯死。为什么发生这种情况呢？"汽车排放出的碳氢化合物的和臭名昭著的、含有二氧化硫的'酸雨'，是导致森林枯死的凶手"。酸雨的出现，已经证明环境体系已经开始对着生态系统，对着人类，对着动植物进行着可怕的破坏了。

　　与酸雨同时发生祸害的，还有由煤气所积累的毒雾，英国在 1819、1873 和 1880 的三年，伦敦连续发生由于燃煤而造成的毒雾，被毒死的人达 1800 人。1952 年 12 月伦敦又因煤烟粉尘在浓雾中蓄积不散，居民在四天内，死亡 4000 人；1956、1957 和 1962 年连续发生毒雾死亡 2000 人。这些可怕的灾难，难道同资本主义的制度没有关系么？

　　资本主义发达国家所造成的污染，已经把整个地球包围住了。美国一位老宇航员 P. 韦茨是在 1973 年作了第一次宇宙飞行的；到 1983 年 4 月，他（航天飞机"挑战者"的指令长）作了第二次宇宙飞行。他回顾说，相隔 10 年，浓密的污染云雾，已经把地球变成"一颗灰色的行星"了。

　　发达国家由于发展工业而发生的公害的严重，是灼然可见的。但是，水土流失的严重性也并不轻。以美国为例，这个国家的土地面积有 936 万平方公里，由于东北部和中部等处将近 20 亿亩面积的森林，长期被砍伐，致使水土流失的面积达到 114 万平方公里，占全国面积 12.18％。由于水蚀，美国每年大约要冲走土壤 40

亿吨。由于风蚀，每年还要损失土壤10亿吨左右，加上其他损失，美国每年表土的损失，几达63亿吨之多。1934年曾发生过一场举世闻名的"黑风暴"，连刮三天三夜，越过美国2/3的大陆，把足以装满100万趟列车的地表沃土刮进大海。美国土壤专家估计，美国现有耕地可耕层按现有水土流失速度，一百年内，可能流失殆尽。因此，日本《朝日新闻》把美国这个"大谷仓"的表土流失，惊呼为"崩兆"。

在苏联，由于大批森林和草原的大规模垦荒，"黑风暴"也跟踪而至。其中，1960年3月和4月的两次"黑风暴"，席卷了俄罗斯大平原南部广大地区，被吹到空中的沙土约10亿吨，春季作物受灾面积达6000万亩以上。1963年的"黑风暴"，仅哈萨克斯坦的受灾耕地，就达3亿亩！这种情况迫使苏联近年大力种树。

至于第三世界，水土流失是极其严重的。水土流失的重要原因之一是滥伐森林。森林对生态的决定性的作用，不仅仅在于提供木头，而且在于调节温度、湿度、土壤、水分以至影响风力。森林有助于全球的水、氧、碳和氮的必要的再循环。但是，森林的这种作用，却被人们忽视了。砍伐森林，到处可见。据联合国粮食与农业组织估计，亚洲流动耕作的农民，每年砍伐850万公顷森林，每年砍伐的森林相当于葡萄牙一个国家的面积。在拉丁美洲，估计由于农业用途而每年砍伐500万到1000万公顷森林。如果按照这种速度发展下去，全世界覆盖面积将从1950年的119亿英亩，到2000年可能减少到64亿英亩。森林的不断遭到砍伐，水土流失当然无可幸免。有一位研究者在研究印度的生态环境时写道："不顾一切的农民，加上木材商和采集木柴的人，在喜马拉雅山脉许多小山上毁林开荒，从而严重地扩大了山下低地洪水的范围。在中等年头，印度有2000万人的生活直接被洪水所破坏，在雨水特别多的年头，受影响的多达5000万人。季风带来的大雨冲走了已被砍光树木的山坡，印度次大陆各条河流挟带的大量泥沙抬高了河床，因此，每年洪水更迅速地向外排泄。"巴基斯坦的印度河平原的特大洪水，在以往 25 年，比以前的 65 年发生更加频繁。1973 年 8 月的那一次大洪水，淹没了将近 200 万公顷正在生长作物的土地和上万个村庄。

沙漠在扩大，也是世界上许多国家环境恶化的特点之一。撒哈拉沙漠的向南入侵，在 19 世纪以及 20 世纪初期，被人认为是夸张的话。但是，沙漠现在已经实实在在地逐渐往南扩大了。美国国际开发署的研究人员估计，在过去 50 年中，撒哈拉沙漠南部边缘的 25 万平方英里（约 65 万平方公里）适于农业或集约放牧的土地，已经丧失在撒哈拉沙漠中了。不仅如此，当撒哈拉沙漠向南移动的时候，它也同样慢慢往北向地中海移动。摩洛哥、阿尔及利亚、突尼斯和利比亚等国，由于人们过度放牧，不断地扩大对于土地谷物种植的破坏。这种形势导致农业环境的恶化，其结果，每年有 10 万公顷以上的土地变成了沙漠。非洲南部的肯尼亚和坦桑尼亚广大的半干旱草原，已经受到过度放牧的严重损害而变为光秃秃的类似沙漠的环境了。在南美，阿根廷的拉里奥省、圣路易斯省和拉潘帕省也正在出现土地的沙漠化。至于阿塔卡马沙漠的向南入侵，则威胁着智利北部的土地。60 年代的 10 年干旱，导致沙漠以每年 1.5～3 公里的速度，穿越 80～160 公里的前沿向前推进。沙漠的出现和扩大，不仅见之于亚非拉第三世界的一些国家，就在富有的美国，也存在着不小的不毛之地。据联合国估计，如果按照目前的趋势发展下去，现在世界上的 20 亿英亩沙漠，到本世纪末，就会扩大到 75 亿英亩。这难道不是一个使人惊心动魄的问题吗？

酷热干旱的地区占全球陆地面积 1/3 以上。这些不毛之地虽然也在若干处存在着草木葱郁的灌溉绿洲，但是，这种绿洲在整个沙漠中所占比重，是微不足道的。广漠无际的沙漠的主要因素就是雨量特别低，而且往往是靠不住的。这就限制了它们所能维持动植物的种类和数量了。在沙漠的附近，存在着半干旱的地区，而这些半干旱的地区，由于种种原因，却成沙漠的预备地区，不久就成为名副其实的沙漠。现在，亚、非、拉美的沙漠正在向外扩展，在约有6000万贫困国家的人民，正在直接地生活在沙漠与可耕地之间，这并不是悲观之论，他们的所谓可耕地是天天在沙漠的威胁之下，时时刻刻在转化为沙漠的！

美国 E.P. 埃克霍姆在他的《土地在丧失》一书中指出："与其想象是沙漠在坚韧不拔地向外推，倒不如说是人在把沙漠往外拉，来得更确切些。意义更加重大的是，在远离沙质沙漠实际'边缘'的广大地区，正在产生了变干了的、沙漠状的土地，这已经被认为是沙漠化的过程"。

世界生态环境的破坏，同资本主义生产方式的惟利是图，只图个人利益和眼前利益而否定整体利益和长远利益的经营方针，是密切相关的。经过二三百年的自然界的惩罚，资本主义国家的人们才感觉到问题的严重，才开始用巨大的代价去进行处理。举一个例，英国泰晤士河在马克思的时代，是以其臭不可闻，闻名于世的。泰晤士河的这种污染，在以前二百年间成为伦敦人民在生活上的一大灾害，也成为大英帝国主义在政治上的一个极大的不光彩的弱点。这就迫使英国的资产阶级不得不投下巨资，不得不花费几十年的时间，去治理这条河。现在，泰晤士河因治理而改善了水质，以至于可以在河里养鱼。英国之治理泰晤士河，使这条河的臭不可闻成为历史的陈迹，这是值得我们称道的。但是，治理泰晤士河只是一条河而已。美国和加拿大之间的密歇根、休伦、苏比利尔、伊利以及安大略五大湖，已经成为污水池；波罗的海和地中海的水质也何尝不是如此？积累了几百年的环境污染，各国资产阶级将花多少财富去治理啊！

三　我国的生态环境问题

我国的社会主义现代化建设，是有巨大成就的。社会主义现代化建设的成就已经开始在改变我国原来的落后状态。但是，生态环境的问题也是相当严重的。我国既存在着严重的水土流失；也存在着严重的环境污染。

我国建国初期，全国的水土流失的面积是 115 万平方公里；现在却扩大到 150 万平方公里（占我国土地总面积的 16%）了。据估计，每年被冲走的泥沙几达 50 亿吨，在这 50 亿吨被冲走的泥沙中，包含有肥料的表土，估计达 5000 万吨左右。水土流失不仅冲走了泥沙，冲走了包含肥料的表土，而且提高了河床的高度和缩短了内河通航的里程。有人估计，淤泥使黄河河床每年上升二英寸。黄河河床本来就相当高，这样发展下去，那怎么得了？至于全国内河通航的里程，现在比 50 年代缩短 64000 公里，减少 37%。泥沙淤积不仅缩短了航道的里程，而且严重地淤积了人民用血汗建立起来的水库。据材料，解放后建设的 4000 多亿立米的容量的塘库，在 1981 年被泥沙淤积近 1/3。以山西省晋西地区为例，解放后新建 110 座水库，到 1981 年，报废的已达 1/3。

水土流失的重要原因之一是森林的长期受到破坏。我国的森林覆盖率在解放初期是 12.7%，只占世界平均水平的一半。从"四·五"清查到"五·五"清查（即第四个五年计划的清查到第五个五年计划的清查）短短几年间，森林覆盖率又下降 0.7%。这就是说，我国的森林覆盖率已经从 12.7% 下降到 12% 了。在世界 100 多个国家中，排列在 120 位以后。党的十一届三中全会以来，党和国家极其重视森林问题，大力提倡植林护林，这是保护全国人民的整体利益和长远利益的一项重大的措施。现在的问题是在于不仅要大力植林，而且要大力护林，护林的工作如果做不好，植林的成绩就要大打折扣。以广西为例，30多年来完成植林的累计是1.2亿亩，而成活率并不很高，一般只有30%至40%。

与水土流失同时并行的，还有沙漠扩大的问题。据中国沙漠研究所的资料，我国北方沙漠化土地共17万平方公里，其中近半世纪以来形成的约为5万平方公里。此外，有着沙漠化潜在危险的土地约16万平方公里，三项共38万平方公里。沙漠扩大的重要原因，是草原的长期受到破坏，这种破坏，看来现在还没有停止的趋势。

我国存在着盐渍化的土地。解放后经过治理，有些地区已经取得了成绩，但多数地区，盐渍化的土地有着扩大的趋势。全国盐渍化的土地达一亿亩，其中，一半在海滨地区；一半在西北内蒙的黄灌区。

为了增产粮食，我国曾经有一个时期，不仅大量砍伐林木，毁林垦荒，废牧开荒，而且在山顶上制造人造平原，在山腰上陡坡开荒。大干其"广种薄收"的做法。毁林开荒，带来的是水土流失，在山顶上制造人造平原和在山腰上砍树种田，何曾不是在带来水土流失？大雨一冲，山顶平原的庄稼哪里去了呢？山腰上的"广种薄收"又能收到什么呢？

为了要从土地取得更多的粮食，于是对土地重用轻养，耕地每年所支出的肥力，经常得不到补偿。有的地区，不顾当地具体条件，盲目推行一年三熟，不但劳动力穷于应付，投入生产的资金要增加，而且使土地的肥力一年年减退下来。北方有些地区，对地下水过度开采，形成"漏斗"，地下水位日在下降，耕地变成了石头一样的干硬，这怎能发展农业生产呢？

如果我们把我国人口的增长同全国耕地面积缩减的情况作一

对比，那就可以看出问题的严重性。现在我国的人口每年以 1400 万左右的速度在增加；而耕地近几年则以每年 500 万亩左右的速度在减退。如果这样继续下去，到 2000 年，人口将会突破 12 亿；而耕地则有可能减少 9000 万到 1 亿亩。当然，我们还能够在计划生育，在改良农业的耕种方法，在进行多种经营，以及在开垦荒地等方面去取得补救。所有这些措施，在不同程度上，是能够取得成就的。但是，从生态环境来说，对于这些问题，是不能视之不见的。生态平衡是一个客观规律，它要求作为生态体系的主人的人们，必须设法使它们同自然环境之间保持着一个良好的相对的平衡。

我国不仅存在着严重的水土流失问题，还存在环境污染的问题。如上所说，环境污染主要是现代工业排放出来的废气、废水和废渣。由于废气的排放，我国大气污染的城市，在 1978 年已经达到 18 个；到 1979 年增加到 22 个。国家规定：城市每平方公里每月降尘量为 6 ~ 8 吨。但据 1979 年 3 月监测，北京市居民区达 39 吨；首钢工业区竟达 285 吨；有些工业城市的工业区，则高达 1000 吨，超过国家规定的标准近 100 倍。

最使人不安的是，我国一些大中工业城市也出现了酸雨。1980 年上海发现酸雨之后，降酸雨的范围逐渐扩大。全市酸雨频率的平均值已从 1982 年的 31.1%，上升到 1983 年的 43.3%。但由于上海地区的土壤缓冲能力较强等因素，土壤与水域的酸化，目前还未达到危害庄稼、土地、建筑物以及人体的严重程度。但是，这种情况，是决不能掉以轻心的！除了上海之外，长沙、苏州、常州、桂林、重庆、宜宾、福州、贵阳、广州、南昌等长江以南和西南地区的工业城市也先后出现了酸雨。1983 年，正当桂林果树开花的时候，酸雨突然下降。这么一来，桂林地区的水果产量就下降到不可想象的水平；能结果的，也是奇形怪状、个子小、味道差的次品、废品了。这是不能不引起我们的严重注意的。如上所述，酸雨是煤炭在燃烧中排放出来的二氧化硫等物质同空中的雨雪结合而成的。跟着我国现代化工业的发展，煤炭的燃烧，将会与年俱增。到 2000 年我国煤炭产量将达 12 亿吨，如果不及早对这个问题有所处理（如合理燃烧，认真洗煤等），那么，到那时，我国大气的污染就会更加严重起来！

　　"三废"中的废水，是由工业废水和生活废水两个部分构成的。大体上，在整个废水中，工业废水几乎占 80% 左右。现代化工业越发展，则废水的问题就越加严重。据统计，全国已经有四十多个城市的地下水，受到酚、氰、砷等有害物质的污染。水的污染使可利用的水资源数量减少，使那些由这种水资源制造的产品质量下降以至产量下降。水资源的污染使土壤性质变坏，使庄稼发育不良以至枯萎，使鱼类死亡，使人民身体的健康受到损害。水质的退化不仅由于工业废水所形成，而且由于农业过度地大量使用农药，多年来，六六六和 DDT 在我国农业生产中大量使用。因为过量使用，起积极作用的估计只有一小部分，其余大部分则残留在耕地的土壤中，它们已经或正在渗入农作物和农田环境之中，并通过食物输入人体内、畜禽体内蓄积起来。目前，全国有 1500 万人饮用被工农业生产和生活废弃物污染的地表水。这对于人民身体的健康，是极其有害的。据估计，1982 年化肥的生产量为 1278.1 万吨，利用率仅为 30% 左右。其余部分流失到土壤和水分中，对地下水、地表水，以及土壤进行污染。这是值得我们急切重视的。

　　我国现在的城市和农村，都存在着不同程度的污染，但是比较起来，城市的污染较农村严重过多。主要原因，不仅因为人口密集在城市，特别是工业城市，而且因为大量工厂建立在大中城市里。这两个因素的结合，不但使空气易于污染，使城市地下水和地表面容易污染，而且还存在着噪声的问题。噪声是一种能量。人们睡眠时要求环境的噪声在 35 分贝以下；工作、学习时，要求环境噪声在 55 分贝以下。而我们现在不少城市的噪声却在 70 分贝以上。这对于人民的身心健康都是有害的。

当然，这并不是说，在我国农村并不存在着污染问题。全国的社队企业中，有 90 多万个工业企业根本没有考虑到废气废水和废渣所带来的灾害；更没有考虑到防治废水和废气的措施。例如辽宁营口县的社队工业每天排放废水 1 万吨，每年排放粉尘 2 万吨，排放废气 600 吨。有些地方的垃圾、粪便，未经必要处理，使病菌在土壤中继续繁殖，造成对土壤的生物污染，使土壤成了传播某些流行性疾病的源泉。

我国当前的生态环境问题是相当严重的。这种情况对于我国实现社会主义现代化建设，无疑是一种严重损害。水土流失使我们的土壤所包含的资源，白白糟蹋；森林的滥伐，不仅造成水土的大量流失，而且使我们丧失了涵养水源，调节湿度、温度以及防风固沙的条件，从而限制了我国农业生产的进一步发展。环境的污染使我们的空气、土壤以及水质都在不同程度上受到破坏，对于人民的身体健康，对于动植物的正常发展都是极其有害的。如果对于生态环境问题的严重性估计不足，或者熟视无睹，那必然要使我们的生产建设，在经济效益上大大地受到损失！

四　必须遵守生态经济学的客观规律的要求

在我国的社会主义现代化建设过程中，指出生态经济环境的问题，并不是对着我们的生产建设泼冷水，并不是反对我国发展现代化的工农业生产，并不是要求我们的国民经济开倒车，走自然主义的道路。正相反，针对着客观存在的情况，根据生态经济学的原理去分析问题，去正确地处理问题，正是为了使我国的社会主义现代化建设，能够顺利地进行，能够取得更高的经济效果。

我国是社会主义国家，这就使我们有条件在进行国民经济综合平衡的时候，把保持生态平衡，作为一个重要的侧面去对待。实践证明，如果离开生态平衡，那么，国民经济的综合平衡就很难考虑得切实周到。实践证明，在进行国民经济的综合平衡时，如果只看到问题的一面，而忽视它的另一面，那么，那个建立在不巩固的基础上的综合平衡，就很难不受到冲击。过去有一个时候，由于坚持"以粮为纲"的方针，片面地把粮食只理解为五谷杂粮，而把畜牧业、水产业的生产放在"粮食"之外，于是毁林开荒，毁草种粮，围湖造田，到处出现。在这种情况之下，五谷杂粮固然有些增加，但是，畜牧和水产，却因此而逐年减少了。这种做法，是同国民经济的综合平衡的固有意义显然是矛盾的。以林木为例，不少人把林木作为木头去理解，而对森林的保持水土、涵养水源、调节气候、净化空气、调节温度、湿度以及防风固沙等重大作用，几乎全不加以理会。因而，他们在进行国民经济综合平衡的时候，只知道一年要砍伐多少木头，只知道如何千方百计地去保证这个"硬指标"的木头。那是"攻其一点，而不及其余"的形而上学的干法；那是以林木的其他有益于人类生活和社会生产的宝贵作用作为牺牲的。如果这样干下去，所谓国民经济的综合平衡，"综合"在哪里呢？"平衡"又在哪里呢？实践证明，要实现国民经济的综合平衡，是必须以生态平衡的要求，作为一个重要的侧面来考虑的。只有把生态平衡的原则，作为一个重要的侧面来考虑，做好国民经济综合平衡，才能更加周到、更加踏实地实现我国的社会主义现代化建设。

我国是社会主义国家。社会主义生产的目的是为了满足社会和人民群众日益增长的物质文化需要。在这里，存在着一个整体利益同局部利益（或个人利益）的关系问题。社会主义制度并不忽视个人利益和局部利益，但是，无论个人利益或局部利益，都必须以整体利益为前提。例如，发展粮食生产，显然对人民是必要的，因为人民不能不吃饭。但是用大量围湖造田的办法，用滥伐森林和破坏草原的办法，去增加粮食，那就没法不受到自然的惩罚。某一个公社或生产队把湖面的一部分填成耕地，占为己有。从这个公社或生产队来说，是有好处的，甚至可以说，是得到"经济效益"的，因为他们不仅得到大片耕地，而且每年可以增加粮食的收入，增加本社社员在经济上的收入。但是，如果从整体来说，问题可就尖锐了。由于围湖造田，湖泊容积就被缩小，湖泊吞吐水量的作用就没法不被破坏。洪水一来，田亩淹没，人畜死亡，房屋倒塌，而遭受这种灾害的，却不仅仅是因为得到围湖造田的好处的公社和生产队，还有远在数十里外，数百里外的公社和生产队。这种事实，难道不是在证明，由于大量围湖造田而形成的灾害，不是以局部利益损害多数人以至整体的利益吗？

我国是社会主义国家。社会主义是一定要进入共产主义的。在这里，就存在着一个眼前利益和长远利益相互关系的问题。滥伐森林，毁坏草地等破坏生态平衡的做法，在当时的目的，是为了增加粮食，为了增加五谷，为了取得眼前利益。但其结果，却是为后代带来了灾难。对于这个问题，恩格斯在《自然辩证法》中早就提出了科学的见解。我国解放之初，在党和国家的领导下，各地长期被破坏的森林逐步地得到恢复。但是，在 1958 年大炼钢铁中，特别是在 10 年动乱中，不少地方的森林严重地受到破坏。森林的大量破坏，加剧了许多地区的水土流失以至出现了可怕的泥石流。历史早已在证明，滥伐森林，破坏生态平衡的灾难，可能在当时看不出来，但是，时间越长，自然所带来的灾害，一定会越来越加严重。在党的领导下，这种滥伐森林、毁坏草地的破坏生态平衡的活动是一定能够被制止的。退耕还林，退耕还牧以及植林护林的政策是一定能贯彻下去并取得可喜的成绩的。

生态经济学并不是开倒车的自然主义。认识并在生产建设中尊重生态经济学的规律，不仅不会影响我国社会主义现代化建设的进展，而且极有利于我国社会主义现代化建设的健步前进。（一）只要我们逐步改善生态环境，我们就能够有效地恢复并发展林业，使茂密的青山，永续为人民所利用；同时，我们也能够更有力地发展我国的农业、畜牧和水产业等部门的生产，进一步地增加人民的收入，改善人民的生活。（二）只要遵守生态规律的要求，我们就能够在大气不发生变化的条件下，保持良好的温度、湿度、水源和净化空气，就能够保持人民的身体健康。（三）只要遵守客观存在的生态规律，我们就能逐步克服水土流失，克服环境污染，保护资源，增进人们的劳动力，而所有这些，如果从经济观点来说，如果从我国的社会主义国民经济来说，所得是极其巨大的。经济效益既然不能只看见眼前利益，而看不见长远利益，不能只看见局部（或个人）利益而忘记整体利益，那么，把经济效益同生态效益结合起来，当然要成为实现我国社会主义现代化建设的重要任务了。

生态经济学的要求，是客观地存在的。只有遵守这个科学的规律，才能在发展我国的社会主义现代化建设中，保持生态平衡的相对稳定，才能把局部利益同整体利益结合起来，而以整体利益为主导，才能把眼前利益同长远利益结合起来，而以长远利益为主导。这就是说，生态经济学的这种重视整体利益和长远利益的要求，同社会主义制度的要求，是一致的。生态经济学并不是反对社会主义现代化建设的自然主义！

（载《广西师范大学学报》1984 年第 4 期）

森林在国民经济中的作用和地位

一

　　人类对于森林的作用，是跟着科学的发展，跟着人们在长期的生产实践，跟着社会生产力的发展，而逐步提高其认识的。从钻木取火开始，人类就把森林所提供的木材，作为燃料来使用的。农业成为人类物质生产的主要部门之后，木材就被用去制造农具，进而就被利用去制造舟车，建造房屋了。到了近代资本主义工业发展之后，森林所提供的木材的重要性也就日益显著。造纸业的发展，需要大量的木材去制造纸浆；铁路事业的发展，需要大量的木材，去充当铁轨的枕木；采煤事业的发展，需要大量的木材，去充当坑道的支木。森林所提供的木材，在用途上的扩大，断不是古代人所能设想的。但是，无论作为燃材也好，作为铁路枕木或者作为制造纸浆的原料也好，人们对于森林的认识，还是限制在一个小圈子里，这就是它能提供人们所需要的木材。甚至可以这样说，在一个悠长的历史过程中，人们并没有看见森林，他们所看到、所关心的，只是木材，甚至只是木柴。

　　直到今天，我们还有不少人，只看见木材，而看不见森林的。当然,这些人的视力并没有丧失,说他们看不见森林,可能是不合乎事实,但是,他们所看见的森林也不外是未砍伐的木材罢了。当然,这并不是说,森林绝对不能砍伐。从国民经济的角度来说,国家和人民每年所需要的木材的数量是相当巨大的,向森林要木材,显然是必不可免的。问题是:我们在向森林要木材的时候,有没有考虑到对被砍的树木的补充呢?有没有考虑到我们的先辈为我们遗留下来的森林的更新呢?有没有考虑到我国森林的覆被率如何提高呢?管理林业的部门每年下达的指标,砍树是硬指标,缺少几千立方米,往往就过不了关;而植树育林呢?只是例行公事。每年植树的棵数,树种播种的面积,只要上报,就算万事大吉。但是,成活率有百分之几呢?那是没有什么机关去调查的。"年年植树,年年不见树;去年在这个地方种树,明年、后年也可能还在这个老地方植树"。这是不少关心国家林业的同志们的概括。

森林对于人类的作用,决不仅仅在于提供木材。据植物学家和林学家的研究,森林对人类的效益是多方面的,它在保护环境、提供自然效益方面的作用,大大地超过它所提供的木材。如果森林对人们所提供的效益,能用数字来表达的话,那么,它所提供的木材,只占其中的1/4;而在环境保护、保持水土等方面,则占其中的3/4。作为使用价值的效益是不可能用数字来比较的。在这里,我只是借用林学家的研究成果,来作一个比喻罢了。

因此,我们有必要大声疾呼,使人们对森林的认识,从狭小的圈子里解放出来。不仅要看见木材,而且更要看见森林,不仅只考虑每年要砍多少木材,而且应该考虑如何提高我国森林覆被率,千方百计使我国的森林得到保护,得到恢复,得到发展!

二

森林是生态系统的主体。森林生态是吸收太阳能,积累有机物质，维持地球生物圈物质循环，形成区域性气候、水文条件和地理景观的决定因素，因而，它在促成生态系统的良性循环方面起着关键作用。森林的这种关键作用，用最通俗的话来说，那就是不但能够涵养水源、保持水土、防风固沙、调节气候，对农、牧、水利业等起着平衡、保护作用，因而，能够减免水、旱、风、沙等自然灾害；不仅如此，森林还能够经过光合作用，形成巨量的有机物质，并吸收空中的二氧化碳，放出巨量的氧，净化空气，减少污染。因此，我们可以这样说，森林的作用，不仅是发展农业、牧业的必不可少的条件，而且也是发展工业和矿业，净化城市空气和保护城市居民健康的必不可少的条件。

由于人们愚昧无知，而对森林进行毁灭性的破坏，其结果，对破坏者自己却带来毁灭性灾难，历史上是屡见不鲜的。恩格斯在他的《自然辩证法》中举出了三个例子：

（一）"美索不达米亚、希腊、小亚细亚以及其他各地的居民，为了想得到耕地，把森林都砍完了，但是他们梦想不到，这些地方今天竟因此成为荒芜不毛之地，因为他们使这些地方失去了森林，也失去了积聚和贮存水分的中心"。[①]

（二）"当西班牙的种植场主在古巴焚烧山坡上的森林，认为木灰作为能获得最高利润的咖啡树的肥料足够用一个世代时，他们怎么会关心到，以后热带的大雨会冲掉毫无掩护的沃土而只留下赤裸裸的岩石呢？"[②]

（三）"阿尔卑斯山的意大利人，在山南坡砍光在北坡被十分细心地保护的松林，他们没有预料到，这样一来，他们把他们区域里的高山牧畜业的基础给摧毁了。他们更没有预料到，他们这样做，竟使山泉在一年的大部分时间内枯竭了，而在雨季又使更

----

① 《马克思恩格斯选集》第3卷，人民出版社1972年版，第517页。
② 同上书，第520页。

加凶猛的洪水倾泻到平原上。"[1]

　　恩格斯在百年前举出的这几个使人惊心动魄的例子，并且指出人们对森林的毁灭性的破坏，其结果却为自己制造了毁灭性的灾难。恩格斯这几段话不仅仅在于总结历史的教训，而且具有重大的现实意义。由于历代封建王朝的破坏，特别是由于鸦片战争以来外国强盗的不断侵略和地主军阀的不断袭击，我国森林本来就少得可怜。解放后，各地林木有了可喜的恢复。但是，经过1958年的大炼钢铁、大办食堂，接着办了实现"以粮为纲"，各地大量毁林开垦，十年浩劫期间，对于森林的滥砍乱伐更是使人达到不可容忍的程度，这么一来，我国现存森林就更减少了。苦痛的教训，使我们不能不冷静地客观地去认识森林在国民经济中的作用。

三

　　农业是国民经济的基础，这是一个颠扑不破的真理。但是，这个作为国民经济的基础的农业，是不能孤立地排他地得到发展的。农业不仅要从重工业方面得到农机、农药、肥料等产品的支持；不仅要在气候、雨水以及日照等方面，得到良好的自然条件的支持；而且也要从森林在促使生态系统的良性循环的作用中得到支持。只有这样，农业才能顺利地得到发展，才能有力地显示其作为国民经济的基础的作用。

　　如所周知，农业需要有正常的水源供给。如果没有水，水稻当然种不下去；就是旱地作物也很难活得下去。森林的涵养水源、调节气候、保持水土等等，都是与农业的发展密切相关的。很多

---

　　[1]　《马克思恩格斯选集》第3卷，人民出版社1972年版，第518页。

地区的事实证明：林区比无林区的降雨量有着明显的增加。据浙江新昌县材料，在3万多亩森林的罗坑山地区比无林的回山地区，降雨量多31%。当大雨降临的时候，森林能使在山地的雨量，大部分渗入地下，从而使在降雨中以及刚下过雨之后的地表流量得到削弱，这样，在不降雨期间，渗入地下的水源就能持续流出。据林学家的研究，大雨的15%～40%的水量能够被林冠所截留（这就是唐诗之所谓"山中一夜雨，树杪万重泉"）；5%～10%的水量能够被林下的枝叶所吸收；其余50%～80%的水量能够渗入地下，补充了地下水源；而地表径流的水量则不超过百分之一。森林对大雨与缺雨在水量上的疏导与调节，对于农业生产来说，那是巧妙无比的。据中国科学院云南热带植物研究所定位观察结果，在大雨之下，农田上径流的水量，要比森林大23.8倍；而水土冲刷量，农田比森林（雨林），要大1301.7倍。这些简要的事实，充分地证明：森林对农田水量的调节，作用是何等重要啊！

　　农业生产是需要适当气候的。地球上大气的突然变化，直到现在，还没有什么能力来加以预防和制止；至于小气候的变化，森林是能够发生相当有力的影响的。四川省的西昌地区，解放前全是荒山秃岭，从1958年开始绿化，云南松现在已经大面积成林，这个地区的气象就跟着发生了显著的变化，相对湿度从1958年的58，提高到70年代的68.4，大风次数也逐渐在减少。这对于农业和牧业，都是极其有利的。

　　为了保证农业生产能够得到水源的正常供应，建国以来，全国各地建设了8.4万多座水库，总容量是4000多亿立方米。这个成就是巨大的，是旧中国梦想不到的。但是全国农田的成灾面积，却并不因此而有所减轻。第一个五年计划期间，平均每年是9900万亩；到第五个五年计划期间，增加到每年平均1.46亿亩。沙化面积从第一个五年计划期间的16亿亩，增加到70年代的19亿亩。

建筑了那么多的水库，为什么不发生我们理想中的作用呢？这是我们把建设水库同植树造林两件密切联系的工作，片面性地割裂开来的结果，我们只看见修水库的重要性，而忽视了森林的水源涵养的重要作用。我们花了很大的物力、人力、财力去搞水库，而没有把植树造林保持水土的工作，放在眼里。举世闻名的三门峡水库在建设的时候，明明是要把上游黄土高原的植树造林保持水土作为条件的。但是，黄河上游的平地和山腰，却继续在大搞其广种薄收的垦荒，在那里，树林当然不存在；青草也连根拔个干净了。暴雨一至，土壤和种子都被冲刷到黄河来了。没有几年，三门峡的相当大的部分容水量便被淤积了。不仅三门峡如此，其他也有一些地区的水库，在不同程度上被上游冲下来的泥沙所淤积，有的甚至完全报废。当然成功的水库也并不少。位于松花江上的丰满水库、陕西省张家湾水库、福建省汀溪水库等，由于重视保护森林，实行以植树造林为中心的综合治理，水库基本上达到土不下坡、沙不入库的标准，水库淤积只占库容量的0.2%到1%，这就证明森林保持水土的作用，同水库寿命的延长是密切地联系着的。兴修水库是必须同森林的水源涵养作用结合起来的。

我们不应因为一些水库的被淤积而轻视水库的作用，问题是在于要把水库同植树造林、保持水土结合起来；问题是在于要保证水库的质量、设施配套，使水库的水能通过许多渠道，及时供应农田以水源。同时，对于森林的水源涵养作用，要有充分的重视。5万亩森林所保蓄的水量，可以相当于一座100万立方米容量的水库。这种事实说明了什么呢？难道不是在说明：森林不但能够为水库减弱以至排除淤积；而且它的本身也同水库一样在发挥巨大的蓄水作用吗？

为了实现"以粮为纲"，不少地区在过去20年间，就用种植粮食去否定林业和牧业等等，于是许多破坏生态平衡的做法，如毁林开垦、废牧开垦等等便在各地出现了。人要吃饭，种植粮食是必不可少的。问题在于是否因地制宜。在宜林的地方，在森林已有长期历史的地方，如果不顾一切，砍树种田，其结果是没法不逃出恩格斯关于美索不达米亚、希腊、小亚细亚以及阿尔卑斯山的意大利人所表演的悲剧的。生态平衡是客观存在的客观规律；而森林又是生态系统的主体，那么，破坏这个作为生态系统的主体的森林，怎能不受到生态平衡规律的惩罚呢？既毁坏了森林，又增长不了粮食（可能有几年的增产，但是水旱接踵而至，过了几年粮食便谈不到增产了），这又怎能不受到客观经济规律的惩罚呢？

　　20多年来的实践，恰恰在证明这个不以人们意志为转移的客观规律在起作用。四川是"天府之国"，历史上由于森林没有受到严重的破坏；解放初期又得到育林植树，因而水土流失的问题，在四川并不严重。但是，1981年四川遭到严重的洪水灾害，就把20多年来毁林开垦的灾难性破坏完全暴露出来。据四川省"科协"的报告，"不久前国家科协组织全国农学、地理、土壤、水利等专家，对四川山地丘陵建设与生态平衡进行考察，一致认为：四川许多地区生态失去平衡的症结所在，集中反映在森林植被的破坏上。目前，全省193个县，森林覆盖率大于30%的，仅有12个县；川中地区53个县，几乎近半数的森林覆盖率不到3%，有的甚至不到1%。这次遭到洪水袭击的武胜县，50年代初期有成片森林15万亩；到1975年降到只有844亩。由于过量砍伐森林，全省地表侵蚀严重。据测定，目前嘉陵江、沱江、涪江每年因水土流失，冲走的泥沙达2.5亿多吨，相当于160万亩耕地的5寸表层沃土。长江巫山水文站查定，四川每年流向下游的泥沙有6.4亿多吨，这意味着500万亩耕地上的5寸表层沃土全部被冲走。由于好田面积减少，土质越来越瘦，为了多产粮食，又不能不进一步毁林开荒，以至造成愈垦愈穷，愈穷愈垦的恶性循环的局面。"①四川第一书记谭启龙同志在研究四川此次特大洪水灾害的时候也说，"究其原因，最主要的还是长江上游森林遭到严重破坏，水土流失严重。一遇暴雨，山洪暴发"，"今后要减少洪灾，最根本的一条是保护森林，制止乱砍乱伐"。他并且慨叹地说："要通过这场灾害的惨痛，教育人民，不要再干那种'吃祖宗的饭，造子孙的孽'的蠢事了。"② 谭启龙同志的这段话，不仅对于长江上游，而且对于黄河上游、淮河上游，以致对于全国各地林区，都具有同样的重要意义。单打一地"以粮为纲"，不求单位面积产量的提高，不从农田的"内含"去增产粮食，而是用牺牲森林、草地以及围湖造田的办法去增加粮食，从整个国民经济的总体来说，不仅是"得不偿失"，而且将为我们的子孙后代（甚至是我们自己这一代）带来了毁灭性的灾难。

无论从涵养水源，从保持水土，从防风固沙，从调节气候等方面来说，农业（特别是稻麦）的发展，是不能离开森林的。农业的发展既然不能离开林业的发展，那么，无论在事实上，在逻辑上，森林也就必然成为这个作为国民经济基础的农业的保障了。森林在国民经济中的地位，在这里不是明明白白地显示出来了么？

四

森林对农业生产的作用，是显而易见的。对于畜牧业呢？

牧畜的基地是草原。离开了草原和水源，牲畜就没法活下去，更难谈到发展。因此，保护牧场，培植草原，便成为发展畜牧业

---

① 1981 年 8 月 17 日《人民日报》。

② 同上。

的主要任务。草原最大的致命伤是风沙的侵袭。要对付风沙的侵袭，单靠牧场本身的建设是不够的。草原本身虽有固沙的作用，但是它不能抵抗暴风的袭击。实践证明，为了发展农业，需要营造防风固沙林、水土保持林、农田防护林；而同时，为了发展牧业，需要营造防风林、水土保持林和牧场防护林。

森林的防风固沙作用，对于牧场的保护作用，是相当有效的，当风经过森林时，树枝的阻挡，就能够消耗风的大部分能量，使风力大大降低。由于森林具有防风能力，再加上林木的庞大根系，又能紧固沙土，因而森林不仅能削弱风沙的流动力，而且能够逐渐地把流沙变为固沙。经过长期的雨水浸润，森林落叶和其他植被根菌的分解，固沙就能够逐步变成具有肥力的土壤。

我国西北、华北和东北西部，由于历史上的长期破坏，森林几乎绝了迹；代之而起的是沙漠的扩展。建国初期，沙漠面积为16亿亩，据最近航测，已经增至19亿亩了，30年内沙漠面积增加3亿亩，平均每年扩大1000万亩。以鄂尔多斯草原的沙漠带最为严重。沙漠南缘已侵入黄土区；它的北缘已逼近河套平原，使大面积农田沙化。有人推算如果照此发展下去，今后50年内，毛乌素沙漠和库布齐沙漠就有可能打成一片。新疆的一些地区也出现了"沙进人退"的严重现象。

面对着这种情况，大量植林、种竹是解决草原生态平衡的重要措施。在这方面，我们在某些地区，已获得可喜成绩。如在内蒙古昭盟巴林右旗，从1975年起，封育草原24万亩，并营造16条总长达128里的防护林带，修建了水利渠系工程44个。仅仅5年之间，情况就大见好转。现在草原的草高达30公分以上，亩产草量250斤，比过去提高5倍。1949年这里养畜2万头；现在发展到10万头。又如在榆林，解放后营造防护林700万亩，森林覆被率由解放前的0.9%；上升到现在的11.5%。现在被固定的流沙达300万亩，保护了农田，也恢复了牧场。向沙化战斗而取得成绩的地区决不只是这两处。但从这两处就可看出，只要抓住植林种草，防风固沙这个主要环节（当然，这并不是要放弃其他环节），牧区的恢复和发展是有把握的。

从畜牧业来看，森林作为生态系统的主体的作用，依然是能够在实践中看得出来的。

五

跟着工业化的发展，跟着人口大量地集中于城市，环境污染的问题日益严重，集中在城市的居民每天要呼出大量的二氧化碳，集中在城市及其附近的工厂，每天要吐出大量的有害人体的废气和废水；奔驰在马路上的汽车、卡车和其他机动车时时刻刻在大量吐出燃烧了的汽油和柴油等气体。所有这些都给城市居民在健康上带来极大的损害。环境污染的问题，普遍地在世界各国存在着；同时，也在我国许多城市存在着。

森林对于保护环境、减少污染的巨大作用，将日益为人们所认识。城市虽然不能改造为森林区，但是有计划地多种植树林，就能够在不同程度上发生净化空气的作用。树林通过它们的光合作用，吸入空气中的二氧化碳，并放出氧气，对大气、水域和土壤的污染物质，具有吸收和净化的能力。树林的吸入二氧化碳和吐出氧气，同居民的吐出二氧化碳和吸氧气，这正是相反相成的生态平衡的辩证关系。在一般情况下，空气中的二氧化碳的含量为0.03%，而氧气为21%，按照这个对比，氧气是大大地超过二氧化碳的。但是，由于城市人口密度过高，由于工业和交通在它们的生产过程中要燃烧大量的石油、煤炭、柴油以及其他可燃物都需要消耗大量氧气，因而大中城市，特别是工业城市就必然出现空气中氧气的不足和二氧化碳含量过多的问题。树林的净化作用，它们吸收二氧化碳和吐出氧气，正好为我们解决这个问题。据植物学家的测定，一般在生长季节中的阔叶树，每公顷每天大约能吸收一吨二氧化碳，同时，生产 730 公斤的氧气。如果以成年人每天平均吸 0.75 公斤氧；排出 0.8 公斤二氧化碳计划，每人平均需要有 10 平方米森林，即可保持生态平衡。

　　城市环境卫生的矛盾，是在于人口的生长和集中的速度大大地超过植树造林的速度，是在于空气中二氧化碳的含量，大大超过于空气中氧气的含量。解决这个矛盾的主要办法是有计划地植树造林，不但要在郊区大力营造环绕城市的林带；而且要在城区大力营造树林。如果树林的种植没有达到一定的数量，那么，空气中的氧气不足和二氧化碳含量过多的矛盾就难于得到解决。据日本学者的研究，东京每月产生 4000 万吨二氧化碳，必须有 14 万公顷的森林，才能维持这一地区的生态平衡；否则，东京 1000 万人口的健康就会受到影响。日本学者的这一研究，是值得我们重视的。

　　能够净化大气的森林，还具有消毒吸尘以及净化水质的作用。为了引起人们对于森林的净化空气的作用的重视，有必要较为具体地介绍各种树木的各种作用。据植物学家们研究，每公顷柳杉的干叶 20 吨，每月能吸收二氧化碳 60 公斤；槭树、桂香柳、加拿大杨等树种能吸收空气中的醛、酮、醇、醚以及一些致癌物质等毒气。每一公顷云杉林可以吸收灰尘 32 吨；每一公顷松树林可以吸收灰尘 36 吨；槭树和橡树混交林每年每公顷可以摄去尘埃 68 吨。有些树木，如桦、柏、桉树、梧桐、冷杉等，还能杀死空气中的白喉、伤寒、痢疾等病菌。举这些例子的目的是在于说明植树造林，不仅在于美化环境，而且是在于消灭灰尘，消灭毒菌，净化大气。对于广大人民来说，具有保健的重大作用。

现在城市交通，主要是机动车——汽车、卡车，甚至作为运输工具的拖拉机，它们整天发出噪音。噪音影响人们的睡眠和休息，使人们心绪烦闷；使人们工作之后，难于恢复疲劳。这并不是一个可以置诸不理的小问题。森林能消除噪音。据实验，40米宽的林带就可使噪音降低10至15分贝。森林消除噪音的作用，对于城市居民来说，也具有保健的重大作用。

总而言之，森林在国民经济中的作用，是多方面的。要全面地认识它的这些作用，就必须从"只把森林看成提供木材"的狭隘观点解放出来。森林的涵养水源、保持水土、调节气候的作用，使它成为那个作为国民经济基础的农业的保障。森林的净化空气、消毒吸尘以及削弱噪音的作用，使它作为改善城市卫生环境和保证人民健康的必不可少的条件。

六

我国的森林覆被率同世界各国平均覆被率低42%，这同我国的国土面积，同我国人口数量，都是不相称的。因此，恢复和发展林业是发展我国社会主义国民经济的一个极其重要的问题。如何恢复和发展我国林业？根据许多同志们的意见，可以归纳为如下几点：

（一）20多年来为了单打一地追求粮食，有不少地方毁林开荒，而毁林开荒的结果，对增产粮食，并没有多大积极作用，因此，不少地区现在提出"退耕还林"。在理论上，这个提法是站得住的，但是，毁林开垦已经搞了20多年，现在要一刀切地搞"退耕"，也会带来各种问题。因此，一部分坡地退耕还林，应有步骤进行。在提高粮食单位面积产量的同时，可以逐步实行坡地退耕，植树种草，有些对粮食没有什么收成的陡坡，那就亟需退耕，与此同时，当农田单产尚未提高时，需要根据实际情况，适当调整征购任务，减轻农民负担，以至从附近产粮区调运部分粮食，最好能做到林区社员的口粮不低于附近粮区社员的口粮水平。

（二）充分调动广大群众对植树造林的积极性。在这里必须明确山林树木的所有权，必须根据《森林法》及1980年3月5日中共中央和国务院指示精神，认真落实国造国有、社造社有、队造队有，社员在房前屋后及生产队指定的地方种植树林归社员个人所有的政策。社队附近的国有荒山荒地，国家近期无力营造的可由社队造林，地权不变，林木归社队所有。在集中管理不便的条件下，可以推行林权归队，分户管理，以产计酬，统一分配的办法，全国不少地区已经实行生产责任制，社队的树林由社员承包管理，是不会损害树林的集体所有制的。

（三）发展林业必须贯彻采伐与营造并举，而以营林为基础的方针。对于互相制约、相辅相成的采伐和营造，是不能分割开的，是不能强调一面否定另一面的，过去20多年的那种掠夺性的采伐，使我国森林遭到毁灭性的破坏。这种干法非纠正过来不可。造林的目的，当然是为了采伐，但是如果不把营造作为基础，作为前提，片面搞采伐，其结果就是在否定采伐本身，试问如果把林木都砍光了，你还有什么东西可采伐呢？我很赞同许多同志的意见，必须切实纠正重采伐轻营造，只知眼前利益而忘记长远利益的错误倾向，必须坚持采伐以营林为基础的长远方针，只有如此，才能做到周恩来同志生前曾经指示的"越采越多，越采越好，青山常在，永续利用"。

（四）造林必须因地制宜，在实质上，这也是一个森林生态学的问题。自大跃进以来，林业部门为了鼓励南方各地推广杉木这一速生树种，不管杉木的生产条件，却规定南方各省人民公社种杉木，每亩津贴七元，结果呢？只能在亚热带阴湿深厚土壤的条件下才能使杉木迅速生长起来；而在气温过高、旱季显著的桂南、粤南以及亚热等土层浅、阳光强烈的山坡，所栽杉木，长到 10 年，生长速度就渐渐放慢，成为"小老树"了。尤其严重的是当地领导号召砍了杂木间种杉木，种杉必须全垦。于是，不仅山上原有的阔叶珍贵树种，全被砍掉，以后很难恢复，而且由于强调全垦，在山坡上杉木间种庄稼，引起了水土严重流失。这只是许多惨痛的例子之一。如果用"一刀切"的办法去造林，是没法得到美满的结果的。什么地方营造水土保持林，什么地方营造水源涵养林，什么地方营造经济林，什么地方营造用材林，什么地方营造防护林，什么地方种植薪炭林，都必须因地制宜，而且非因地制宜不可。

（五）要发展森林，必然要涉及木材的收购价格。这个问题必然要兼顾国家、集体和个人三者的利益。这些年营林计划完不成，用材林发展不起来，原因之一，就是山价偏低。目前有些地方 1 立方米木材的山价只有 4 至 7 元，砍下交售给国家也仅得 28 元。群众认为这样交售木材还不如卖劈柴。解决木材的收购价格问题，是发展森林的重要问题之一。

（六）现在有些林区火灾频繁，有些林区鼠害极为严重。害鼠不仅偷食树木种子，而且啃食幼树根部皮层和树根。造成森林鼠害日益严重的原因是乱捕滥猎鸟兽造成的。这使食鼠类的动物，如紫貂、黄鼠狼以及某些鹰、雕、鹗等猛禽遭到过量猎杀。一只黄鼠狼通常每天捕食四只害鼠。过分猎杀黄鼠狼等食鼠类动物，使森林害鼠失去制约。生态平衡既然遭到破坏，鼠害自然日益严重。而造成乱捕滥猎野生动物资源的原因之一，是兽皮的多头经营和高价收购，同时，资源管理和产品收购双方脱节。资源管理现归林业部门；产品收购则由外贸、土产、供销等部门多头经营。这些收购部门片面强调多收购，不顾野生动物资源的保护及其生物效能的继续利用。他们只顾眼前，不顾长远，只顾收购，不管生态平衡，不管森林的鼠害严重，因而采取杀鸡取蛋的掠夺性的干法。要保护森林，要发展森林，对收购部门的这种多头的经营方式，如果不加以调整和纠正，那是不可能的。

保护森林和发展森林的问题很多，我只提出几个突出的问题。

七

在研究森林在国民经济中的作用的时候，不能不考虑到森林生态经济学的问题。

林业经济学的本身也会遇到上述一些问题，但是，如果在森林生态经济学的高度来研究问题，那么，我们的视线就有可能看得更远，我们对于森林问题的矛盾，就有可能掘得更深。建立了森林生态经济学，就不仅使林业经济学得到进一步的发展，而且使农业、林业、牧业以及渔业之间的相互关系，更加密切起来，使我们能够进一步从过去那种单打一的种植粮食的狭小的视野里解放出来。建立了森林生态经济学，不仅使我们对于农林牧三业结合的重要意义，有了新的认识；而且使我们对于森林在促使生态系统良性循环所起的关键作用，使我们对于树林同工业、同城市环境卫生的作用，有着更为全面的认识。为了四个现代化在我国的实现，为使我国在实现国家工业化的过程中避免资本主义世界所走过的弯路，有必要全面地认识森林在国民经济中的作用和地位，有必要在实践中，在不断总结经验教训中，逐步积累森林生态经济学的知识，把这一门对我国社会主义现代化建设有重要作用的科学建立起来。

森林既然是生态系统的主体，那么，我们在研究森林生态经济中，就必须牢牢地抓住这一点。就必须牢牢地抓住森林在促使生态系统良性循环所起的关键作用。从这个生态体系的主体,去研究作为国民经济基础的农业;去研究与农林两业有密切关系的牧业;去研究工业,特别是工业城市,如何依赖森林所提供的原料和净化环境的重大作用。森林之促使生态系统良性循环的关键作用,本来是属于自然科学的领域,是属于使用价值的领域的;但是,它们所发生的经济效果,使森林生态学同经济学不能不结合起来。而这种结合,正是我们在实现社会主义现代化的过程中,必须加以认识,必须加以利用的。

　　我们有责任使用森林生态经济学这个武器,来为祖国的社会主义现代化建设服务!

1981 年 8 月 18 日于厦门

（载《红旗》1981 年第 23 期）

对人口科学几个问题的看法

一

马克思在分析资本主义积累过程中资本有机构成越来越提高的时候，指出"资本主义积累会不断产生出，并且正好是比例于它的力量和数量，不断产生出一个相对的，超越于资本平均价值增殖需要，从而过剩或者过多的劳动人口"。[①] 他又进一步指出："劳动人口在他们生出资本的积累时，将会按愈益加大的范围，生出各种手段，致使他们自己变为相对多余的人口。这就是资本主义生产方式所特有的一个人口规律。事实上，历史上每一个特殊的生产方式都有它的特殊的历史上适用的人口规律。抽象的人口规律不过存在于历史上没有受过人类干涉的动植物界"。[②] 马克思所发现的资本主义社会的人口规律，为我们建立社会主义人口科学，提供了一把开门的钥匙。

社会主义制度同资本主义制度是对立的，是矛盾的。在人口理论方面，这两个社会制度，也必然是不相同的。我们决不能把

---

① 郭大力等译《资本论》第 1 卷，人民出版社 1953 年版，第 692 页。

② 同上书，第 694—695 页。

资本主义社会的人口规律，作为社会主义社会的人口规律的根据。社会主义革命和社会主义生产方式的建立，否定了资本主义制度所特有的人口规律，社会主义社会是以生产资料的社会主义公有制作为经济基础的；社会主义生产方式否定了人对人的剥削；无产阶级专政的社会主义国家，代表了劳动人民的整体利益和长远利益，在这种情况之下，"社会生产内部的无政府状态将为有计划的自觉的组织所代替了"。① 这就是说，在社会主义制度之下，人口的增长或控制，将不复作为异己的、支配着人们的自然规律，与人们相对立，而是将被人们的自觉的计划所掌握，"将被人们十分内行地运用着"。

社会主义的人口规律，就是在社会主义生产方式之下人口计划化的必然性。我认为这种必然性是同社会主义基本经济规律和国民经济有计划按比例发展规律的要求分不开的。

社会主义基本经济规律的要求，概括说来，是在社会生产力发展的基础上，以日益丰富的物质财富（当然包括生活资料），满足人民日益增长的物质、文化生活的需要。在这里，我们必须认识到社会主义是共产主义的低级阶段，物质财富的生产，还受到不很高的社会生产力的限制，还受到社会所能提供的物质财富还未达到极大丰富的程度的限制；同时，还必须认识到社会主义经济越发展，技术有机构成越提高，其所需要的非熟练劳动力的相对量，就会逐步减少。基于上述原因，要在社会主义制度里，实现满足人民的物质文化生活的需要，就不能仅仅从提高社会生产力、发展国民经济，做艰苦的工作；而且必须从有计划地控制人口的增长方面，做艰苦的工作。这就是我们现在所说的两个生产一齐抓。这是很明白的事情，漫无限制地让人口急速增加，必然

---

① 《马克思恩格斯选集》第 3 卷，人民出版社 1972 年版，第 323 页。

会把每年增长的物质财富，被新生的人口所消费，必然会使满足人民的物质文化生活的目的，打了折扣，以至难于实现。因此，漫无限制地增加人口，是实现社会主义基本经济规律的一种严重障碍。从社会主义基本经济规律的要求出发，人口增长的计划化，不仅是必要的，而且是必然的。这种必然性，难道不是在要求我们对于物质生产和人类自身生产，必然全面地加以掌握吗？

如所周知，在社会主义制度里，国民经济有计划、按比例发展规律在发生作用。本来在资本主义社会里，各个生产部门的生产，早就存在着比例关系的；只是因为资本主义生产是盲目的无政府状态的生产，因而，从整个国家来说，什么按比例，什么有计划，都没法实现。到了社会主义社会，由于生产资料公有制的实现（或者说，在国民经济各种成分中，生产资料公有制占着绝对优势的统治地位），国民经济按比例有计划发展规律，才有可能实现。生产资料公有制的建立，使人们有可能把社会生产同社会需要联结起来，有可能根据社会的各种需要，按比例地去制订生产计划。在这里，所谓社会需要，归根到底，就是作为消费者的人的需要，因而人口的增长，必然要同国民经济的发展水平相适应。在社会主义制度里，国民经济有计划、按比例发展规律既然使人们能够实现物质再生产的计划化，那么，它也就能够使人类本身的再生产实现计划化。人口的增长如果失去了控制，那么，社会生产和社会需要之间的平衡，就必然会被打乱，从而国民经济各部门之间的比例关系，也就必然会失去了平衡。由此可见，人口和物质资料生产之间的比例关系，是国民经济有计划按比例发展规律中一个重要侧面，甚至可以说是基本的比例关系。这难道不是在证明：从国民经济按比例、有计划发展规律的要求出发，人口增长的计划化，不仅是必要的，而且是必然的吗？这难道不是在证明：人类自身生产的增长，必须同物质生产的发展相互适应吗？

如果从高速度发展国民经济的角度来看，人口增长计划化的重要性，那就更加突出了。要高速发展国民经济，不仅需要老企业的挖潜革新，而且需要多余的生产资料和消费资料。在这里，我们当然要保证人民的生活每年都有所改善；但是，这并不忽视积累的重要性。人口的增长如果不实现计划化，如果失去了控制，每年国民经济的生活资料部门增产的产品的一部分，就会被漫无限制的新增加的人口所消费。如果年年这样地消耗下去，我们将用什么去提高全体人民的物质文化生活呢？我们将用什么去保证应有的积累和扩大社会主义再生产呢？说得严重一点，人口的增长如果不实现计划化，社会生产同社会需要如果失去了平衡，那就很难谈到扩大再生产，那就很难谈到高速度发展我国的国民经济，那就会使社会主义的现代化建设遇到一个难于克服的障碍。从高速度发展国民经济的角度来说，这也不是在证明：实现人口增长的计划化，也不仅是一个必要的问题，而且也是一个必然的问题吗？

有人把我们的人口计划化同马尔萨斯主义混为一谈，有人则把我们的人口增长计划化同新马尔萨斯主义混为一谈，关于马尔萨斯主义的反科学的实质，马克思已经做了一针见血的批判。关于新马尔萨斯主义呢？我们的人口增长计划化，同它的限制人口，虽然有一些类似之处，但在目的性上、在对人口的看法上是存在着根本的区别的。

（一）新马尔萨斯主义是以维护资本主义制度为目的的；而我国的人口理论和人口政策则是以巩固社会主义制度为目的的，是以实现社会主义的现代化建设作为任务的。

（二）新马尔萨斯主义对于人口有着严重的片面性。它只看见人是消费者，而抹煞了人同时又是生产者。从这一点出发，它只看见人口增加的压力，而抹煞了在逐步控制人口增长的过程中，向生产的广度和深度进军的可能性。事实上，人是生产者和消费者的统一体。只看见人是生产者而忘记人又是消费者的观点，是片面性的观点，因而是错误的；同时，只看见人是消费者而抹煞人又是生产者的观点，也是片面性的，也是错误的。新马尔萨斯主义的错误就是在于它只看见人是消费者的一面。

（三）新马尔萨斯主义同马尔萨斯一样，都把资本主义社会的"人口过剩"，归罪于劳动人民，都认为被资本家榨取剩余价值的劳动人民不仅应该乖乖接受榨取，而且要承担"不负责任"地繁殖人口的罪名。我们倒要问问新马尔萨斯主义者，难道资本家可以不负人口繁殖的责任吗？在中国旧社会，地主和资本家，除了大老婆之外，还有一批小老婆；在西方资本主义社会里，有钱有势的大老板，经常结婚又离婚，离婚又结婚，公开的夫人同秘密的夫人同时并存，就是自称独身主义的人们，除了没有公开夫人之外，也何尝不是如此？这么一来，私生子怎能不到处都有。难道他们可以不承担盲目繁殖人口的责任吗？难道新马尔萨斯主义不是在为资产阶级服务吗？

新马尔萨斯主义的可以批评的论点，当然不仅仅只有这几点。但是，仅就这几点来说，我们的人口理论和人口政策，在实质上是同新马尔萨斯主义有着严格区别的。怎能把我国的人口政策同新马尔萨斯主义混为一谈呢？怎能抹煞我国的人口政策是以马克思主义作为根据，以社会主义生产方式作为基础的特点呢？我们要理直气壮地进行工作，决不能因为我们的人口政策同新马尔萨斯主义有某些相同之处而感到气馁！

二

现在，要谈一谈关于控制我国人口增长的一些有关的理论问题。

去年9月25日，党中央发表了关于控制我国人口增长问题致全体党员和团员的公开信，号召党员和团员，要以身作则，响应国务院的号召带动全国人民，从现在起，用三四十年特别是最近20年的时间，普遍地实现一对夫妇只生育一个孩子，这是一项关系四个现代化建设的前途，关系到子孙后代的健康和幸福，关系到全国人民的长远利益和当前利益的重大措施。今天出席会议的，都是从事人口理论的专家。作为人口理论工作者，有责任要使用我们的理论武器——马列主义，来为党的这个人口政策和措施服务。现在我打算先从马克思主义的观点，来说明在现阶段的中国，控制人口增长的必要性。

控制人口增长，提倡一对夫妻只生一个孩子的号召，是会为我国大多数人所接受的；但是，在认识上，还有一些人对此仍然有抵触。在旧社会，"多子多孙"被认为是一个家庭福运；在解放以后的新社会，则存在着"人多好办事"的说法。从表面来说，人多固然好办事，但也不一定"好办事"。如前所说，人是一个生产者；又是一个消费者。作为生产者的人，和作为消费者的人，是对立的统一。如果只看见他（她）作为生产者的一面，而忽视他（她）作为消费者的一面，对于人口问题就会得出片面性的结论。事实证明：人口增长太快，在吃饭、穿衣、住房、交通、教育、卫生、就业等方面，都会遇到越来越大的困难。

由于30年来，我国人口增长较快，人口年龄构成轻，人口总数已近10亿。这种情况同国民经济发展之间，存在着一系列的矛盾。

（一）总人口同生活资料的增长，明显地表现了两者之间的失调。从1952年至1978年的26年间，我国消费基金增长2.9倍，平均每年增长5.4%；而在同期，人口增长66.7%，按人口平均的消费额，只增长 1.3 倍，平均每年增长 3.2%。每年新增加的消费额，有 60% 左右，是用在满足当年新增加的人口的需要上；用在满足原有居民需要的部分，只占 40% 左右。这种情况难道不在证明人民的生活水平的提高，受到人口增长过快的限制吗？我国有些产品的产量，如煤炭、粮食、布匹等在世界上是名列前茅的，但是，按人口一平均，便落在人家的后面了。如按人口平均粮食产量只有美国的 20.8%，只有联邦德国的 74.8%，只有法国的 38.6%。有些经济作物，按人口平均的产量还有所降低，例如 1978 年平均每人占有的棉花为 4.52 斤，比 1952 年降低 0.2%；平均每人占有的油料为 9.5 斤，比 1952 年降低 26.9%，人口的急速增长，使生活资料的增长，难于同它保持平衡。为了使人口的增长同生活资料的增长之间保持大致上的平衡，一方面固然要发展国民经济，增加生活资料的生产；同时，在另一方面，有必要控制人口的增长。如果不是这样，生活资料的供应将会越来越紧张，而人民生活的改善和提高，也会越来越受到限制。

（二）如果不控制人口的增长，那么，劳动适龄人口同生产资料的增长，也必然会发生不相适应的矛盾。目前，我国一个工业工人技术装备大约为 1 万元，而从 1952 至 1977 年，平均每年新增固定资产不过 200 亿元，全部拿来解决就业，也只能吸收职工 200 万人，可是 1966 年以后新增加的劳动力（解放后出生的），平均每年在 1700 万左右，比 1966 年以前新增加的劳动力（解放前出生的），平均每年多出 500 万。按照这个速度来看，到 1990 年每年平均新增加的劳动力仍在 1450 万以上。1979 年和 1980 年安排了 1000 多万人就业，待业矛盾有所减轻，但是，如果每年待业的人数继续维持在 1450 万的水平上，待业矛盾不仅难于解决，而且会越来越加尖锐。这种情况不是在证明，我国现阶段控制人口的必要性吗？

不仅如此，随着社会主义现代化建设的发展，随着技术有机构成和劳动生产率的不断提高，对于熟练劳动力，特别是对于掌握科学技术的要求越来越多；而对于不懂科学技术的非熟练劳动力的要求，则越来越少，这样，直接从事物质资料生产的劳动力数量将会出现相对减少以致出现绝对减少的趋势，这种情况要在现代化企业中，每年要安排一千四五百万待业青年，困难是越来越大，矛盾是越来越尖锐的。我们固然要广开就业门路，但若不控制人口的增长，我们将会长期地无法摆脱这种被动局面。这种情况，难道不也是在证明我国现阶段控制人口的必要性吗？

在农村，人口不断在增加，而耕地面积，由于工业企业和公路、铁路的发展，由于水土流失和沙化的不断扩大等原因，逐步在缩小。人口多、耕地少的矛盾，将愈来愈突出。全国每人平均占有的耕地面积，已自解放初的 2 亩/人，减至目前的 1.57 亩/人，东南沿海一些省份，每人平均只有几分地。耕地在减少，人口在增加，这就没法不出现每个农业劳动力的耕地面积越来越缩小的现象。1952 年每个农业劳动力负担的耕地面积是 9.3 亩；1977 年降到 5.1 亩。农业劳动力在一些地区，如广东的一些专区，已经出现轮流出工或妇女不出工的间歇待业的现象。要解决这个问题，当然要提倡家庭副业，提倡专职造林、保林，发展渔业、牧业等等，但是，如果不控制农村人口的增长，四个现代化，特别是农业现代化，就没法不受到障碍。这种情况，难道不也是在证明我国现阶段控制人口的必要性吗？

（三）人口质量同现代化建设的需要之间的比例失调。要把我国建设成为现代化的社会主义强国，不仅必须提高全民族的健康水平，而且必须提高全民族的社会主义道德和科学文化水平，这就是说，必须提高"人口质量"。

当前全国人口中具有大学文化水平的人，约 520 万，占总人口的 0.5%；具有中学文化水平的人，占总人口的 22%。高中毕业生的升学率仅有 5%；初中毕业生升学率为 41%。1978 年每万人中在校大学生只有 9 人；在校中学生只有 692 人。这种情况，如果同经济文化发达的国家相比，是落后得相当可怕的，即使如此，师资、校舍、教学工具等等，都显得相当紧张。

除了教育方面的问题之外，住宅、卫生、交通等公共事业也都呈现紧张。这些方面的紧张，当然有经济方面的原因。多年来，我国国民收入的分配上，积累所占比重，较诸消费所占比重，要大得多。在积累内部，生产性建设的投资，较诸文教、卫生、职工住宅、公共交通等非生产性建设的投资，也大得多。与此同时，全国人口在解放以来的 31 年间，却在成倍地增长。这就没法不引起教育、住宅、卫生和交通公共事业的日益紧张。在这里，教育事业的不足，直接影响青少年的德育智育的发展；而住宅、卫生以及营养等方面的落后，则影响儿童和成年人的身体素质。在这种情况之下，要提高我国人口的质量，怎能不发生困难呢？

人口急速增长，使国家难于为提高人口质量提供条件。这就是说，在我国当前这种情况之下，人口数量的迅速增加，同人口质量的提高，是尖锐地在矛盾着。如果不坚决地控制人口的盲目增长，我们就很难谈到提高人口的质量。这种情况，难道不也是在证明，我国现阶段控制人口的必要性吗？

人口急速增长所带来的困难和矛盾，使我们的社会主义现代化建设和国民经济的发展，直接间接受到牵制而难于大步前进。面对着这种情况，控制人口的必要性，还有什么可以怀疑的吗？

三

在社会主义制度里，特别是在我国现阶段，控制人口的盲目增长，明确地存在着必要性，那么，有没有可能性呢？无论从理论上、从实践上都证明：对人口增长进行计划控制的可能性是存在的。

恩格斯早在 1881 年给考茨基的信中，就这样说道："人类数量增多到必须为其增长规定一个限度的这种抽象可能性，当然是存在的。但是，如果说共产主义社会在将来某个时候不得不像已经对物的生产进行调整那样，同时也对人的生产进行调整，那么正是那个社会，而且只有那个社会，才能毫无困难地作到这点"。恩格斯这一段话的意思，指的是共产主义社会（社会主义社会是它的低级阶段），人们能够根据当时的情况，对人口的增长自觉地进行控制。如上所述，生产资料的社会主义公有制既然使我们能够实现物质生产的计划化，那么，它也就使人类本身的再生产，有可能实现计划化。在这里，我们必须指出，社会主义制度下的控制人口具有如下两个特点：其一是有计划的；其二是自觉地进行的。在资本主义制度里，限制人口，是各干各的，是在无政府中进行的，当然谈不到计划；而在我国，控制人口的盲目增长，则是在国家的整个计划下进行的。这是我们控制人口的盲目增长不同于资本主义国家的一个突出的区别。同时，在社会主义制度里的控制人口，是人们对于自身再生产的自觉行为。当然，这种自觉行为并不等于人们的自发行为。这就是说，实现人口控制，不仅需要在社会保险和安全避孕等方面逐步做大量的工作，而且需要我们对群众做细致而长期的宣传教育工作。这种长期的、细致的宣传教育工作，能够使广大群众对于控制生育，从不自觉变为自觉。而这种转变之所以可能，是因为有计划地控制人口的盲目增长，既是人民的长远利益，又是人民的眼前利益。

恩格斯在《家庭、私有制和国家的起源》的序言中又说道："根据唯物主义观点，历史中的决定性因素，归根到底是直接生活的生产和再生产。但是，生产本身又有两种。一方面是生活资料即食物、衣服、住房以及为此所必需的工具的生产；另一方面是人类自身的生产，即种的蕃衍"。事实证明，物质资料的再生产，同人类自身的再生产，是密切地联系着的。离开了人类自身的再生产，就谈不到物质资料的再生产；而离开物质资料的再生产，人类就没法生活下去，延续下去，因此，两者之间必须相互适应，从人类自身的再生产来说，它必须适应物质生产，特别是生活资料生产的发展水平。在社会主义制度里，由于生产资料基本上实现了公有化，无产阶级国家能够实现物质生产的计划化，同样，通过无产阶级国家的领导与教育，控制人口盲目增长的计划生育，也就能够见诸实行，并逐步取得预期效果。

我国的实践证明，控制人口增长的政策，是收到了效果的。我国在 70 年代以前，人口出生基本没有控制，因而，人口出生率，每年平均达 30‰ 以上，而在同期，人口死亡率下降很快，婴儿死亡率下降更快。因而人口的自然增加率，从 1950 年的 19‰，提高到 1965 年的 28.5‰。自从开展控制人口的工作以后，人口的出生率就逐步下降了。1971 年人口自然增长率为 23.4‰，1979 年下降至 11.2‰，用九年的时间自然增长率就降低一半。从绝对数来说，在这 10 年间，全国累计共少生婴儿 5600 多万人。这是一个可喜的成就。目前，已有四川、上海、北京、天津、江苏、山西、河北、浙江等八个省市的人口自然增长率，低到 10‰ 以内了。根据这种情况，控制人口增长，提倡一对夫妇只生一个孩子是可能的，是能够实现的。

据初步计算，从目前开始推行一对夫妇只生一个孩子的方针，到 2000 年全国总人口可能控制在 12 亿以内；那时人口自然增长率可能降低到零。这是我们要在本世纪末实现每人每年平均收入达到 1000 美元的"小康之家"的生活水平的必不可少的条件。

四

实行控制人口，推行一对夫妇只生一个孩子的措施，会不会带来一些社会问题呢？我们应该承认，这个措施是不可能不带来一些问题的，但是，这些问题是能够逐步加以解决的。

有人忧心忡忡，担心将来因人口"老龄化"，会出现劳动力和兵源的不足，被抚养的人口增多，甚至出现两个劳动力养活四个老人和一个孩子，即所谓四二一的比例关系的问题。情况会不会达到这么严重程度呢？

关于"老龄化"问题。据我国人口问题研究者测算数字，在本世纪内，"老龄化"问题很可能不会出现。因为当前全国人口约有一半以上是在21岁以下，65岁以上的老年人不到5%。当前老年人在总人口中所占比重，是相当小的；至于占总人口一半以上的二三十岁的人，要成为老人，最快也得在40年以后。换句话说，在本世纪内的20年，我国总人口的一半以上，不存在着"老龄化"，不存在着劳动力、兵源不足以及抚养人口骤然增多等问题。在21世纪的头20年，这些问题也不严重。

关于劳动力和兵源，也不会出现急速下降的问题。现在我国约有5亿劳动力；预计20年后，还要增加到6亿；这就是说，到21世纪初期，每年还会增加1000多万个劳动力。这就是说，劳动力（和兵源）不但不会在这二三十年内出现缺乏的问题，而且还会在这个期间继续紧张。只有在30年后，紧张的人口增长问题，才有可能缓和下来。到那时，一对夫妇只生育一个孩子的措施，有可能不宜继续下去。这就是说，在21世纪的第一个10年之后，平均生育率有可能，有必要作适当的调整，作适当的提高，做到人口总数相对地稳定在一个比较合理的水平上。

实行一对夫妇只生育一个孩子，要到 40 年后，一些家庭会出现老人身边缺乏照顾的问题，但不一定会固定地出现四二一的比例关系，因为新陈代谢，老人是总不会在家庭中固定地占着 4/7 的。老人身边缺乏照顾的问题，在许多国家，甚至在许多经济发达的国家中也存在着，而且情况极其严重。我国是社会主义国家，对于解决老人身边缺乏照顾的问题，有着比资本主义社会更为有利的条件。我国全民所有制企业的职工和国家机关工作人员，都已实行退休制度。有了退休制度，老年人就有条件得到照顾。当然，仅仅给予退休金，问题并不完全解决，因为还有住宅的问题，有生活服务的问题，有看病住院的问题。只有妥善地解决这些问题，老有所养的问题才算落实。

至于集体所有制职工和农村人民公社社员，现在还没有实行退休制度。根据当前的情况，集体所有制经济的优越性，同全民所有制相比，并无逊色。随着集体经济的发展，它们所能提供的社会保险基金，将会不断增加；如果在集体经济中工作的职工或社员，每月（或每半年）从工资或工分中提出一定量的货币，作为"保险储蓄"，把社员和集体经济中职工的保险储蓄，同集体单位所提供的基金合在一起，也可能成为集体职工和社员年老的养老金，这当然要以集体经济的发展作为条件的。只有妥善地解决"老有所养"的问题，才能从根本上解除群众的后顾之忧，只生一个孩子的措施，才有现实的基础。尊敬老人、爱护老人、供养老人，使他们过好晚年，是子女应尽的责任，也是我国社会的优良传统。我国人民一定要发扬这个优良传统。那种不供养父母甚至虐待父母的行为，应当受到批评，触犯法律的还要受到制裁。

对于独生子女的教育问题，要给予应有的重视，不仅在入托儿所、入学、就医、招工、招生、城市住房和农村住宅基地方面要照顾独生子女及其家庭；而且要使家庭和托儿所、学校合作，克服独生子女的娇生惯养的坏习气。做好独生子女的德育、智育和体育工作，这是保证我们的后代在各行各业中能够挑起担子，继承上一辈的事业的严肃的任务。

要在我国做好计划生育的工作，必须对群众做好细致的思想工作。如果群众的思想不通，控制人口的工作就很难办好。例如，只看见人是生产者而忘记人同时又是消费者的片面看法；例如认为只要经济发展了，人口问题"自然解决"的观点；例如旧社会留下来的"多子多孙"、"重男轻女"的落后的传统看法，等等，如果不加以说服，计划生育、控制人口盲目增长的工作，就会遇到阻力，而难于迈步前进。

由于我国是社会主义国家，由于我国的计划生育是国家和人民的眼前利益和长远利益的结合，因而必定会受到全国大多数人民所拥护，因此，看见这一工作的困难一面，就悲观失望是没有根据的；同时，对于计划生育采取简单粗暴的办法，是错误的，是不容许的，因为简单粗暴的办法，只能给这一工作带来破坏。

要做好计划生育的具体工作很多，我就不一一在这里多说了。

五

人口科学是一门边缘科学，确切地说是一门综合性的科学，它涉及的学科有社会学、经济学、医学、生态学、优生学、教育学等等。从而人口科学的本身也包括许多侧面：如不同生产方式的人口规律及其理论问题，如经济发展与人口的关系，即物质生产与人类自身生产的关系问题，如人口思想问题，如人口政策与计划生产的关系问题，如人口统计与人口预测的问题，如农村人口与农业现代化问题，如城乡人口的教育与就业问题，如少数民族地区的人口问题，如人口地理问题，等等。这次会议所收到的论文，对于人口科学的各个侧面，几乎都有研究成果。这是一个使人感到十分高兴的事情。

不过，我国的人口科学还是一门比较年轻的科学，比较起来，经济发达的一些国家，在人口科学某些方面的研究上，可以说，是走在我们前面的，而在人口统计与人口预测方面，这种情况更加突出。

由于社会制度之不同，我国的人口科学必然要有自己的特点，这就是说，以社会主义制度为前提的人口科学，在人口规律、人口理论和人口政策等方面，在立场和观点上，必然同以资本主义制度为前提的人口科学，有着根本性的区别。这也就是说，我国从事人口科学研究的同志，是有着广阔的天地，足以驰骋，足以钻研的。进一步从各个侧面去研究人口科学的光荣任务，正在等待各位同志！

（载《经济研究》1981 年第 4 期）

我国国民经济的发展与计划生育[*]

一

我国国民经济在"六五"期间取得了可喜的成就,这种成就表现在我国的农业、轻工业、重工业之间的比例关系,积累和消费之间的比例关系,在比较协调地发展着。农业生产从缓慢发展走向全面高涨;轻工业生产,从远远不能满足人民需要,走向日益繁荣;能源生产从停滞不前转为持续增长。在整个"六五"期间,全国工农业总产值年平均增长速度,很可能达到10%;将在明年开始的"七五"计划,工农业总产值年平均增长率可能达7%左右,国民生产总值年平均增长率可能超过7%。现在的情况同五年前的1980年相比,已经大不相同了。在1980年底,我们的任务是进一步调整国民经济,是解决比例严重失调的问题,是解决人民群众的温饱问题。现在,我国人民的温饱问题,基本已经得到解决。今后的任务是由温饱型逐步转向小康型,使我国人民在本世纪末达到小康的生活水平。这个历史任务当然需要我们做出巨大努力才能实现,但是,实现这个历史

* 本文是作者在第四次全国人口科学讨论会上的讲话。

任务的条件和可能性则是明显存在着的。

从整体来看，做好计划生育工作以控制人口增长，是实现这个从温饱型到小康型的历史任务的重要侧面之一。我国的计划生育工作从七十年代初期以来是逐步取得成就的。最近几年，全国的自然增长率的情况是这样：1971 年是 23.33‰；1977 年是 12.00‰；1979 年是 11.6‰；1982 年是 14.49‰；1984 年是 10.81‰。这种趋势证明我国人口自然增长率是逐步在下降。我国计划生育的要求，在原则上除提倡晚婚外，是提倡一对夫妇生一个孩子。上述的自然增长率的逐步下降，就是这一要求的表现。但是，这种表现是经过艰苦的宣传教育而逐步取得的。根据"1‰生育率抽样调查"，1981 年在全国已婚育龄妇女中，有一个子女的占 19.1%；有两个子女的占 21.4%；有三个子女的占 49.5%，而还没有子女的占 9.9%。从这些数字来看：有一个子女的在全国已婚育龄妇女中，达不到 20%；而有三个子女的却将近 50%。如果把有三个子女和有二个子女的已婚育龄妇女加在一起，则她们在全国已婚育龄妇女中，竟超过 70%。从妇女生育的胎次比例来看，1983 年一胎为 65.90%，二胎为 22.40%，多胎为 11.70%。一胎率上升，多胎率下降，是近年来明显的趋势；而且城乡有区别，汉族与少数民族有区别。这就证明：在我国二胎、多胎现象还是明显地存在着；这也在证明一对夫妇只育一个子女的原则，并不是不顾具体情况而硬性地执行的；这也在证明：我国的计划生育工作，还有必要在做好宣传教育、改善医药的条件下，进一步加以推广。

我国的计划生育工作，同国民经济的发展，是密切相关的。由于工农业生产的发展，城乡人民的生活水平显著地有所提高。"六五"期间，人民的温饱还是一个极其突出的问题：由于国民经济的发展，这个问题已经基本得到了解决。五年来，新就业的城镇劳动力达 3000 多万人；扣除物价上涨因素，全国职工工资总额增加达 50%

左右,平均工资增加 20% 以上;农民平均纯收入增加 80%。在这里,我们可以看出,城乡人民生活水平的提高,是以工农业生产的发展作为前提的,而计划生育对于改善城乡居民的生活水平,也起了一定的作用。根据 1953—1978 年的经验,每年新增加的消费额中,58% 左右被新增的人口所消费掉;而用于提高原有居民消费额部分,只占 42%。控制人口的增长,成为提高城乡原有居民消费额部分的一个不可忽视的条件。这一点,在最近五年间已经显得更加明确了。

但是,这并不是说,中国的人口问题,已经从根本上得到解决,因为人口的自然增长同生活资料的增长比较,还是相当高的;劳动适龄人口的增长,同生产资料的增长,亦不相适应;"七五"期间,进入婚育年龄的人口处于高峰,人口的增长(每年大体还要净增 1000多万人)同教育、住宅、卫生、交通等公共事业的发展,也不相适应。这种情况,要求我们在发展我国国民经济的同时,要继续做好计划生育工作。

我国农村居住着 8 亿人口,因而推行计划生育的重点在农村。由于农业生产比城市更早地实行联产责任制,农民的收入和生活水平,连年在增长、在提高。在这个过程中,农民逐渐认识到致富的道路,要靠科学技术,要善于经营管理,但是也有不少农民为了增加收入,还是希望增加劳动力。就是说,还是希望多生儿子。由此可见,生产责任制为农村经济带来了活跃,同时也为计划生育工作带来了困难。我们必须进一步做好宣传教育和医疗卫生等方面的工作,以便突破这个困难。

二

事实在证明我国在建设社会主义的过程中,是把物质财富的生产同人口本身的生产，结合起来考虑的。这种做法是符合马克思主义的。

　　恩格斯明确地指出："根据唯物主义观点，历史中的决定性因素，归根结蒂是直接生活的生产和再生产。但是，生产本身又有两种。一方面是生活资料即食物、衣服、住房以及为此所必需的工具的生产；另一方面是人类自身的生产，即种的蕃衍。一定历史时代和一定地区内的人们生活于其下的社会制度，受着两种生产的制约：一方面受劳动的发展阶段的制约，另一方面受家庭的发展阶段的制约。"[①] 恩格斯这一段话的基本意思，就是指人与自然"两种关系"的统一，就是指物质生产和人们自身生产的统一。事情很明白，物质资料的生产是不可能同人类自身的生产相互隔绝的。如果不重视人的生产问题，那么，谁去从事物质资料的生产和再生产呢？物质资料的生产和再生产又是为着谁呢？历史的事实证明，物质资料生产的主体和前提，是离不开人的。如果离开了人类的再生产，那是不可思议的。马克思说道："社会生产过程既是人类生活的物质生存条件的生产过程，又是一个在历史上经济上独特的生产关系中进行的过程，是生产和再生产着这些生产关系本身，因而生产和再生产这个过程的承担者、他们的物质存在条件和他们的相互关系即他们的一定的社会经济形式的过程。"[②] 马克思这一段话的主要意思正是在说社会的物质资料的生产和再生产过程，也在生产和再生产着承担这种过程的人们。由此可见，物质的生产和再生产过程同人的生产和再生产过程，并不是绝缘的，而是有着密切关系的。

　　当然，物质生产同人的生产是有区别的。生产物质财富的生产过程是因生产方式之不同而有所差别的。人的生产和再生产，

---

　　① 《马克思恩格斯选集》第4卷，人民出版社1972年版，第2页。
　　② 《马克思恩格斯全集》第25卷，人民出版社1974年版，第925页。

则是以家庭为单位，在这里，家庭是受着一定的生产方式所规定的。在资本主义社会里，生产方式以生产资料的资本家所有制作为基础，在这里，资本家的家庭同雇佣劳动者的家庭，显然是矛盾的，而这种矛盾是从资本主义生产方式产生的。在社会主义社会里，生产方式是以生产资料的社会主义公有制为基础的，在这里，工人家庭、农民家庭和知识分子家庭之间并不存在着阶级矛盾，这也是受着社会主义生产方式所规定的。恩格斯指出的两种生产中，以家庭作为单位的人的生产，是受到物质生产的生产方式所制约的。因而，他在提出社会的物质生产的决定性之后，提出人类本身的生产的作用，我认为并不动摇历史唯物主义的基本理论。

在社会主义制度下，社会的发展，表现在物质财富的生产日益增长。对人类来说，物质财富越丰富，越能满足人民生活的各种需要。而人的生产则不是这样。人口的增长，如果增加得太快太多，对于社会生产和人类本身，都会带来压力。都会增加对于食物、衣服、住房、医疗、上学以及就业等的需要和要求。如果物质生产不能满足这些需要和要求，那就没法不引起社会的紧张。因此，人口的增长必须同物质生产的增长相互适应。也就是说，在一定情况下，必须为人口的增长规定一个限度。恩格斯在1881年给考茨基的信中曾提到对人口增长规定一个限度的可能性。他说道："人类数量增多到必须为其增长规定一个限度的这种抽象可能性当然是存在的。但是，如果说共产主义社会在将来某个时候不得不像已经对物的生产进行调整那样，同时也对人的生产进行调整，那么，正是那个社会，而且只有那个社会才能毫无困难地作到这点。"① 因此，一方面要大力发展物质生产；一方面要控制

---

① 《马克思恩格斯全集》第35卷，人民出版社1971年版，第145页。

人口的增长，这就要自觉地使人口的增长适应于物质生产的发展，只有在社会主义国家里才能实现恩格斯所指的为人口的增长规定一个限度。历史已经证明，在资本主义社会里，特别是在发达的资本主义国家里，物质生产是在无政府状态中进行的，人口的生产和再生产也是在无政府状态中进行的。两种生产，既然都在无政府状态中进行，当然谈不到自觉地使人口的增长同物质生产相适应。自觉地使人口的增长适应于物质生产的发展，这是社会主义制度的优越性之一。当然，要使群众认识控制人口的必要性和社会主义制度的这一优越性，是需要我们去做艰苦的工作的。

三

最近美国一些人，宣扬自由经济发展了，人口自然会下降，没有必要去"限制生育"，甚至把资本主义制度说成是限制人口增长的根本保证，而把我国人口增长较快的原因，归罪于社会主义制度。他们公然提出我国要改变社会制度，实行什么"自由经济"，才能解决人口问题。

美国这些人的这种说法，在政治上是干涉我国内政、破坏我国社会主义制度的狂妄行为。我国自 1971 年以来就大力推行计划生育的政策；这一政策是受到我国多数人民所接受的。由于这种政策的实行，从 70 年代初期到现在，估计我国少生几千万人口。这个数字相当于西欧一个大国的人口。这个数字在世界人口问题达到爆炸程度的今日，中国实行计划生育的成就，对于减少世界人口问题的严重性是有贡献的。但是，美国某些人士不但不承认中国对于解决世界人口问题的贡献，反而干涉我国内政，企图改变我国社会制度。这是中国人民所不能容忍的。

难道资本主义经济发展了，人口就自然下降吗？一般说来，生产力发达的第一和第二世界国家，人口的自然增长率比较低（但是，必须考虑到这些国家的打胎现象的严重）。尽管人口自然增长率比较低，尽管它们的经济相当发达，尽管它们的人口绝对数增长并不快，但是，它们的相对过剩人口还是突出地存在着，而且是大量地存在着。在周期性经济危机来临的时候，那就更加严重。试问这些失业的劳动者在资本主义经济的危机中，有什么办法解决其工作和生活的问题呢？马克思早在100年前就指出："马尔萨斯愚蠢地把一定数量的人同一定数量的生活资料硬联系在一起。李嘉图当即正确地反驳他说，假如一个工人没有工作，现有的谷物数量就同他毫不相干，因而，决定是否把工人列入过剩人口范畴的，是雇佣资料，而不是生存资料。"① 几百年的事实证明：资本主义制度对于人口问题不但无能为力，而且成为产生过剩人口的基本原因。30年代的大危机已成过去，但是，西方国家还是谈虎变色的。在1982年深深地陷入经济危机的美国，失业人数达到1200万人，如果加上西方其他国家，失业人数突破3200万人。这一支庞大的失业大军难道不是资本主义制度产生出来的过剩人口么？甚至在经济进入景气时期，美国的过剩人口，还显然存在着。据《时代》周刊（1985年2月4日出版的那一期）所载，美国今年的严重春寒，使全国有200万以上无家可归的人露宿在街头，有的冻死在街头。资本主义制度如果是限制人口增长的根本保证，那么，这么多的过剩人口意味着什么呢？1985年2月的严重春寒，全国无家可归的人，达到200万。这又在意味着什么呢？铁一般的事实证明，资本主义制度正是产生大量过剩人口的基本原因。美国一些人的那种说法，难道不是在自欺欺人吗？

　　我国的计划生育工作，是取得了初步成就的。当然，我们不

---

① 《马克思恩格斯全集》第46卷，人民出版社1980年版，第108页。

应忽视在工作过程中出现的缺点和失误。当前在城乡经济体制改革中，我们必须总结正反两方面的经验教训，必须做好调查研究，结合实际情况进行人口科学研究，为因时因地，实现我们的计划生育工作，作出应有的努力。

（1985 年 10 月 10 日载《人口研究》1986 年第 1 期）

关于进一步对外开放的几个问题

在六届全国人大二次会议上，赵紫阳总理在《政府工作报告》中提出，今后一个时期的经济工作，要着重抓好改革和对外开放两件大事。这是符合我国实际的决策。

建立经济特区的政策是正确的

开办经济特区是我国的对外开放政策的一种比较完整的具体形式。几年来，我国政府陆续在深圳、珠海、汕头和厦门四个地区建立了经济特区，比较起来，深圳特区发展较快，邓小平同志年初视察深圳和珠海两特区时，肯定了特区建设的成就，写了如下题词："深圳的发展和经验证明我们建立经济特区的政策是正确的。"

发展经济特区，有利于引进先进技术，有利于吸引外商和侨商的资本。经济特区的工作做好了，能够更快的提高我国工业的技术水平，能够加快我国的现代化建设。世界上一些发达国家的经济起飞，无不因为它们掌握了先进技术，用以发展工农业生产。我国是社会主义国家，我们的社会主义制度必须以先进的技术作为物质基础。通过经济特区的形式吸引外资。引进外国的先进技术，是符合社会主义生产发展的要求的。

允许外商兴办独资企业

在已经建立起来的几个经济特区中，吸引外资的主要形式是中外合资或中外合营。中外合资企业对于我们和对于外商，都有吸引力。对于我们来说，这种企业形式有利于培养管理人才，有利于培养掌握先进技术的人才，经济特区的政府也便于进行行政管理。对于外商来说，他们因对经济特区或开放城市的情况不很熟悉，有了"中方"的合作，不但在经营上可以减少许多隔阂，而且有"中方"共同来负担经营上的风险。不仅如此，中外合资企业在性质上属于国家资本主义，具有半社会主义的性质，同我国的社会主义制度也相当接近。由此看来，这种中外合资的企业形式，是会发展下去的。

但是，如果只采取中外合资企业一种形式，路子可能显得太窄，速度可能显得较慢。不少外国资本家，不少华侨工商业家，很想到特区和开放城市来搞独资企业。他们的这种想法是可以理解的。有的人是为了技术保密，有的人是为了亲自掌握企业的经营管理大权，有的人是为了使企业利润更多地归于自己而不被其他的股东分去。赵紫阳同志在《政府工作报告》中明确地提出"允许外商兴办独资企业"。对于外商所希冀的这个问题，及时地予以解决了。

允许外商兴办独资企业，同我们的社会主义制度有没有矛盾？对这个问题要作具体分析。毫无疑问，我们必须区别社会主义企业同资本主义企业之不同。在社会主义企业里，生产资料是全民所有制或集体所有制的，而在资本主义企业里，生产资料则是属于资本家的。由于生产资料所有制的性质不同，劳动群众的剩余劳动所凝结的价值，归谁所有也不同。允许外商兴办独资企业，也就是允许外商到我国的经济特区和"开放城市"的经济区，搞剩余价值的生产，这同我国的社会主义制度显然是存在着矛盾的。

但是，通过外商兴办独资企业，可以更多地吸引外资，引进先进技术，加快我国工农业生产的发展。从这一方面来说，它对于巩固和发展我国的社会主义制度，又有一致的地方。在我国经济特区和其他"开放城市"的外资独营企业，是受我国特区政府和开放城市的政府管理的。特区和开放城市的政府，负责执行国家规定的《经济合同法》、《中外合资经营企业法》、《外国企业所得税法》以及《商标法》等等，可以使中外合资企业和外商独资企业，遵守人民政府的政策法令。至于特区和一些开放城市的中外合资企业和外资独营企业中的劳资关系，则是由我国当地劳动部门和工会去处理的。所有这些都说明，我国的国家主权并不会因为中外合资和外资独营企业之存在而受到影响。如果把经济特区的设立，看成旧中国租界的复活，是不符合事实的。

允许部分产品在国内市场销售

赵紫阳总理在《政府工作报告》中提出，"对确实提供了先进技术的产品，允许在国内市场部分销售。"这是一个重大的决策。一般说来，经济特区和一些开放城市的中外合资企业和外商独资企业所产出的商品，是投向世界市场的。但是，对于那些确实提供了先进技术的产品，也应允许在国内市场部分销售。许多外商之所以要向中国的经济特区和某些开放城市投资，一个重要的原因，是看中了中国这个潜力不可估量的大市场。我们的社会主义现代化建设，既不可能在闭关自守条件下进行，也不可能建立在落后陈旧技术基础上。让那些提供了先进技术的产品在国内部分销售，对于国内的一些陈旧落后的产品，的确是一种压力，某些部门和企业还可能因此在经济上蒙受损失。但是，如果我们从另一个角度来考察这个问题，就可以看到它的好处。第一，我国经济特区和某些开放城市的吸引外资，引进先进技术的作用，很有可能因此得到加强，第二，在生产技术上，可以给国内某些安于守旧，不注意产品质量，不注意更新换代的企业以刺激。如果我们的企业，能够把这种刺激化为动力，急起直追，这对于提高我国企业的生产效率和经济效益，未必不是一件好事。我相信，国内的许多社会主义企业必定勇敢地接受外资产品的挑战，并在竞争中不断地取得进步的。当然，允许在国内销售外资企业和中外合资企业的产品，在数量上是必须受到限制的。

发展特区经济以市场调节为主

在我国国内，计划经济是主体，市场调节是补充。与此不同，在经济特区，市场调节是主体。因为中外合资企业和外商独资企业，都是把商品的大部分投入世界市场的，这两种企业的产、供、销，不可能也不必要纳入我国国家计划轨道。特区如果办得好，如果存在着数量很大的外资企业和中外合资企业，它们的产品大多数，又以投入世界市场为目的，那么，特区经济的主体，不能不是受着价值规律支配的市场经济。有人认为特区经济应以计划经济为主，我认为这种看法是不现实的。因为计划经济的基础是社会主义企业，而在特区，社会主义企业并不占多数，反之，中外合资企业和外商独资企业却有可能占着多数。发展特区经济以市场调节为主，是中外合资企业和独资企业面向世界市场的必然，是这些企业充分行使自己自主权的必要保证。如果那里也同国内一样，对于外商和外资也就失去吸引力了，特区也就不成其为特区了。当然，我们必须认识清楚，特区虽然以市场调节为主，但是，从全国来说，在作为主体的计划经济的面前，特区的市场经济，仍然居于补充的地位。这就是说，以社会主义的计划经济为主体的我国国民经济，并不会因为特区的市场经济的发展而发生动摇。

在一些开放的城市中，历来就是以社会主义的计划经济作为主体的。在允许外商投资办厂之后，受到价值规律支配的市场经济，仍然处于补充的地位。在这些地方，我们不能掉以轻心。如果我们的国营经济经营得不好，作为国民经济主体的社会主义计划经济，就存在着被削弱的危险。即使这样，我们也不能对中外合资企业，特别是外商独资企业的产供销任意进行干涉。在这种情况下，我们应努力的是提高我国社会主义企业的竞争能力。

对外开放不会复辟资本主义

我国对外开放政策最近有了进一步发展。中央和国务院在已开放的四个特区中，又把厦门全岛设为特区，把天津、烟台、青岛、连云港、南通、上海、宁波、温州、福州、广州、湛江、北海以及海南岛，设为开放城市和地区。这么一来，我国沿海就有十九个城市和地区连成一线，形成我国对外开放的前沿地带。

进一步对外开放，会不会导致资本主义复辟呢？回答是否定的。不论中外合营企业和外商独资企业，都存在着剩余价值的剥削，这是没有什么争论的。如上所述，我们之所以容许外商在我国的经济特区和一些开放城市投资设厂，是为了通过这种形式，把外资吸引进来，把先进的技术设备吸引进来，发展我国的经济。外商在投资中对于剩余价值的攫取，是一种赎买。这种赎买政策，在我国解放初期也曾经存在过。有人会问，现在再搞赎买政策，难道不是可能复辟资本主义吗？我的回答是这样：现在经济特区和一些开放城市新投资的资本主义企业或中外合资企业，并不是我国现有的国营企业和集体企业回头倒退为资本主义企业，因为并不存在着"复辟"的问题。至于外商到我国经济特区和某些开放城市所设立的资本主义企业，如上所述，是要受到我国国家政权的管理的。我国巩固的人民民主政权，是不会因为进一步对外开放而受到影响的。

有人担心发展对外开放政策，会助长经济领域的严重犯罪活动。这是可以理解的。当前我国经济领域里的严重犯罪活动，是新的历史条件下阶级斗争的重要表现。我们必须依法同这种严重犯罪分子进行斗争。但是，我们决不能因为经济领域里存在着严重的犯罪活动，而否定我国的对外开放政策，否定我国的先进技术和吸引外资的政策。如果那样做，那就无异于"因噎废食"。只要我们加强社会主义法治和社会主义教育，经济领域的严重犯罪活动，是能够控制的。

办经济特区和开放一批沿海港口城市，是党和国家一个重大决策，认真执行对外开放政策，做好引进先进技术和吸引外资的工作，对于 1997 年收回香港主权和实现台湾回归祖国的神圣大业，有着重大的影响。我们一定要谦虚谨慎，加强调查研究，认真总结经验，把这项工作做好。

（载《人民日报》1984 年 6 月 22 日）

积极稳步地办好经济特区

根据中央的决定，广东和福建两省已经在深圳、珠海和厦门等处设立了经济特区。试办经济特区是执行开放政策、吸收外资的一种特殊方式，是个新事物、新工作，各方面的认识不够一致，是难免的。我在这里谈谈自己的几点看法。

一　经济特区并不是"租界"的复活

世界上不少国家（包括发达国家和发展中国家）和地区早已设立了特区（有的称自由贸易区，有的称加工出口区，有的称自由关税区，有的称综合性经济特区等）。在资本主义国家建立特区，从它们的社会制度来说，不会发生什么矛盾，因为它们本来就是资本主义的社会制度，特区只是提供较为优惠的条件去发展资本主义。这就是说它们的国家同其所设立的特区，存在着一致性——都是搞资本主义。当然，在资本主义国家设立特区，也不能说什么问题都不存在。有人就担心：发展中国家的特区会变成一种新式的殖民地经济。

我国是社会主义国家，设立容许外国资本活动的特区，当然会使人们发生疑问。人们会问，在 1952 年我国基本上已经处理了过去长期在中国经营的外资企业，为什么现在还要提供为外资活动的地盘呢？人们会问，在 1956 年我国在三大改造高潮中已经改造了民族资产阶级的资本主义工商业，为什么现在却让外国资本代替民族资本来中国活动呢？有人还可能这么问，租界在中国早已被取消了，为什么现在还要划出几块地区，让外国资本去活动？这样的特区难道不是旧租界的复活吗？

这些疑问是不能成立的。（一）在鸦片战争，特别在甲午战争之后，外资涌入中国，那是以帝国主义列强使用炮舰政策强加在我国人民身上的不平等条约作为前提的，是以损害我们的国家主权作为前提的。中国人民在推翻三座大山，当家作主之后，当然不能让其继续存在下去。因而，全国解放后，我们就着手处理外国资本在华企业问题，处理的主要方式是"转让"。现在我们容许外资在中国活动，与解放前的旧中国是根本不同的，并不以"不平等条约"作为前提，而是以维护我国的国家主权作为前提。（二）特区并不是旧租界的复活，因为特区的统治权完全掌握在中国政府手里，在特区里设立的中外合资企业也好，外资和侨资的独资经营也好，它们都必须服从我国政府的法令规定，都必须按规定向特区交纳税收，更必须服从我国有关的劳工法，等等。

在这里，还有必要谈一谈"国境线"和"分界线"的问题。

有的同志担心设立特区是"国境线"的向后退，理由是特区对内地要建立"分界线"。特区对内地建立分界线，这是形成特区和加强特区管理的一项重要措施。如果取消对内地的分界线，特区与内地（非特区）打成一片，那又何必成立特区？不仅如此，如果取消对内地的分界线，那就会让外国资本的活动范围，受不到限制，到处泛滥；那就会使外汇投机、外货投机等非法活动，有更多的可乘之机。"分界线"和"国境线"是不相同的，把"分界线"同"国境线"混为一谈,在法律上是没有根据的。既然特区内行使着我国的国家主权,那么,特区对外的外线,依然是属于中国的国境线。这就是说,我国的国境线并不因为特区的设立,并不因为"分界线"的建立而"后退"。

二　经济特区的经济成分和赎买政策问题

特区的经济性质是什么?这是大家最关心的一个问题。根据现在的情况来看,特区经济是多种成分的经济,除了社会主义的国营经济和集体经济,也还存在着个体经济。但是,在特区中比重较大的,可能是有外资或侨资参加的中外合营企业。现在进行的来料加工、补偿贸易等企业,是国家资本主义性质的企业;中外合作经营、合资经济的企业也是国家资本主义性质的企业。至于外资或侨资的独资经营,基本说来,那是一种资本主义经营,但是,这种独资的资本主义企业并不是孤立的,它的活动受到特区政府的管理和限制,因而,它是一种特殊的资本主义性质的企业。列宁说得很明白,"国家资本主义就是我们能够加以限制,能够规定其活动范围的资本主义"。特区政府对于外资企业的限制、管理,是不能放弃的。但是,只要独资的外国企业,服从特区政府的管理,对于它们的限制,对于它们的活动范围,可能不会过分严格,因而特区内的外资或侨资独营企业,基本上不是国家资本主义经济,而是资本主义企业。

对于特区,人们会担心中外合资特别是外资、侨资独营的企业,资本家对劳动者进行剩余价值的剥削。应该承认,在特区内的中外合资企业或独资企业,都存在着剥削。如果不承认这一点,那就不是一个唯物主义者。我国的条例规定,无论中外合资企业或外资、侨资独营企业,在交纳所得税以后,经批准,可以把它们分得的利润汇到国外去。这部分利润以及留在特区进行再投资的利润，显然是资本家从劳动者身上榨取得来的剩余价值的一种形态。让外资或侨资取得利润，在某种意义上来说，也是一种赎买政策。在解放初期，党和国家曾经采用赎买政策去取得同民族资产阶级的合作；在现在，我们采用这种赎买政策，去取得同外资和侨资的合作，以便在特区引进新的技术，吸引外资来建立新企业，逐年增加特区的外汇收入。这不仅对于发展特区经济来说，而且对于国家实现社会主义现代化建设来说都是有利的。

在这里，有必要谈谈特区经济的另一个特点，这就是对外开放，对内隔离。以深圳、珠海为例，它们同香港澳门的经济关系，较诸同内地的关系要密切得多。这种情况使特区经济活动同港澳的市场波动息息相关，相互影响。在特区内部，不能说国家的计划调节不存在，不发生作用。但是，如果计划调节范围搞得太大，成为特区经济的主体，那是不利于吸引外资和发展特区经济的。事实将会证明，要发展特区经济，必须实行以市场调节为主，计划调节为辅的方针，这是一种必要性，也是一种必然性。如果否认市场调节的重要性，那是不现实的。

三　经济特区的作用

广东和福建的经济特区设置不久，它们的作用还未充分的表现出来。但是，根据现在的情况，经济特区的作用已经引起人们的重视了。

第一，特区可以作为引进外资，引进先进技术和先进设备的桥梁，可以作为培养掌握先进技术人才的课堂。从生产过程中和流通过程中，从特区的中外合资企业中，都可以学习到先进技术和企业的科学的经营管理方法，以提高产品的质量，降低产品的成本。

第二，特区可以在作为学习掌握价值规律和市场调节的学校。为了发展我国的国民经济，促进企业生产经营的进步，必须推动地区间、行业间以及行业内部的竞争。在特区经济的发展及其同港澳、外国资本的竞争中，我们可以学习如何通过市场调节改进质量、制造新产品和降低成本，以夺取竞争的胜利。

第三，特区的中外合资企业的经营管理经验，可以作为我们经济体制改革的参考。

第四，特区经济的发展，能够安排一部分待业青年。特区新设的企业的技术有机构成，如果提得越高，那么，它所能吸收的劳动力就相对地减少。因此，希望特区来安排大量青年，是有困难的。但是特区内的服务行业是不可缺少的，它很可以吸收一部分待业青年。

事实将会证明：搞好特区经济可以引进外资和技术设备，培养掌握技术和企业经营管理人才，扩大出口贸易，进而获得大量外汇，为社会主义建设提供资金。所有这些，对于国家的社会主义现代化建设，是极其有利的。因此，可以这样说，通过特区经济，我们能够利用外国资本和侨资（包括外籍华人的资本），能够利用国家资本主义来为发展中国的社会主义经济服务。从全国总的比重来说，所有特区经济的总和，在整个国民经济中只占一个极小的部分，占绝对优势的乃是包括全民和集体所有制的社会主义经济。特区经济只能成为发展我国社会主义国民经济的一种特殊形式的补充，那种认为发展经济特区会动摇社会主义制度的经济基础的说法，是没有根据的。

四　几个有关特区的具体问题

（一）要办好经济特区，就要进一步解放思想，使特区的

"特"，能在各项经济政策中更加明确地表现出来。这就是说在对外开放上，在税率的优待上，在一部分利润的汇出上，等等，都要同内地"有所不同"。这种"有所不同"是有利于我国的社会主义经济，而不是不利于社会主义经济的。如果特区不"特"，它同内地没有差别，那么，经济特区就会有名无实。

（二）发展经济特区的实质，就是引进外资，使外资为我国的社会主义现代化建设服务。这么一来，特区人民的生活方式，必然会有所变化。资本主义意识形态，也必然增长起来。这就需要我们不仅要搞好特区的经济建设，而且要注意特区人民的思想教育。当然，科学技术的教育培养，也是不可忽视的。

（三）经济特区的货币问题。从特区着眼，发行专用于特区的"货币"，也未尝不可。但是，这是一个十分复杂的问题，例如特区货币同什么货币挂上钩？如果它同人民币挂钩，就会成为地方性的人民币，对于吸引外资、外汇，可能不怎么顺利；如果它同其他某一国家的外币挂钩，就很有可能使这种特区货币所代表的价值，被控制在某一国家的手里（甚至对特区输出通货膨胀），使特区在经济上处于被动地位。因此，这个问题需要谨慎从事。看来，特区如果发行外汇券，似以同几种外币同时联系为好。至于允许特区在指定范围内和一些经批准的商店、单位直接使用外币（外汇券），在北京早已实行，这件事已经不成为问题了。

（四）经济特区如果离开内地的支援，就会寸步难行。特区只有同内地进行协作，才能取得必要的物资，更好地发展同港澳以及东南亚的经济联系。当然，这种协作必须是互利的，特区要生产出内地所需要的商品，提供内地所需要的商品，这种协作，才能成功。还要强调的是，这种协作必须有计划地进行，至少大体上必须做到双方协商同意。二三年前，不少省市在内地高价抢购"当归"，而在香港互相杀价，抢夺市场。在这种削价抢夺市场中，吃亏的当然是国家，而占便宜的却是香港等地的商人。经济特区必须千方百计避免这种情况。

（五）经济特区同旅游事业往往有着密切关系，并在业务上互相推动。旅游事业是无形出口，是我国风景区的"风景出口"。瑞士的国际收入的一半，可以说来自旅游业，来自"风景出口"。当然，有一些名胜古迹的旅游业没有同特区联系，而是独立经营的。但有些特区则因为它同名胜古迹有联系而得以吸引更多游客、吸引更多外商来投资。经营特区的同志很有必要用力抓好旅游事业。

（六）搞好特区也同搞好旅游事业一样，必须做好环境卫生工作，如果苍蝇到处飞，公共厕所很不干净，对于特区工作和旅游事业都是不利的。不仅如此，不讲卫生还会给我国的文化带来很坏的影响。

五 关于厦门特区的问题

厦门经济特区同广东几个特区比较，有好几个优点：

（1）厦门是一个深水的不冻港，这对发展加工出口和旅游都是极其有利的条件。

（2）福建在海外有 500 多万外籍华人和华侨，在全部外籍华人、华侨中占的比重很大。厦门特区有这么多外籍华人、华侨作为投资上争取的对象。这一点，比广东的几个特区，特别是汕头特区，有利得多。

（3）中央规定厦门特区以加工出口为主，同时，搞旅游事业。这个方针是切合实际的。福建有一个举世闻名的武夷山。武夷的秀丽，看来不在桂林之下。如果把厦门特区同武夷风景区结合起来，那么，厦门特区的来客就有应接不暇之势。厦门特区的旅馆事业和服务行业，就大有生意可做。这一点，汕头甚至深圳，都是比不上的。临近武夷的崇安县已经有一个底子相当好的机场，只要把厦门那个旧机场加以整修，到武夷之路很快就可打通。从厦门来说，如与武夷的旅游结合在一起，与邻近的泉州、漳州等侨乡的风景区结合在一起，将能办成一个很有前途的旅游和加工出口相结合的特区。

至于厦门本身的鼓浪屿、集美、万石公园、南普陀以及海里温泉，从旅游事业来讲，都有吸引人们的地方。厦门的旅游事业由于本身的特点是大有可为的。

关于加工出口的问题，需要我们仔细考虑。先搞来料加工，很有好处，好处不仅在于我们得到一些新式设备和一些国内缺乏的原材料，有的产品可以在国内卖；而且还在于把他们的科学的管理方式，介绍给我们。厦门特区的工业，我很同意先搞来料加工，进一步再搞中外合营，这是稳打稳扎的做法。

厦门特区怎样才能发展加工出口贸易？据我在国外参观的经验来看，要使加工品能出口，就要看我们的工艺技术水平，看我们的工业产品的质量、式样。我在美国走了 10 多个城市，参观过不少百货公司，总是找不到中国制造的服装，更谈不到中国的电气制品。而南朝鲜的服装，特别是它的人造革制成的上衣，既便宜又美观。我们看了，内心实在很不好受。日本、南朝鲜和新加坡的电气制品，充塞了美国市场；日本丰田小汽车已经把美国的汽车制造业打得落花流水。在激烈竞争中，质量不好或者过时的东西，就会无情地被淘汰。如果人家来料加工，那么，加工的成品，交人家去推销，问题似乎比较简单一点。如果中外合资搞出口，那就要反复考虑制造品在世界市场的竞争能力。

在我们国家，竞争并不突出，因为商品求过于供，连次品也成为争购的对象。而在世界市场，却是供过于求的。在供过于求的情况下，竞争就必然越来越激烈。在竞争中谁能提供质量高、款式新、价格低的产品,谁就能获胜。如果产品质量不高,款式落后,虽然削价出售,顾客也不多。现在有些外资来我国同我们合作,搞合营,就提出一个外销与内销的比重问题。这个问题之发生,可以归纳为两个原因:(一)许多外国资本家把我国这个拥有 10 亿人口的大国作为世界一个最大的潜在市场来看待,他们在世界其他各业的竞争中感到困难,就想在中国占一角市场,因此,中外合资企业的争论之一,就是内销外销的比重问题。(二)中国现在的购买力并不高,为什么他们要增加内销呢?很可能是我国的产品在技术上质量上缺乏竞争力,他们扩大内销有把握。为什么我们的国货,有不少"外销转内销"呢?原因也在此!因此,我认为解决"外销"的重要措施之一,就是千方百计提高工业产品的质量,并且要比别人先走一步,创造出一些新产品出来。我国的工程师和技师,在技术水平上并不低,但由于 10 年浩劫,许多人曾被当作"反动技术权威"而挨斗,因而心有余悸,有一些申请出国去了,人才外流已成为一个不容忽视的问题。一些技工也不认真学习技术,不遵守技术操作规程,对工作马马虎虎。针对这种情况,必须大力整顿,如不扭转这种状况,不但特区的来料加工商品质量没法提高,对于我国四个现代化建设也将是不利的。

还要提一下旅游区的问题。名胜古迹是需要经常修理的,鼓山的那个庙如果倒塌了,有谁去游览呢?就是自然风景特别突出的武夷山,也需要有一笔经费,才能把名胜点缀得更好。现在发生的问题是旅游机关把旅游利润都拿走了,在名胜游览区收门票的机关,有的也把钱拿走了。而实际负责修缮庙宇的宗教机关管理部门,往往不能从中提取一定的收益。旅游区的利益分配问题,已经成为亟待解决的问题。我认为实际从事修缮名胜的机关,应该从旅游事业中得到应得的一部分收益。

(载《福建论坛》1981 年第 4 期)

作者重要著作目录

学术专著

1.《现代中国经济教程》上海新知书店 1946 年出版

2.《中国经济的道路》上海新知书店 1946 年出版

3.《官僚资本论》香港南洋书店 1949 年出版

4.《中国过渡时期国民经济的分析（1949—1957）》科学出版社 1962 年出版

5.《论我国社会主义经济》人民出版社 1964 年出版

6.《许涤新经济论文选》上海人民出版社 1979 年出版

7.《论社会主义生产流通和分配——读〈资本论〉笔记》人民出版社 1984 年出版

8.《生态经济学探索》上海人民出版社 1985 年出版

9.《许涤新选集》山西人民出版社 1986 年出版

10.《广义政治经济学》（三卷本）人民出版社 1988 年出版

主编的著作

1.《中国资本主义发展史》（三卷本）人民出版社 1985 年出版

2.《生态经济学》浙江人民出版社 1986 年出版

3.《当代中国的人口》中国社会科学出版社 1988 年出版

4.《政治经济学辞典》（三卷本）人民出版社 1980 年出版

5.《中国大百科全书·经济学卷》（三卷本）中国大百科全书出版社 1988 年出版

作者年表

许涤新，原名许声闻。1906年10月25日出生于广东揭西县棉湖镇一个小学教师家庭。因家境贫寒，1924年中学毕业后，即在汕头任小学教师。开始从事革命活动。1925年加入中国共产主义青年团。1926年入中山大学学习。大革命失败后，被学校开除。翌年入厦门大学学习，半年后去上海。1929年考入劳动大学，开始研读《资本论》，并积极参加地下革命斗争。

1931年任中国社会科学家联盟（简称社联）研究部副部长、宣传部长。1933年，由杜国庠介绍加入中国共产党。同年调任社联党团书记。1934年任党的文化工作委员会委员，并任左翼文化总同盟组织部长。在《东方杂志》和《新中华》等刊物发表有关中国问题和国际问题的论文，从事革命宣传。

1935年，因叛徒告密被国民党政府逮捕，关入苏州陆军监狱。在狱中学习日文，研读日文本河上肇的《新经济学大纲》。1937年全面抗日战争兴起，国民党被迫释放政治犯，被党组织保释，并派往武汉参加创办党刊《群众周刊》和党报《新华日报》，任《群众周刊》副主编。武汉沦陷前夕，随《新华日报》迁往重庆，任该报编委，负责撰写经济方面的社论、专论。1940年后，并任中共中央南方局宣传部秘书，后又任南方局统战委员会经济组组长。

1946年4月，随中共代表团去上海，在中共上海工作委员会工作。同年10月，被派往香港，任中共香港工作委员会委员，并负责财经工作。同时参加《群众周刊》和《华商报》的编辑工作，创办《香港经济导报》。

1949 年 4 月，调往上海工作。先后担任上海军事管制委员会接管委员会副主任、华东人民政府财政经济委员会副主任、中共上海市委委员、中共上海市委统战部长、上海市财政经济委员会副主任、上海市工商局长、上海市人民政府秘书长等职务。参加了接管敌伪企业、统一财经、平抑物价、恢复国民经济等方面的领导工作。

1952 年底，调往北京。先后任中共中央统战部秘书长、副部长，政务院财政经济委员会第六办公厅主任，国务院第八办公室副主任、中央工商行政管理局局长、中华全国工商业联合会副主任等职务。在参与制定党对资本主义工商业的方针、政策，在团结教育工商界人士接受社会主义改造等方面，都作出

了重要贡献。

1977 年后，先后担任中国社会科学院副院长兼经济研究所所长。1982 年退居第二线后，担任中国社会科学院顾问、汕头大学校长、名誉校长、重庆社会大学名誉校长、汕头特区顾问、中国民主建国会中央副主席、中国人口学会会长、中国生态经济学会理事长、《资本论》研究会会长、陶行知基金会会长等职务。勤奋治学，老而弥笃，在此期间，还撰写和主编了大量学术著作，为我国经济学科的发展，做出了多方面的贡献，较完满地实现了革命家和理论家的统一。

从 1956 年以来，他还先后被选为中共"八大"代表，全国政协第三届委员、全国人民代表大会第一、第三、第五、第六届代表，第五、第六届全国人大常务委员会委员。于 1988 年 2 月 28 日逝世。